곽선희 목사 설교집
36

지식을 버린 자의 미로

곽선희 지음

계몽문화사

머 리 말

'복음은 들음에서' —이는 진리이며 우리의 경험입니다. 하나님께서 우리에게 주신 복 가운데 가장 큰 복은 말씀을 주신 것입니다. '말씀이 육신을 입어서 오신 것' 입니다. 말씀을 주셨고 들을 수 있게 하셨고 마음문을 열고 받아 믿게 하신 것, 참 놀라운 은혜입니다.

말씀은 단순한 지식이 아닙니다. 추상적인 이론이 아닙니다. 말씀은 선포되는 하나님의 계시적 능력인 것입니다. 말씀의 권능, 그 능력을 알고 체험하면서 비로소 '말씀 안에서 태어나는 생명적 기적' 이 나타나게 됩니다. 오늘도 그 말씀이 증거되고 새롭게 선포되고 있습니다. 설교가 곧 말씀입니다. 성령의 역사와 함께 끊임없이 이루어지는 생명의 역사입니다. 이 선포되는 말씀, 증거되는 진리를 통하여 구원의 능력은 항상 새로워집니다. 말씀 안에서 새 생명이 탄생하고 말씀 안에서 영혼이 소생하며, 그 큰 능력 안에서 우리는 강건해집니다. 우상을 이기는 능력의 사람으로 성장해가는 신비롭고 놀라운 사건을 강단에서 늘 경험하고 있습니다.

여기에 또다시 설교말씀을 모아 책자로 내어놓습니다. 소망교회 강단을 통하여 하나님께서 우리에게 주신 말씀입니다. 이제 그 말씀을 책자로 엮어 내어놓음으로써 우리가 시간과 공간을 초월하여 개별적으로 하나님을 만나게 되는 '말씀의 역사' 에 귀중한 방편이 되고자 합니다. 책지라는 그릇에 담긴 이 말씀들은 읽는 자의 마음 안에서 또다른 '말씀의 신비한 기적' 을 낳게 되리라 확신합니다.

한 시간 한 시간의 설교를 위하여 간절히 기도해주신 소망교회 성도들과 이 책자를 출간하기까지 수고해주신 여러분께 진심으로 감사를 드립니다. 그리고 또다시 영광을 오직 하나님께 돌리면서……

곽선희

차례

머리말 ──── 3
어린아이의 일을 버렸노라(고전 13: 8-13) ──── 8
그 용모와 신장을 보지 말라(삼상 16: 6-13) ──── 19
한 구도자의 고민(막 10: 17-22) ──── 30
참자녀됨의 속성(히 12: 5-13) ──── 40
참해방의 본성(롬 8: 1-9) ──── 50
지식을 버린 자의 미로(호 4: 1-6) ──── 60
네것이나 가지고 가라(마 20: 1-16) ──── 69
내게 주신 은혜(갈 2: 6-10) ──── 79
한 무화과수에 내린 심판(마 21: 8-22) ──── 88
자기기념비의 운명(삼상 15: 10-15) ──── 99
선으로 악을 이기라(롬 12: 14-21) ──── 109
아브라함의 하나님(창 28: 10-19) ──── 118
원초적 교회의 속성(행 2: 43-47) ──── 129
평강이 지키시리라(빌 4: 4-7) ──── 139
이 좋은 편을 택한 여인(눅 10: 38-42) ──── 149
의롭다 하심을 얻은 믿음(창 15: 1-7) ──── 159

계시의 영을 주소서(엡 1: 15-19) ──────── 170
은혜를 맡은 청지기(벧전 4: 7-11) ──────── 181
그 아홉은 어디 있느냐(눅 17: 11-19) ──────── 192
이 사람이 선택한 성공(창 39: 1-6) ──────── 202
겨울 전에 어서 오라(딤후 4: 9-18) ──────── 212
말씀에 붙잡혀 사는 사람(행 18: 5-11) ──────── 221
하나님됨을 알지어다(시 46: 4-11) ──────── 231
내 백성을 위로하라(사 40: 1-8) ──────── 241
일을 마치려 하는 자(행 20: 17-25) ──────── 249
심령을 새롭게(엡 4: 17-24) ──────── 258
마음을 새롭게(엡 3: 14-19) ──────── 269
생각을 새롭게(히 12: 1-3) ──────── 280
눈을 새롭게(마 6: 22-32) ──────── 291
귀를 새롭게(마 13: 16-23) ──────── 300
입을 새롭게(사 6: 1-8) ──────── 310
손을 새롭게(사 1: 13-20) ──────── 321

곽선희 목사
장로회 신학대학 졸업
프린스턴 신학석사
풀러신학 선교신학박사
인천제일교회 목사
장로회 신학대학 교수 역임
숭의여자전문대학 학장 역임
서울장로회신학교 교장 역임
소망교회 원로목사

곽선희 목사 설교집 제36권
지식을 버린 자의 미로

인쇄 · 2004년 1월 5일
발행 · 2004년 1월 10일
지은이 · 곽선희
펴낸이 · 김종호
펴낸곳 · 계몽문화사
등록일 · 1993년 10월 11일
등록번호 · 제16—765호
전화 · (02)917-0656
정가 · 14,000원
총판 · 비전북 / (031)907-3927
ISBN 89-89628-10-5 03230

* 잘못 만들어진 책은 바꾸어 드립니다.

지식을 버린 자의 미로

어린아이의 일을 버렸노라

사랑은 언제까지든지 떨어지지 아니하나 예언도 폐하고 방언도 그치고 지식도 폐하리라 우리가 부분적으로 알고 부분적으로 예언하니 온전한 것이 올 때에는 부분적으로 하던 것이 폐하리라 내가 어렸을 때에는 말하는 것이 어린아이와 같고 깨닫는 것이 어린아이와 같고 생각하는 것이 어린아이와 같다가 장성한 사람이 되어서는 어린아이의 일을 버렸노라 우리가 이제는 거울로 보는 것같이 희미하나 그 때에는 얼굴과 얼굴을 대하여 볼 것이요 이제는 내가 부분적으로 아나 그 때에는 주께서 나를 아신 것같이 내가 온전히 알리라 그런즉 믿음, 소망, 사랑, 이 세 가지는 항상 있을 것인데 그 중에 제일은 사랑이라

(고린도전서 13 : 8 - 13)

어린아이의 일을 버렸노라

　　어떤 어머니가 어린 아들을 나무라고 있었습니다. "네가 부엌에서 과자를 훔쳐먹을 때 하나님께서 다 지켜보고 계신다는 것을 알고 있었느냐?" 어린아이는 "예"하고 대답합니다. "하나님께서 너를 늘 지켜보고 네 마음속까지 다 살피고 계신다는 것을 아느냐?" "예." 꼬박꼬박 "예"라고 대답하는 것을 보다못해서 어머니는 "그럼 하나님께서 너를 지켜보시고 네가 과자를 훔쳐먹을 때 뭐라고 말씀하시던?" 하고 물었습니다. 어린아이는 "하나님께서 이렇게 말씀하시던 걸요. '이곳에는 너와 나 둘뿐이구나. 그러니 두 몫을 훔쳐라'라고요." 어린아이는 항상 자기중심으로 생각합니다. 하나님께서 지켜보신다 하는 데 대해서도 자신에게 이롭도록 해석합니다. 뭐든지 자기중심으로, 자신에게 유리한 방향으로 해석하는 속성을 지녔습니다. 그래서 어린아이라고 합니다. 사도 바울은 본문에서 말씀합니다. "어린아이의 일을 버렸노라."

　　심리학자 데이빗 엘킨트 박사는 「The Hurried Child(재촉받는 어린이)」라고 하는 책을 썼습니다. 'Growing up too Fast too Soon'이라고 하는 부제가 붙어 있는 책입니다. 아이들은 지금 최대한으로 재촉받고 있다는 것입니다. 아시는대로 모든것의 성장성숙에는 시간이 필요합니다. 과정이 필요합니다. 상당한 시간 기다려주이야 됩니다. 그러나 우리는 너무 재촉해왔습니다. 빨리 크고 빨리 알고 빨리 천재가 되라고 몰아붙입니다. 이를테면 '초등학교에서부터 영어를 가르쳐야겠다'하는 식입니다. '아, 초등학교부터가 아니라 유치원부터 실시하여야 된다'거나 '유치원도 늦다. 나자마자, 말도 못할 그때부터 가르쳐야 된다'하기도 하는가하면 좀더 나아가서는 '뱃속에 있을 때부터, 태교때부터 가르쳐야 되겠다'고까지 서두릅니다. 빠를수록 좋다, 하는 학습의 압력, 대단합니다. 이런 가운데서 아이들이 견뎌낼 수가 없습니다. 몸이 커지는 것을 성장이라고 합니다. 속이, 내적 인격이 커지는 것을 성숙이라고 합니다. 그런데 성장은 있으나 성숙이 없다는 것, 아니, 반비례해서 더 작아졌다는 데 문제가 있습니다. 요새아이들, 겉은 많이 컸습니다. 우리집에도 중학교 1학년인 손녀가 있어 어렸을 때부터 우리집에서 죽 커왔는데, 요새는 내가 집에 들어가면 "할아버지"하고 인사할 때 내가 그 아이를 올려다보아야 합니다. 얼마나 큰지 내가 인사를 받는 건지 내가 인사를 하는 건지 모를 지경입니다. 밖에서도 "목사님, 안녕하십니까?"하고 인사하는 우리교회 청년들 보면 어떻게나 큰지 전부 내가 쳐다봐야 됩니다. 이렇게들 많이 컸습니다. 대단히 컸는데 문제는 속은 옛날아이들만 못하다는 것입니다. 속이 너무 어립니다. 유치합니다. 군대에 나갈 나이이면 얼마나 좋은 나이입니까. 그런데 요새청년들, 마음이 얼마나 여린지 군대생활을 감당하지 못해서 정신병원에서 치료받는 게 5%입니다. 그 중에도 대표적인 예가 있습니다. 아이가 불안에 떨고 정신을 추스리지 못하는 것입니다. 하도 괴로워하므로 어머니를 오라고 하고 특별휴가를 주어서 그 부대 가까이에 숙소를 잡아 하룻밤 어머니하고 자고 오라 했는데 이 아이가 어머니를 만나가지고 밤새껏 울더라고 합니다. "왜 우느냐?" 대답이 없어요. 뭐, 우는 이유가 없지 않습니까. "울지 마라. 왜 우느냐?" 울지 마라, 울지 마라—밤새껏 시달리다가 어머니는 고단해서 그만 잠이 들었습니다. 잠들었다가 눈을 떠보니 이 아들이 목매달아 죽어 있는 것입니다. 여러분,

이게 현실입니다. 아이들이 너무 어립니다. '마마보이'들입니다. 결혼을 한다고요? 요새결혼, 연상의 여자하고 결혼하는 것이 27%입니다. 나도 결혼주례 늘 하지만 척 보면 이쪽(신부)이 위야. 신부가 확실히 나이가 몇살 더 위거든요. 내가 물어보지는 않습니다만 뻔한 것입니다. 결혼주례 하는 그 순간에도 신랑녀석이 신부한테 꼼짝을 못합니다. "이래"하면 "예잇"하고. 벌벌떨면서 반지를 제대로 못끼우고 더듬거립니다. "이게 뭐야?" 신부가 그러니까 이 녀석, 꼼짝을 못하는 것입니다. '너는 죽었다!' 내가 속으로 생각합니다. 왜 이 모양이 되었지요, 이게? 왜 이런가, 심지어 심리학적으로 연구를 해보니까 어렸을 때 어머니가 지나치게 싸고돌았거나 어머니의 잔소리를 너무 많이 듣고 자라는 바람에 주도력이 없어진 것입니다. 자기주체의식이 없어진 것입니다. 자기의지가, 자기판단능력이 다 없어졌다는 말입니다. 그래서 이제는 차라리 나이많은 여자하고 결혼해서 또 다시 잔소리를 들어가며 사는 것이 안전하다는 것입니다. 어쩌다가 이 모양이 되었습니까. 그 많은 잔소리가 아이들을 자라지 못하게 하고 있는 것입니다. 아이가 정신적으로 못자라도록 어머니가 닦달하고 있다는 것을 왜 깨닫지 못합니까. 내버려둬서 실수도 하고, 넘어지기도 하고, 깨지기도 하고, 그래가면서 성장을 하여야 되겠는데, 시시콜콜 보살펴주는 통에 아이들이 성숙하지 못하고 있다는 말씀입니다. 자, 아이들만 그렇다면 또 모르겠습니다. 어른이라는 사람들이 그렇습디다. 요새 보니 정치가라는 사람들이 그렇습니다. 유치하기 이를 데가 없습니다. 문제될 것이 아닌 걸 가지고 시끌벅적하고, 시시한 일 가지고 온통 국민을 혼란하게 만듭니다. 왜 이렇게 어른스러운 데가 없습니까. 옛닐어른들의 그 은근한 덕, 이런 것들이 좀이라도 풍겨나오면 좋겠는데 전혀입니다. 어찌 이다지도 유치한 것인가—그걸 생각하게 됩니다.

오늘본문을 봅시다. 말하는 것이, 생각하는 것이, 깨닫는 것이 어린아이와 같다가 이제는 어린아이의 일을 버렸노라, 합니다. 장성한 사람이 되어서는 어린아이의 일을 버렸노라, 이렇게 선언하고 있습니다. 어린아이가 뭡니까. 어린아이라는 것은 오늘성경에 나타난 대로 부분적인 데 집착하고 전체를 모릅니다. 그것이 문제입니다. 종합적이고 통합적인 인식이 없고, 한 부분만 보고 전체를 다 판단하려고듭니다. 거기에 집착합니다. '전체를 보면 예술이고 부분을 보면 외설이다'하는 말도 합다. 소설을 보든지 영화 한 편을 봐도 전체적으로 흐르는 테마를 보아야지요. 거기서 주는 메시지를 찾아야 하는데 이건 모르고 어느 한 부분, 이를테면 키스장면만 보고, 홀랑벗은 여자만 보고 외설이다 어떻다 합니다. 유치하기는요. 왜 이 모양이 되었느냐? 그 정신이 어리기 때문입니다. 전체를 볼 줄 모릅니다. 나무는 보는데 숲을 못봅니다. 땅은 보는데 하늘을 못봅니다. 부분적인 것에 매여 있는 이것이 곧 '어린아이'입니다.

또한 어린아이란 자기중심적입니다. 자기밖에 모릅니다. 어린아이의 심리가 그러하다고 합니다. 어머니가 왜 젖이 둘이냐, 하나는 먹으라는 거고, 하나는 가지고 놀라는 거다—이 젖을 하나도 누구에게 양보하지 않습니다. 둘 다 내것이지요. 철저하게 자기중심적입니다. 아버지는 돈벌어오는 사람, 어머니는 나를 먹이는 사람, 오빠들은 내가 타고 놀라는 것이다—전부가 나 위주입니다. 나밖에 모릅니다. 여기서부터 차츰 성장하여 자기인식이 넓어지고 커져야 하는 것인데 그렇지 못하고 항상 거기에 멎어 있는 것입니다. 또한 어린아이는 지극히 물질적입니다. 물질을 받으면이지만 못받으면 사랑이 없다고 생각하기 쉽습니다. 현세적이고 순간적입니다. 좀더 먼 미래를 생각하지 못합니다. 어린아이가 어린아이 그대로 있습니까. 젊은이가 젊은이 그대로 있습니까. 내가 결혼주례 할 때 말합니다. "자, 지금은 신랑이고 신부다. 며칠 있다가는 아버지고 어머니다. 조금 더 있다가는 할아버지고 할머니다. 그것을 잊지 마라." 할아버지 할머니 때를 생각하면서 '좋은 할아버지, 할머니가 되자'하고 살아야겠는데 지금 조그마한 것을 가지고 마음에 드느니 안드느니, 취미가 이러니저러니, 재주가 있느니없느니, 티격태격하다가 박차버리니 이게 도대체가 유치한 것입니다. 누구할것없이 항상 젊지 않습니다. 머지않아 저 노년이 내게 다가오고 있지 않습니까. 결정적인 미래, 보다 먼 미래를 볼 줄 알아야 되는 것입니다. 자동차를 운전하는 사람은 항상 300m 앞을 봐야 됩니다. 처음 운전하는 사람은 발밑밖에, 바로 1m앞밖에 못봐서 휘청휘청하지만 운전에 능숙한 사람은 먼곳을 보는 동시에 바로 앞에 있는 것까지 종합적으로 보는 것입니다. 이게 성숙이라는 것입니다.

또한 유치한 사람들은 서로 분쟁을 합니다. 고린도교회가 분쟁이 있어서 사도 바울은 계속해서 '너희는 유치하다'하는 판단을 합니다. 고린도교회에서 아볼로 파다 바울 파다 게바 파다 예수 파다 하는데 왜 파가 있습니까. 저마다 저가 잘났다는 것입니다. 나는 아블론가 하는 그런 정도가 아니다, 나는 예수를 만나본 사람이다, 나는 사도 바울에게 세례받은 사람이다… 이런 자랑을 하고 싶은 것입니다. 저도 시원치 않으면서 남의 권위를 빌어 저를 높이려고 몸부림을 치니까 분쟁이 생기는 것입니다. 단 두 사람 결혼생활 하는데도 서로 자신을 높이면 하나가 될 수 없습니다. 자기특권을 주장하면 하나가 될 수 없습니다. 결국은 자기를 낮추고 상대방을 높임으로 하나가 될 수 있는데 유치한 사람은 끝끝내 저만 잘난 것입니다. 그런고로 어린아이입니다. 유치하다는 것입니다.

또한 유치한 사람은 자기집착에 매입니다. 내가 하는 일만 귀한 일이라고 생각합니다. 남이 하는 일은 다 잘못한 것이고, 내가 하는 직업은 좋은 직업이고 남의 직업은 나쁘고… 그런 식의 판단이 알고 보면 유치한 것입니다. 사도 바울은 이에 대해서 이렇게 가르칩니다. 자, 여기에 농사를 짓는다고 하자, 심는 자가 있고 가꾸는 자도 있고 물주는 자도 있고, 추수하는 자도 있다, 각각 자기일을 할 뿐이다, 다 소중하다, 그러나 자라게 하시는 이는 하나님이시다, 합니다. 누가 물을 줬느냐, 누가 거름을 줬느냐가 중요하지를 않습니다. 자라게 하시는 하나님이 계십니다. 자라게 하시는 하나님을 바라보라, 이것입니다. 보이지 않는 하나님, 보이지 않는 하나님의 능력, 하나님의 경륜을 볼 줄 알아야 합니다. 이것이 바로 성숙한 자의 지각입니다. 사도 바울은 말씀합니다. "장성한 사람이 되어서는 어린아이의 일을 버렸노라." 유치하게 분쟁하고 잘난 척하고 비판하고… 이런 시시한 거 다 버렸노라, 말씀합니다. 성숙이란 바로 사랑의 이해에 있고 사랑의 성숙에 있습니다. 내 사랑이 무엇이냐입니다. 내가 어떤 사랑을 이해하고 있느냐입니다. 유치한 사람은 사랑받는 것만 생각합니다. 사랑받는 것만 생각하는 중에도 또 정신적으로 높은 차원에서의 사랑은 생각지 못하고 물질적, 육체적인 것만 생각합니다. 얄팍한 것만 생각합니다. 사랑받는 그 자체도 유치합니다. 그런가하면 성숙한 사람은 사랑받기보다는 사랑하는 것을 생각합니다. 사랑받고 안

받고는 중요하지 않습니다. 사랑하는 것을 중요하게 여깁니다. 그것도 높은 차원에서 사랑합니다. 때로 상대방이 이해하건 못하건, 때로는 오해를 받더라도 멀리 내다보고 그 언젠가 다 알게 될 때가 올 것이다, 하고 사랑하는 것입니다. 성숙한 부모님이라면 때로는 자식을 괴롭히기도 합니다. 자식을 멀리 떠나보내기도 합니다. 그러나 '언젠가는 네가 내 마음을 알게 될 것이다' 하는 넉넉한 마음으로 사랑하는 것입니다. 이게 성숙한 사람의 모습입니다. 유치한 사람은 말이 유치하고, 행동이 유치하고, 생각이 유치합니다. 전부 유치합니다. 그러나 성숙한 사람은 생각하는 것, 이해하는 것, 말하는 것, 행동하는 것이 다 높은 수준에, 성숙한 수준에 있게 마련입니다.

심리학자 고든 올파트 박사가 쓴 책「Pattern and Growth in Personality」를 보면 인간성품의 성숙에 대해서 말하고 있는데 성숙을 몇 가지로 지적해서 말합니다. 먼저, 성숙이란 자아감의 확대를 의미한다, 하였습니다. 나라고 하는 존재가 커지는 것입니다. 내가 나 하나가 아니라는 것을 알게 됩니다. 어린아이들이 처음에는 '나 혼자'인 줄 알았습니다. 그러나 커가면서 보니 그게 아닙니다. 부모가 있고 내가 있는 것입니다. 형이 있고 내가 있는 것입니다. 나라고 하는 존재의 인식이 점점 커지는 것입니다. 여기에 가정이 있고, 나라가 있고, 하나님의 뜻이 있지 않습니까. 이 자아감이 점점 확장해서 큰뜻에서의 나를 생각하게 되는 것입니다. 얼마나 크게 생각하느냐가 중요합니다. 그래서 지금 내가 편하고 불편하고가 중요한 게 아닙니다. 더 넓은 의미의 자기자신을 생각하는 것입니다. 그리고 성숙한 사람은 다른 사람을 따뜻하게 대하면서 저 사람이 편해야 내가 편한 것이고, 아내가 편해야 내가 편한 것이고, 남편을 기쁘게 하고야 내가 기쁘게 될 수 있는 것입니다. 누구를 슬프게 하고, 누구를 아프게 하고는 내가 절대로 행복할 수가 없습니다. 차라리 내가 좀 손해를 보더라도 다른 사람을 이롭게 하는 것입니다. 선린관계를 이루면서 비로소 내가 편할 수 있다, 이런 생각을 하게 됩니다. 이게 큰사람입니다. 성숙한 사람입니다. 가령 남에게 손해를 끼치고 남의 눈에 눈물을 내게 하면서도 나는 행복할 수 있다고 생각하는 사람은 누구든 유치한 사람입니다. 흑백논리에서 벗어나지 못하는 유치한 성격인 것입니다.

그런가하면 성숙한 사람은 정서적 안정을 가집니다. 자기자신을 자기가 수용하게 됩니다. 이제 전후좌우 불편이 없습니다. 다른 사람의 그것도 내가 책임을 집니다. 그게 성숙한 사람입니다. 가끔 이런 사람 있다면서요? 하도 성격이 못돼가지고 자꾸만 화를 내고 집안에서 짜증을 내니까 그 아내가 묻기를 왜 전에없이 요새와서 자꾸 짜증을 내느냐고, 무슨 잘못된 일이 있느냐고, 왜 그렇게 스스로 화내기를 하느냐고 하였습니다. 그랬더니 남편 하는 말이 "나는 본래 안그랬는데 너하고 살면서 이렇게 됐다"하더라고 합니다. 이 남자 나빠진 것이 아내 탓입니까. 물론 어느 면에서는 그럴 수도 있겠지요. 그러나 성숙한 자는 자기자신을 자기가 관리합니다. 이걸 남의 책임으로 돌리지 않습니다. 누구도 탓하지 않습니다. 환경을 탓하지 않습니다. 오히려 환경문제도 나 자신의 문제로 생각합니다. 나아가 성숙한 사람은 현실을 정확히 인식합니다. 그리고 긍정적으로 봅니다. 순간만 보지 않고 다음을 보기 때문입니다. 그리고 성숙한 사람은 자기성찰능력이 있습니다. 언제나 자기자신을 볼 줄 알고, 자신을 객관시할 수 있는 능력이 있습니다. 칭찬을 듣는다고해서 정신

못차리고 출랑거리지 않습니다. 교만해지지도 않습니다. 또 무엇이 잘못되었다고해서 당장 모든것이 끝난 것처럼 실망하지 않습니다. 자기성찰의 능력을 확고하게 지켜갑니다. 동시에 성숙한 사람은 통일된 인생관을 가지고 일관성있게 삽니다. 이랬다저랬다 휘청거리고 있는 동안은 아직도 유치한 것입니다. 아직도 제자리 찾지를 못했습니다. 확고한 목적과 목표를 세우고 일관성있게, 누가 뭐라 하든 나는 내 길을 의연하게 갑니다. 그리고 거기에서 삶의 보람을 찾습니다. 후회가 없습니다. 이런 사람이 성숙한 사람인 것입니다.

미국의 부흥사 무디 선생은 이렇게 말하였습니다. '사람을 평가할 때, 그 사람이 얼마나 많은 추종자를 거느리고 살았느냐, 하는 것은 중요하지 않다. 얼마나 많은 사람을 바르게 섬겼느냐, 하는 것이 그 사람의 성숙도를 말해주는 것이다.' 장성한 사람이 되어서는 어린아이의 일을 버렸노라—여기 '장성한 사람'이라는 말에 깊은 뜻이 있습니다. 어떻게 성장하는 것입니까. 하나님께서는 우리를 어떻게 성장하도록 키워가고 계십니까. 많은 환난과 시련을 통하여, 그리고 말씀을 통하여, 성령을 통하여, 많은 사람과의 만남을 통하여 우리는 성장해나갑니다. 평안하고 안일한 가운데서 성장할 수는 없습니다. 비바람을 많이 맞은 나무라야 튼튼한 나무가 됩니다. 인격도 많은 환난과 시련을 겪음으로 높은 수준의 성장을 기하게 되는 것입니다. 그런데 이렇게 크게 성장한 사람은 유치한 것을 버린다, 하였습니다. 큰 것을 발견한 사람, 참사랑을 발견한 사람은 모든 유치한 것으로부터 벗어납니다. 그리스도를 발견한 사람은 전에 소중히 여기던 모든것을 다 버리게 됩니다. 내가 그리스도를 알고 그리스도를 발견하고나니까 전에 소숭하던 것을 분토와 같이 해로운 것으로 여기게 되었노라—사도 바울은 이렇게 말씀합니다. 다 쉽게 내버렸다고 말씀합니다. 큰 것, 소중한 것을 깨닫고나면 시시한 것은 생각하지를 않습니다.

사랑의 신비를 아는 사람은 피곤치 않습니다. 자기중심의 세계에서 완전히 벗어날 수 있습니다. 영화「벤허」라고 하면 당대에 유명한 영화가 아닙니까. 언제 보아도 감동적인 영화입니다. 주인공 벤허는 한평생 많은 핍박과 환난을 당하면서도 칼을 들지 않습니다. 누구를 미워하지 않습니다. 하나의 온유한 사람으로, 진실한 사람으로 살아가는데 얼마나 어려움을 겪는지 모릅니다. 그러나 끝내 칼을 들지 않습니다. 마지막에 그는 이렇게 고백을 합니다. "예수님께서 십자가 지시는 장면을 보았는데, 그렇게 억울하게 십자가를 지시는데도 예수님께서 '하나님이여, 저들의 죄를 사하여주옵소서. 저들이 하는 것을 모르기 때문입니다' 하시는 그 음성이 내게 들려올 때 내 손에서 칼이 떠나가는 것을 느꼈노라." 예수님께서 나를 용서하시는 그 거룩한 사랑의 선포를 보고, 그 사랑에 이렇게 부딪히는 순간 내 손에서 칼이 떠나버렸다, 나는 누구도 칼로 대할 수가 없고, 누구도 미워할 수가 없다고 고백합니다.

어린아이의 일을 다 버렸습니다. 십자가사랑에 대한 이해, 인식, 그 거룩한 말씀 안에서 성숙한 그리스도인으로 나타날 때, 유치한 것, 어리석은 것, 미련한 것, 다 떠나게 됩니다. 거기에 그리스도인의 모습이 있고 그리스도인의 영광이 있는 것입니다. △

그 용모와 신장을 보지 말라

 그들이 오매 사무엘이 엘리압을 보고 마음에 이르기를 여호와의 기름 부으실 자가 과연 그 앞에 있도다 하였더니 여호와께서 사무엘에게 이르시되 그 용모와 신장을 보지 말라 내가 이미 그를 버렸노라 나의 보는 것은 사람과 같지 아니하니 사람은 외모를 보거니와 나 여호와는 중심을 보느니라 이새가 아비나답을 불러 사무엘의 앞을 지나게 하매 사무엘이 가로되 이도 여호와께서 택하지 아니하셨느니라 이새가 삼마로 지나게 하매 사무엘이 가로되 이도 여호와께서 택하지 아니하셨느니라 이새가 그 아들 일곱으로 다 사무엘 앞을 지나게 하나 사무엘이 이새에게 이르되 여호와께서 이들을 택하지 아니하셨느니라 또 이새에게 이르되 네 아들들이 다 여기 있느냐 이새가 가로되 아직 말째가 남았는데 그가 양을 지키나이다 사무엘이 이새에게 이르되 보내어 그를 데려오라 그가 여기 오기까지는 우리가 식사 자리에 앉지 아니하겠노라 이에 보내어 그를 데려오매 그의 빛이 붉고 눈이 빼어나고 얼굴이 아름답더라 여호와께서 가라사대 이가 그니 일어나 기름을 부으라 사무엘이 기름 뿔을 취하여 그 형제 중에서 그에게 부었더니 이 날 이후로 다윗이 여호와의 신에게 크게 감동되니라 사무엘이 떠나서 라마로 가니라

(사무엘상 16 : 6 - 13)

그 용모와 신장을 보지 말라

　그러니까 지금으로부터 2200여년 전 그 옛날에 중국최초로 통일제국을 세운 진시황의 생부인 여불위(呂不韋)는 사람을 판단하는 방법으로 '육험론(六驗論)'을 폈습니다. 이 방법은 중국은 물론 우리나라에서까지도 오랫동안 사람을 평가하고, 등용하고, 배치하는 데 중요한 기준이 되어 왔습니다. 사람을 평가할 때는 그의 재능만 보아서는 안된다는 것입니다. 외모나 재능, 현대식으로 말하면 지식, 경험, 기술, 재력, 이런 것으로 사람을 평가할 수 없다는 것입니다. 우리가 다같이 겪는대로 그런 것보다 중요한 것은 사람됨입니다. 사람됨이 기본입니다. 이것이 잘못되면 재능이나 지식같은 것은 아무 소용도 없습니다. 사람됨이란 지식과 관계없습니다. 재능과도 관계없습니다. 우리에게 필요한 사람은 바로 사람됨이 바로된 사람입니다. 육험론은 이렇습니다. 첫째, 사람이 즐거울 때 그 즐거움에 얼마나 빠져드는가를 보는 것입니다. 즐거운 일이 있을 때 만족하게 즐거워해야 합니다. 그러나 즐거운 일이 있을 때 즐거워할 줄 모르는 사람이 있습니다. 남 다 즐거워하고 있는데 혼자서 울고 앉아 있는 사람이 있습니다. 또 남 다 기뻐하는 일에 옆에서 이상한 말을 해서 '초치는' 사람이 있습니다. 선물을 받았으면 선물 그것을 놓고 만족할 줄 알아야 합니다. 그런데 이 선물이 얼마짜리고 어떻고 합니다. 또 즐거운 일이 있을 때 즐겁지 않았던 일을 생각해내어 그 자리의 분위기를 망치는 사람이 있습니다. 이런 사람은 사람됨의 기본이 잘못되었다 하겠습니다. 둘째는, 기쁠 때 얼마나 그 기쁨을 자제할 수 있느냐를 보는 것입니다. 나는 기쁘지만 다른 사람을 생각해서 자기의 기쁜 마음을 억제하기도 합니다. 우리 학생들 입학 때 볼 수 있는 일이 있습니다. 우리 아들은 입학을 했는데 이웃집 아들은 떨어졌으면 우리 아들 입학했다는 말을 못합니다. 기뻐도 기쁘다는 말을 할 수가 없습니다. 저 집 아들은 삼수(三修) 했는데 또 떨어졌구나, 이거 어떡하면 좋은가, 그래서 내 기쁜 마음을 내가 억제하는 것입니다. 자기의 기쁜 마음을 억제할 줄도 아는 이런 사람이 제대로 된 사람입니다. 남이야 어떻든 나만 기쁘다고 촐랑거리는 사람이라면 경망스러운 사람입니다. 셋째, 괴로울 때 얼마나 참아내는가를 보는 것입니다. 괴롭고 아프고 할 때, 나 하나만 참으면 모두가 편하겠을 때 그 괴로움 그 아픔을 스스로 참아냅니다. 병원을 방문해보면 쉽게 볼 수 있는 일입니다. 입원해서 치료받다보면 좀 아플 때가 있지요. 수술하기도 하고 실밥을 빼기도 하고… 아무튼 편할 리는 없지요. 하지만 거기서 두 가지 유형의 사람을 봅니다. 보면 어떤 분은 꽤 아프겠는데도 불구하고 잘 참아냅니다. 분명히 아프겠는데 어떻게 저리도 잘 참는가―보는 사람이 그 인격을 높이 봅니다. 그러나 어떤 사람은 얼마나 아프다고 야단인지 죄우간 주변의 생사람 다 잡습니다. 그런다고 안아파지는 것도 아닌데요. 이런 정도의 인간이라면 별로 볼것없습니다. 괴로울 때 스스로 잘 참을 줄 아는 사람이라야 합니다. 넷째, 두려울 때 얼마나 내색을 하지 아니하는가를 보는 것입니다. 깜짝놀랄 일이 있어도 호들갑을 떨지 않습니다. 이것이 무엇을 의미하는지, 장차 어떻게 될 것인지 신중히 생각을 하고 잘 견딥니다. 이런 사람이 바람직한 사람입니다. 다섯째, 슬플 때 그 슬픔을 얼마나 스스로 삭일 수 있느냐를 보는 것입니다. 슬픈 마음을 스스로 삭일 줄 알아야 합니다. 내가 스스로 삭이지 누가 도와줄 수 있습니까. 내 슬픈 마음은 내것입니다. 누가 옆에서 위로할 수 있는 것이 아닙니다, 이것은. 그저 나 하나만 잘 삭이면 모든 사람이 평안할 수 있겠으므로 슬픈 마음을 삼키고 잘 삭여낼 수 있는 사람, 그 능력이 필요합니다. 여섯째, 성났을 때나 화났을 때 얼마나 개의치 않을 수 있는가를 보는 것입니다. 불같이 화가 나지만 잘 다스립니다. 그 후유증을 생각합니다. 그 결과가 어떻게 될 것인지를 생각합니다. 마음을 다스리고 감정을 다스릴 줄 아는 사람, 이 사람이 쓸 만한 사람입니다. 화가 났을 때 이것을 억누르지 못하고 스스로 다스리지 못하는 사람, 그 사람은 더 볼 것 없습니다. 몸집이 큰 사람을 거인이라고 합니다. 마음이 큰 사람을 거물이라고 합니다. 그 사람 거물급이다, 물건이다, 하는데 '물건'이라고는 어째서 그러는지 모르겠습니다. 아무튼 몸이 큰 것은 중요한 게 아닙니다. 마음이 커야 큰 사람이겠습니다. 소위 성공학자라고 하는, training business의 대가인 지그지글러가 유명한 말을 했습니다. '인생의 고도를 결정하는 것은 재능이 아니라 삶의 태도이다.' 재능이 그 사람의 값을 높여주는 게 아닙니다. 그 사람의 값은 그 사람의 삶의 자세로 매겨집니다. 대단히 중요한 학자적 평가입니다.

　오늘본문에는 '하나님의 마음에 합한 사람'이라고 불린 다윗에 관한 이야기가 있습니다. 하나님의 명령을 받고 사무엘 선지가 이새의 집을 찾아갑니다. '내가 사울 왕이 겸손할 때 왕으로 세웠지만, 이제는 그가 교만하므로 내가 버렸노라. 그러니 다음 왕이 될 사람을 네가 찾아가서 기름을 부어라' 하고 하나님께서 사무엘을 보내십니다. 그런데 이름은 대주시지 않고 다만 '이새의 아들들 중에 그가 있느니라' 하실 뿐입니다. 그래서 사무엘이 이새의 집을 찾아옵니다. 와서 아들들을 다 보여달라 합니다. 그리고 이제 기름을 붓게되는 그런 이 야기입니다. 이제 성령이 감동을 해서 누가 하나님께서 택하신 자인 가를 말씀하게 될 것입니다. 그런데 다윗이라는 사람은 아브라함의 14대손이요 유다지파의 이새라고 하는 사람의 막내인 여덟째아들입 니다. 오늘본문을 보면 대단히 드라마틱한 장면이 있습니다. 사무엘 이 분명히 말씀합니다. '너의 아들들 중에 하나님께서 택하신 다음 대의 왕이 있으므로 내가 기름을 준비하였노라. 너의 아들들을 내게 보이라.' 그런데 아버지 이새는 생각하기를 '아, 이거 굉장한 일이 다'하면서도 이제 아들들을 죽 생각해봅니다. 그런데 그 중에서 본문 에 보는 바와 같이 다윗은 차한(此限)에 부재(不在)입니다. 우리 아들 들 중에 왕될 사람이 있다고 하더라도 다윗 저것은 아니다, 그래서 그밖의 아들들만 다 보여주었습니다. 그런데 다들 아닌 것입니다. 그 래서 사무엘이 '가만있자, 아들들이 이것들로 다냐?' 묻습니다. '하 나 더 있기는 한데요.' 저는 거기에 괄호하고 한마디 써넣었으면 좋 겠습니다. '하나 더 있기는 한데 신통치 않아요. 그 아이는 아닐 것 입니다. 아니고말고요. 그래서 양이나 치라고 내보내놓았습니다.' 결 국 이런 얘기입니다. 그러나 사무엘 선지는 그를 불러오라, 합니다. 이래서 다윗을 불러와놓고 보니 바로 그가 다윗 왕인 것입니다. 하나 님마음에 합당한 사람이었다는 말씀입니다. 이 어린 다윗에 대해서 도 다시한번 생각할 필요가 있습니다. 자, 우리집에 왕이 될 사람이 있어서 사무엘 선지가 온다더라—이 얼마나 중요한 시간입니까. 그 러니 형들이 '얘, 넌 양이나 치고 있어!' 했다고해서 어린 사람이라 고 순종하겠습니까. '나도 갈래요. 나도 사무엘 선지 얼굴이라도 좀 봅시다' 했을 것같은데 소년 다윗은 그러지 않습니다. 형들이 시키는

대로 들에 앉아 양을 치고 있습니다. 이런 다윗소년의 모습을 한번 상상해보십시오. 아주 어질고 훌륭한 데가 있지 않습니까. 사람됨이 거기서부터 벌써 특별했다고 저는 생각합니다. 성경에 다윗이라는 이름은 995회 나옵니다. 제가 보통 800회라고 늘 얘기해왔는데 오늘 취소합니다. 컴퓨터로 자세히 조사해보니 995회입니다. 그만큼 다윗이라는 이름이 많이 나옵니다. 사람의 이름 중 성경에 가장 많이 나오는 이름입니다. 그뿐이 아닙니다. 그를 두고 '하나님의 마음에 합한 사람이다'라고 이릅니다. 하나님께서는 "그 용모와 신장을 보지 말라 내가 이미 그를 버렸노라" 하십니다. 사울 왕은 키가 컸습니다. 그런 것 필요없다, 얼굴 잘난 것 필요없다 하심입니다. "사람은 외모를 보거니와 나 여호와는 중심을 보느니라" 말씀하십니다.

　사람들에게 존경받는 사람들이 대체로 외모가 잘난 사람들은 아니라는 것을 여러분도 아십니다. 거, 이상합니다. 저는 결혼주례 하면서 늘 봅니다. 어떤 때 보면 특별히 예쁜 신부가 있더라고요. 제가 결혼주례자이니 신부모습을 제일 먼저 감상합니다. 신랑도 옆에 있지만 정면으로는 나만 봅니다. 이건 특권이지요. 그래서 결혼주례를 좋아합니다, 제가. 얼마나 재미있습니까. 그 순간이 일생에 제일 예쁜 순간이거든요. 그걸 내가 감상하는 것입니다, 30분 동안. 그런데 재미있는 게 하나 있습니다. 대체로 얼굴 예쁜 여자는 음성이 별로입디다. 인정하십니까? 예쁜 신부 보고 "사랑합니까?" 그랬더니 "예"하는데 듣자니 남자음성 비슷해요. 그러면 내가 속으로 '그러면 그렇지'합니다. 하나님께서 어떻게 그렇게 하나씩만 주셨는지… 대체로 얼굴 예쁜 사람이 음성은 안예뻐요. 그런가하면 얼굴이 '이건 신부지만 왜 이런가'싶은데 음성이 아주 예쁩니다. 그 잠깐사이에 둘이서 눈짓 가지고 얘기하는 걸 봐도 음성이 아주 예쁜 것입니다. 사랑스러운 데가 있습니다. 그래서 '하나님께서는 참 고르게도 주셨구나' 합니다.

분명한 것은 하나님께서 신장이나 용모를 보시는 게 아니라 중심을 보신다는 것입니다. 그 속사람을 보시는 것입니다. 못생겼다, 하면 생각나는 이름 소크라테스, 얼굴이 대중없이 울퉁불퉁하고 눈은 작고 툭튀어나온 데다 키는 작달막하고… 아주 볼품없었다고 합니다. 이게 철학자 소크라테스입니다. 그리고 칼뱅이라는 사람, 종교개혁자인 이 사람은 몸이고 얼굴이고 아주 빼빼마른 데다 눈에는 늘 진물이 있는, 볼품없는 사람이었다고 합니다. 또 미국대통령을 지낸 링컨, 그는 몸과 얼굴이 짜임새없이 깡마르고 다리는 물색없이 길어빠지고… 그래서 별명이 고릴라였습니다. 사도 바울도 키는 작고 시력도 나쁘고 전설대로는 간질병까지 있는 사람이었습니다. 그러나 하나님께서는 중심을 보고 당신의 사람들을 쓰십니다. 어떤 사람을 쓰시는가 한번 봅시다. 다윗이라는 사람은 믿음이 있고 신앙적 용기가 있는 사람입니다. 하나님을 믿는 신앙이 확실하고 그것이 생활 속에 나타납니다. 사무엘상 17장에 보면 이런 말씀도 있습니다. "다윗이 사울에게 고하되 주의 종이 아비의 양을 지킬 때에 사자나 곰이 와서 양떼에서 새끼를 움키면 내가 따라가서 그것을 치고 그 입에서 새끼를 건져내었고 그것이 일어나 나를 해하고자 하면 내기 그 수염을 잡고 그것을 쳐 죽였었나이다 주의 종이 사자와 곰도 쳤은즉 사시는 하나님의 군대를 모욕한 이 할례없는 블레셋사람이리이까(삼상 17:34-36)." 이것이 다윗입니다. 신앙이 있고 용기가 있었습니다. 그러나 한편으로는 아주 겸손한 사람이었습니다. 다윗의 일생을 연구해보면 그는 참으로 신비로운 인물이었습니다. 그는 실수가 너무 많았습니다. 허물이 너무 많습니다. 전문가들이 연구를 해서 책에 써놓은 것을 보면 성경에만도 스무 군데 넘게 셋을 수 없는 실수와 죄상이 그에게 있다는 것입니다. 그러나 다윗은 겸손하여 즉시 회개하는 사람입니다. 회개하는 정직함이 있는 것입니다. 특별히 그의 회개에서 중요한 점은 절대로 변명이 없다는 것입니다. 책임을 남에게 돌리는 법 없습니다. 책임을 여건에 돌리는 법 없습니다. 흔히 말하는바 "인간인고로" 하는 따위의 변명을 하지 않습니다. 이를테면 밧세바와의 관계를 봅시다. 간음이라는 것은 두 사람이 하는 것 아닙니까. 더구나 밧세바가 다윗을 유혹했다고 성경은 말씀합니다. 그러나 이 엄청난 죄를 회개할 때 그는 한번도 밧세바를 들먹이지 않습니다. 실수였다고도 하지 않습니다. 내가 하나님 앞에 죄를 지었나이다—이뿐입니다. 내가 책임을 집니다. 그건 내 잘못입니다—아무 변명도 없고, 책임전가 의식도 없습니다. 이것이 그의 진실입니다. 뿐만아니라 그는 감정을 억제할 줄 아는 사람입니다. 그가 밧세바와의 사이에 아들을 낳았을 때, 이것이 죽어갑니다. 그는 하나님 앞에 엎드리고 간절히 기도하고 사흘 동안을 먹지도 않았습니다. 그런데 아이는 죽었습니다. 왕이 저렇게 아들을 사랑하고 저 아들이 죽을까봐 걱정하고 기도하고 금식을 하는데 이렇게 죽었으니 이제 왕에게 어떻게 죽었다는 보고를 할까? 신하들이 걱정을 했습니다. 그러나 아이가 죽었다는 것을 알았을 때 다윗은 벌떡 일어납니다. 온몸을 씻고 천연히 나아가 집무를 합니다. 신하들은 놀랐습니다. 다윗 왕에게 물어봅니다. '이 아들을 위해서 그다지도 슬퍼하시더니 죽고나니 어찌 이렇게 뒤끝이 깨끗하실 수 있습니까?' 그는 대답합니다. '그가 죽기 전에는 내 기도를 들으시고 하나님께서 혹시나 용서하실까 함이요, 이제 죽었으니 하나님께서 데려가신 것이므로 그는 내게로 올 수 없지만 나는 그에게로 가리라.' 아주 깨끗하게 과거로부터 벗어납니다. 그리고 아무 일 없었다는듯이 할일을 다합니다. 과거에 매여서 헤매지 않았습니다. 그는 이렇듯 감정억제를 할 줄 아는 사람이었습니다.

또한, 제가 제일 사랑하는 점은 이 점입니다. 그 엄청난 죄를 회개하고나서 왕위를 내어놓고 '하야'하지 않았다는 점입니다. 우리 인간의 생각같아서는 왕관 내던지고 '아이고 부끄러워라' 베들레헴에 가서 양이나 치다가 말겠다, 할 일입니다. 저라도 그랬을 것같습니다. 그러나 다윗은 그렇지 않았습니다. 밧세바와의 관계가 그렇고 그 남편을 죽인 죄가 그렇고, 엄청난 죄를 지었지만 다 회개하고 그대로 왕위에 앉아서 삼권을 한손에 쥐고 재판이며 행정이며 왕의 일을 감당해나갑니다. 그 부끄러운 모습으로 말입니다. 어째서 그랬을 것같습니까. 그는 겸손했습니다. 그가 만일에 왕위를 버렸다면 그는 불신앙의 사람이요 그의 회개는 진짜가 아닙니다. 그러나 그가 회개하는 순간, 회개로부터 이제 오는 모든 결과는 다 그대로 받아들일 뿐만 아니라 애시당초 내가 왕이 된 것은 내 의로 된 것이 아니라는 것입니다. 처음부터 끝까지 내게 의가 있고 내가 잘나서, 내가 능력이 있어서 왕된 것이 아니라는 것입니다. 처음부터 하나님께서 불러 쓰시니까 하나님을 섬기는 마음으로 내가 이 일을 할 뿐이지 내 의가, 내 진실이, 내 충성이, 내 능력이 왕위에 있게 한 것은 아니라고 생각했습니다. 이것이 겸손이요 이것이 진실한 믿음입니다. 그는 모든것을 하나님께 맡기고 하나님께만 순종해나갑니다. 특별히 지난날

십여 년 동안 다윗을 죽이려고 사울이 쫓아다닐 때, 장인이 사위를 죽이려고, 왕이 신하를 죽이려고 쫓아다닐 때 그는 얼마든지 사울왕을 죽일 기회가 있었습니다. 동굴에 있을 때나 들에 있을 때나. 그런데 사울에게 손을 대지 않았습니다. 다 하나님께 맡겼습니다. 내가 아무리 억울한 일을 당해도 그렇습니다. 장인되는 사울이 사위 다윗을 향하여 창을 던지는데도, 그럼에도 불구하고 그는 절대로 대항하지 않고 모든것을 하나님께 맡깁니다. 끝까지 사울을 기름부으심받은 주의 종으로 섬겼습니다. 그의 신앙이요 그의 겸손입니다.

특별히 시므이 사건은 우리의 마음을 뜨겁게 합니다. 아들 압살롬이 반란을 일으켰을 때 그는 왕위를 내놓고 피란의 길을 떠납니다. 이것도 하나님께로 말미암았다고 믿기 때문입니다. 그런데 베냐민 지파의 시므이라는 사람이 그를 가로막고 돌을 던지며 저주했습니다. 보다못하여 아비새라고 하는 장군이 칼을 빼어 '저놈을, 저 죽은 개 같은 놈을, 내가 가서 목을 베겠습니다'하고 나섭니다. 다윗의 명령 한마디면 시므이라는 인간은 끝장입니다. 그러나 다윗은 말씀합니다. 유명한 말씀입니다. "내가 너희와 무슨 상관이 있느냐 저가 저주하는 것은 여호와께서 저에게 다윗을 저주하라 하심이니 네가 어찌 그리하였느냐 할 자가 누구겠느냐(삼하 16:10)." 보십시오. "내 몸에서 난 아들도 내 생명을 해하려 하거든 하물며 이 베냐민사람이랴… 버려두라 혹시 여호와께서 나의 원통함을 감찰하시리니 오늘날 그 저주 까닭에 선으로 내게 갚아주시리라(삼하 16:12)." 잘 견딥니다. 잘 참습니다. 그리고 용서합니다. 이것이 그의 겸손이요 그의 진실입니다. 뿐만아니라 그는 사람을 믿고 친구를 믿고 많은 일을 그대로 맡길 줄 아는 사람입니다. 또한 그의 시편에서 보면 믿음의 조상들을 잘 연구하고 전통적으로 내려오는 이스라엘사람들의 신앙경력과 역사를 이해할 줄 아는 사람입니다. 그리고 시편 131편은 유명합니다. 다윗의 진실한 고백이 여기 함축되어 있습니다. "여호와여 내 마음이 교만치 아니하고 내 눈이 높지 아니하오며 내가 큰 일과 미치지 못할 기이한 일을 힘쓰지 아니하나이다." 여호와여 나는 겸손합니다. 나는 이적을 바라지 않습니다. 큰일도 바라지 않습니다. 다만 하나님 앞에 어린아이와 같습니다. "내가 내 심령으로 고요하고 평온케 하기를 젖뗀 아이가 그 어미 품에 있음 같게 하였나니 내 중심이 젖뗀 아이와 같도다." 아주 진실하고 정직한 사람이었습니다.

　그리스도께서는 사람을 외모로 보시지 않습니다. 중심을 보십니다. 뽕나무에 올라간 삭개오를 보십니다. 그리고 세관에 앉아 있는 세리 마태를 부르십니다. 18년 귀신들린 여자도 예수님께서는 중심을 보시고 '아브라함의 딸'이라고 부르십니다. 또 미래를 보십니다. 나다나엘의 미래를 보시고, 베드로의 미래를 보시고, 바울의 그 미래를 보십니다. 사도 바울은 디모데후서 2장에서 말씀합니다. 부잣집에는 금그릇, 은그릇, 나무그릇, 질그릇이 있을 것이다, 그러나 깨끗한 그릇만을 하나님께서 쓰신다, 하였습니다. 지도력이란 게 어디 있습니까. 진정한 지도력은 믿음과 겸손과 진실에 있는 것입니다. 이것을 잃어버리면 볼것없습니다. 하나님의 사람, 하나님께서 쓰시는 지도자, 하나님께서 원하시는 사람이 바로 이런 사람입니다. 결코 의인이 아닙니다. 깨끗한 사람도 아닙니다. 믿음의 사람, 아주 겸손한 사람, 그리고 정직한 사람입니다. △

한 구도자의 고민

예수께서 길에 나가실새 한 사람이 달려와서 꿇어앉아 묻자오되 선한 선생님이여 내가 무엇을 하여야 영생을 얻으리이까 예수께서 이르시되 네가 어찌하여 나를 선하다 일컫느냐 하나님 한 분 외에는 선한 이가 없느니라 네가 계명을 아나니 살인하지 말라, 간음하지 말라, 도적질하지 말라, 거짓 증거하지 말라, 속여 취하지 말라, 네 부모를 공경하라 하였느니라 여짜오되 선생님이여 이것은 내가 어려서부터 다 지키었나이다 예수께서 그를 보시고 사랑하사 가라사대 네게 오히려 한 가지 부족한 것이 있으니 가서 네 있는 것을 다 팔아 가난한 자들을 주라 그리하면 하늘에서 보화가 네게 있으리라 그리고 와서 나를 좇으라 하시니 그 사람은 재물이 많은 고로 이 말씀을 인하여 슬픈 기색을 띠고 근심하며 가니라

(마가복음 10 : 17 - 22)

한 구도자의 고민

　2001년 2월 21일자 「한국일보」에 '가르침의 씨앗은 내 안에'라는 제목의 글이 실렸습니다. 종교란에 실려야 할 것같은 제목이지만 이것은 스포츠란에 실린 얘기입니다. 골프치는 사람으로서 특별히 골프실력을 향상시키고 싶은, 좀더 잘쳐보고 싶은 열심이 있는 골퍼들은 세 가지의 실수를 한다고 합니다. 첫째는 골프채를 자꾸 바꾸는 것입니다. 최신골프채가 나왔다하면 새로 사들이는 것입니다. 수백만 원짜리 골프채들입니다. 골프채만 좋으면 될 것같은가본데 좌우간 집집마다 골프채 5개 이상 있는 집은 문제가 있는 것입니다. 더 좋은 것, 더 새로운 것, 그런 것을 사면 이것으로 문제가 해결될 줄 압니다. 그러나 아무리 좋은 골프채를 사도 실력은 여전히 그대로입니다. 두 번째는 소문난 연습장을 찾는 것입니다. 누가 어느곳 연습장에 가서 연습을 하여 실력이 올라갔다더라 하면 나도 갑니다. 그래 이리저리 연습장을 옮겨다니고, 심지어는 골프장도 바꿉니다. 내가 회원이 되어 있는 골프장이 있으니 항상 거기서 하여야겠지요? 그러나 왠지 실력이 올라가지 않으니까 다른 골프장에 돈을 또 내고 그리로 옮깁니다. 이 골프장 저 골프장을 전전합니다. '어디 가야 더 좋은 성적을 낼 수 있을까?'하고요. 세 번째는 이름난 코치를 찾아다니는 것입니다. 돈이야 얼마든지 내겠으니 내 골프실력 좀 올려달라 하고 나 좀 가르쳐 달라 하고 내 잘못된 데를 좀 바로잡아달라 하고 내가 어떻게 하면 잘 칠 수 있겠느냐 하고… 이리 기웃 저리 기웃, 잘한다는 코치를 찾아 헤맨다는 것입니다. 그런데 이상한 것이 새 코치로부터 시석을 받고보면 그 소리는 늘 듣던 소리인 것입니다.

귀에 못이 박히도록 들어오던 소리요, 그밖에는 다른 신선한 이야기를 들어보지 못한다는 것입니다. 결국 '그런 얘기는 벌써부터 알던 것이고 나도 그렇게 남 가르치는 건데, 뭐 그런 걸 나한테 가르치려 드나?'하고 불만스럽게 생각한다는 것입니다. 우리나라 어느 유명한 재벌총수가 미국을 여행하는 중에 마침 세계적으로 유명한 미국의 골퍼하고 같이 골프를 칠 기회를 얻었습니다. 여러 시간 골프를 친 다음에 그 골퍼한테 아주 공손하게 물었습니다. "내가 치는 것을 보시고 무엇을 고쳐야겠다고 생각하셨습니까?" 한마디 꼭 지적을 받고 싶어서 물었는데 떡 한다는 소리가 매양 그 소리였습니다. "헤드 업 하지 마세요." 평소 이 코치 저 코치한테서 늘 들어오던 그 소리였습니다. '그건 내가 처음부터 들어오던 말인데… 내가 수십 년을 내리 지적받아오던 것인데…' 문제는 그것을 실천하지 못해왔다는 것입니다. 그 단순한 진리를 실천하지 못하는 것입니다. 기본이 잘못되었지요.

　오늘본문에 보면 한 청년이 주님 앞에 나왔습니다. 그는 관원이요 부자요 소위 엘리트입니다. 당대의 엘리트입니다. 그가 나와서 영생을 얻겠다고 말합니다. 영생에 대한 진리를 물었습니다. 그런데 마지막장면에 보면 이 사람은 슬픈 낯으로 돌아가게 됩니다. 예수님께 실망하고 돌아갑니다. 아니, 자기자신에 대하여 실망하고 돌아갑니다. 시속에 나도는 말이 있습니다. 돈으로 잘 안되는 것이 두 가지가 있다는 것입니다. 하나는 골프이고 하나는 자녀교육이라고 합니다. 돈 가지고 될 수만 있다면 재벌총수가 제일 잘하겠지요. 그러나 돈으로 될 일이 아닙니다. 자녀교육, 돈으로 할 수 있는 게 아니더라, 그 말입니다. 오늘 주님 앞에 나온 이 젊은사람이 부자입니다.

돈으로 할 수 있는 일이라면 문제가 되지 않습니다. 그러나 예수님께 나왔다가 그는 영생을 얻지 못하고 슬픈 낯으로 돌아가는 유감스러운 사람이 되었습니다. 이 사람은 영생에 대하여 고민하고 있는 사람입니다. 이런 점에서 이 사람은 꽤 괜찮은 사람입니다. 우리가 목사로서도 종종 서운한 게 있습니다. 목사님 찾아와서 질문할 때 "어떻게 하면 영생을 얻겠습니까?"하든가 성경진리를 묻는다든가 했으면 좋겠는데 엉뚱하게도 "누구하고 결혼을 할까요?" "어떤 사업을 하면 성공할까요?" "이 사업을 계약할까요, 말까요?" 합니다. 이런 세속적인 것을 묻습니다. 그럴 때 나는 꼭 해주고 싶은 말 한마디가 있습니다. "잘못 찾아왔습니다." 그렇지만 어떡합니까. 앉아서 이런 얘기 저런 얘기 듣고 있을 때마다 '이건 아닌데…'하는 것입니다. 그러니만큼 오늘본문의 이 사람은 훌륭한 편입니다. 예수님께 병고쳐달라 하는 것도 아닙니다. 정치문제로 나온 것도 아닙니다. 경제적인 문제로도 아닙니다. 사회적인 문제로도 아닙니다. 가족문제라든가 신분에 대한 문제라든가 이웃관계에 대한 문제로도 아닙니다. 형제간에 재산을 나누느라 다투다가 이걸 해결할 길이 없어서 예수님께 나아와 "주님, 이 재산 좀 바로 나누게 해주세요"하던 사람도 있습니다. 별의별 당찮은 질문을 하는 사람이 많은데 오늘본문에 나타난 이 청년은 어쩌면 예수님의 마음에 가장 합한, 좋은 질문을 가지고 나왔습니다. 영생의 문제—적어도 그는 지금 이 신령한 문제에 대해서 고민할 줄 아는 거기까지 인격이 높은 수준에 있었다 하겠습니다. 그는 가정교육을 잘 받았고 태어나서부터 종교적인 분위기에서 자랐습니다. 그리고 큰 어려움 없이 출세도 했고 여유있는 생활을 할 수도 있었습니다. 그러나 그는 고민이 있었습니다. 심각한 고민입니다. 바로 영생에 대한 것입니다. 영생을 행복이라고 생각해봅시다. 그는 어느 때부터 부자인지는 모르지만 돈과 함께 살아가면서 돈이 행복을 줄 수 없다는 것 정도는 깨달았습니다. 돈과 영생은 관계가 없다는 것을 알고 있습니다. 돈 많이 벌면 행복할 수 있다고는 생각지 않는 지각쯤은 가졌습니다. 젊음도 있고 권세도 있습니다. 그러나 이것은 다 지나가는 것입니다. 세상의 어느 권세든 오래가는 것을 못보았습니다. 그런고로 이 사람은 영생의 문제, 영원한 생명의 문제 즉 미래에 대한 문제로 고민하기 시작했습니다. 궁극적 관심을 가졌습니다. 기쁨도 영생의 문제에 해결이 없다면 기쁨이 아닙니다. 결혼을 한다는 게 그 무슨 행복이겠습니까. 출세한들 그 무슨 행복이겠습니까. 그 모든것이 아무것도 아니라는 것을 알았습니다. 다시말하면 미래에 대한 문제가 해결되어야 하는 것입니다. 종말의 문제, 약속의 문제, 그리고 죽음의 문제에 해결을 봐야겠다고 생각했습니다. 여러분, 죽음의 시간은 점점 가까이 다가오고 있습니다. 내가 믿거나말거나, 바라거나 바라지 않거나, 죽음은 다가오고 있습니다. 이제 다가오고 있는 이 죽음의 문제에 대하여 바른 해답을 얻지 못한다면 무슨 문제가 대수입니까. 그 어떤 사람처럼 의사를 붙들고 한 시간만 더 살게 해주세요, 하는 정도의 인간이라면 그 사람에게 무슨 행복이 있겠습니까. 모름지기 죽음의 문제에 대한 정확한 해답을 얻고 오늘을 살아야 합니다. 그뿐입니까. 사후의 문제에 해결을 보아야 하겠습니다. 죽은 다음에는 어떻게 되는 것입니까. 사도 바울처럼 '그리스도의 날에 너희는 나의 자랑이 되고 나는 너희의 자랑이 되리라'할 수 있겠습니까. 그리스도의 날에, 바로 그날에 대한 확실한 해답을 얻고 오늘을 사는 것처럼 여유있고 자유롭고 행복한 일은 없다고 생각합니다. 미래문제의 해결이 바로 현재문제의 해결이기 때문입니다. 저 장래문제를, 내세문제를 해결하고나서야 오늘의, 사실은 밥 한그릇도 맛있게 먹을 수가 있고 한 순간의 웃음도 웃음이 될 수 있는 것입니다. 웃을 일이 뭐 있습니까. 개그맨의 개그를 들으면서 웃는 것이 무슨 의미가 있습니까. 영생의 문제에 해결이 없이는 돈도 가정도 명예도 아무 소용이 없다는 것을 이 청년은 알고 있었습니다. 그래서 예수님을 찾아뵌 것입니다.

그런데 그의 질문에 문제가 있습니다. "무엇을 하여야 영생을 얻으리이까?"합니다. '무엇을 행하여야' 되겠습니까, 하는 것입니다. 다시말하면 율법적인 질문을 하고 있습니다. 행위에 대한 질문을 하고 있습니다. 믿음에 대한 질문이 아니고 행위에 대한 질문입니다. 율법적 질문입니다. 은혜에 대한 질문을 못하고 있습니다. 이스라엘사람으로서 율법을 지키고 미쉬나를 따라서 나름대로 바로 살아보고자 애썼습니다. 그래서 그는 어렸을 때부터 율법을 지켜왔다고 주님께 아룁니다. 바로 거기에 문제가 있는 것입니다. 율법을 정말 지켰을까요? 부자이기 때문에 이 상대적 평가에서 자기는 율법을 지켰었다고 지금 교만하게 생각하고 있습니다. 생각해보십시오. 어리석은 사람은 스스로 최선을 다했다고 착각합니다. 여러분, 최선을 다할 수 있는 것입니까. 최선을 다했다고 할 수 있는 것입니까. 최선을 다하고 모자라서 예수님께 '이제 또 무엇을 하여야 영생을 얻겠습니까?'하고 질문할 수 있는 것이냐고요. 이 얼마나 어리석은 사람입니까. 그래 예수님께서 말씀하십니다. "네게 오히려 한 가지 부족한 것이 있으니…" 부족한 것을 알아야 됩니다. 여러분, 내게 부족한 것은 무엇입니까? 운동하는 사람은 현장에 설 때마다 나의 부족한

점을 알아야 됩니다. 내가 실수하기 쉬운 것, 내가 잘못하기 쉬운 것, 나의 약점을 한 번 더 마음에 되새겨야 합니다. 이것이 나의 약점이다, 생각하고 임해야 됩니다. 잘한 일, 어제 잘된 일, 어제 좋았던 성적, 그건 잊어버리는 게 좋습니다. 나의 부족한 것, 나의 허물, 중요한 그것, 그걸 알아야 됩니다. 옛날 페르시아에서 한 나그네가 사막을 거치는 먼 여행 중에 하늘로부터 귀한 음성을 듣게 되었습니다. "네가 북쪽으로 2킬로만 더 가면 오아시스를 만나게 될 것이다. 오아시스 그 물가에 자갈돌이 많은데, 그 자갈돌을 네 주머니에 되도록 많이 넣고 하룻밤을 자거라. 그러면 아침이 되었을 때 기쁜 일이 하나 있고 슬픈 일이 하나 있으리라." 원세상에, 이 무슨 벙벙한 소리입니까. 가보았더니 정말로 오아시스가 있고 자갈돌이 있습니다. 주머니에 돌을 넣는데, 그 무거운 걸 넣고 자려니 이게 도대체 아리송해서 작은 두 주머니에다가 몇개만 넣었습니다. 그리고 반신반의하면서 하룻밤을 잤는데, 자고나보니 그것들이 금덩이가 되어 있는 것입니다. '아, 금을 얻었다!' 기뻐하는 동시에 '그럴 줄 알았으면 주머니마다 다 채울 걸… 열두 주머니나 되는데 다 채울 거지 왜 두 주머니에만 넣었단말인가!' 슬픔이 더 컸다는 것입니다. 사람마다 내가 무엇을 모르고 있는지, 내 무엇에 부족함이 있는지, 근본으로 돌아가서 이것부터 생각하여야 됩니다.

"가서 네 있는 것을 다 팔아 가난한 자들을 주라"하고 예수님 말씀하십니다. 네가 가지고 있는 게 뭐냐, 이것이지요. 이 가지고 있는 것을 통해서 영생의 역사는 시작이 되겠습니다. 있는 것, 아는 것, 할 수 있는 것, 이게 중요한 것입니다. 예수님의 비유말씀에 '어떤 사람이 남의 밭을 갈다가 밭에 감추인 보화를 발견했다. 이것을 덮어놓고 가서 자기 있는 모든 재산을 다 팔아 이 밭을 샀다'라고 하는 말씀이 있습니다. 가치관의 문제입니다. 무엇이 중요한 것입니까. 가장 중요한 것을 위해서라면 그보다 중요치 않은 것은 쉽게 버릴 수 있어야 합니다. 이 사람이 보화를 발견하고 가서 가장집물을 다 팔아치우는 게 아쉬웠겠습니까. 그, 힘든 일이었겠습니까. 참진리를 아는 사람은 나머지의 일 버리는 것은 어렵지 않습니다. 문제는 그리스도인된 바른 가치관에 있는 것입니다. 무엇이 중요한 것입니까. 그것을 똑바로 깨닫고나면 여타의 문제는 문제가 되지를 않지요. "네 있는 것을 다 팔아" 그리고 "가난한 자들을 주라"하십시요. 있는 것을 주라, 할 수 있는 것을 하라, 그 말씀입니다. 주라—그렇습니다. 여러분, 영생의 문제를 가슴에서 해결하려들지 말고 머리를 굴려서 마음에서 해결하려들지도 마십시오. 영생의 문제는 손발로 해결하여야 됩니다. 오늘도 저는 우리 소망교회 교인들 가운데 이런 분들이 있음을 자랑스럽게 생각합니다. 바야흐로 여름휴가철입니다. 휴가를 맞는다는 것, 황금같은 시간이 아닙니까. 그런데 이 휴가를 어디서 보내느냐? 이 분들은 몽골과 중국 등지, 그 어려운 데로 의료봉사 하러 갑니다. 한 두 주일 동안을 거기서 보내고 옵니다. 휴가를 해변으로 가는 게 아니라 농촌봉사로, 의료봉사로, 나를 필요로 하는 사람들의 세계로 가더라, 그 말씀입니다. 어제 네팔에서 오신 목사님, 1500만의 인구에 의사가 1000명밖에 없다는 곳입니다. 그것도 아주 열악하여 "내년에는 꼭 우리나라에 의료봉사 와주시기 바랍니다"하고 간절히 부탁을 합니다. 그러자고 대답했습니다. 여러분, 의사가 아니더라도 봉사할 사람이 많이 필요합니다. 한번 따라가보십시오. 영생이 뭔가 알게 될 것입니다. 신성한 행복이 무엇이며, 진정한 휴가가 무엇인지를 알게 될 것입니다. 괜히 바닷가로 나갔다가 죽느니사느니 그러지 마시고. 네게 있는 것, 가난한 자들을 주라, 그러면 네가 영생이 무엇인지를 좀 알게 될 것이다, 하고 예수님 말씀하십니다.

그러시고나서 주님 말씀하십니다. "그리고 와서 나를 좇으라." 전적으로 내게 헌신하라, 그리할 때 영생을 얻으리라, 하십니다. 그런데 이 사람은 이 귀한 말씀을 듣고는 "예"하고 순종하지 못하고 슬픈 기색으로 돌아갔다 합니다. 얼마나 유감스럽습니까. 요새는 경영학이라고 하는 학문이 유행입니다. 어떻게 하면 경영자가 될까, 어떻게 하면 CEO가 될까, 어떻게 하면 좀더 유능한 지도자가 될까—이에 관한 많은 책이 나와 있습니다. 소위 리더십에 관한 것입니다. 여러 가지 이야기가 있는 가운데 제일 기본적이고 공통적인 조건이 하나 있습니다. 그것이 뭐냐하면 옛것으로부터 벗어나야 된다는 것입니다. 세 가지를 벗어나야 된다는 것입니다. 첫째, 나이를 벗어나야 됩니다. 내가 나이 좀 더 먹었다고해서 뭐 선배니 뭐니, 어깨에 힘을 주려 하는 것이 아닙니다. 우리나라에서처럼 '선배' 많이 챙기는 나라가 없습니다. 위계질서가 깨진다나. 선배가 어디 있습니까. 뭐가 대단한 선배라고. 나이가 벼슬이 아닙니다. 내가 더 선배다, 내가 더 어른이다—그 생각 빨리 지워버리세요. 그러기 전에는 이 세대에서 자유할 수가 없습니다. 둘째, 지식에서부터 벗어나야 합니다. 낡은 지식, 그거 벗어나야 됩니다. 더구나 전문성이 저마다 틀립니다. 내 지식에 대해서 교만할 것이 하나도 없습니다. 내가 안다고 하는 생각, 빨리 지워버려야 합니다. 셋째, 낡은 경험에서 벗어나야 합니다. 잘못되면서 누적된 타성화한 경험, 이 경험 자체가 발목을 잡고 있어서는 안되는 것입니다. 이같은 과거로부터 깨끗이 벗어나는 자만이 CEO가 될 것이요, 지도자가 될 것이요, 이 세대를 미래로 이끌 것이라고들 말하고 있습니다. 오늘본문의 이 사람, 낡은 틀에서 벗어나지 못하고 있습니다. "다 팔아 가난한 자들을 주라." 어차피 재산 때문에 고민도 많았고 재산 때문에 근심걱정이 있었으니 "그러겠습니다" 할 것이지 왜 못한 것입니까. 저는 이런 추측을 해봅니다. 이 청년이 "그러겠습니다. 당장 팔아서 다 주겠습니다"하고 대답했더라면 아마도 예수님께서는 "아직은 그냥 좀 둬봐라"하셨을는지도 모르겠습니다. 왜요? 할일이 많지 않습니까. 29절로 30절에 보면 예수님께서 이렇게 말씀하십니다. "나와 및 복음을 위하여 집이나 형제나 자매나 어미나 아비나 자식이나 전토를 버린 자는 금세에 있어 집과 형제와 자매와 모친과 자식과 전토를 백 배나 받되… 내세에 영생을 얻지 못할 자가 없느니라." 오늘본문의 이 사람, 공연한 근심을 한 것입니다. 다 팔아 드린다고 하는 마음을 가지고 전적으로 현재를 부정했더라면 그리스도를 긍정하는 순간에 모든것을 다 얻을 수 있었는데 이 사람은 너무 값싼 은혜를 생각했습니다. 물질주의적인 낡은 과거에서 벗어나지 못했습니다. 그런고로 슬픈 기색을 띠고 옛생활로 돌아갔습니다. 예수님을 만난 이 귀중한 시간에 어찌해서 영생을 얻지 못하고 옛날로 돌아가고 있는 것입니까. 오늘도 깊이 생각하여야 됩니다. 오히려 한 가지 부족한 것이 있다, 다 팔아서 가난한 자들을 주고, 행동으로 옮기고 나를 좇으라, 그리하면 하늘의 보화가 있을 것이다, 말씀하십니다. △

참자녀됨의 속성

또 아들들에게 권하는 것같이 너희에게 권면하신 말씀을 잊었도다 일렀으되 내 아들아 주의 징계하심을 경히 여기지 말며 그에게 꾸지람을 받을 때에 낙심하지 말라 주께서 그 사랑하시는 자를 징계하시고 그의 받으시는 아들마다 채찍질하심이니라 하였으니 너희가 참음은 징계를 받기 위함이라 하나님이 아들과 같이 너희를 대우하시나니 어찌 아비가 징계하지 않는 아들이 있으리요 징계는 다 받는 것이거늘 너희에게 없으면 사생자요 참 아들이 아니니라 또 우리 육체의 아버지가 우리를 징계하여도 공경하였거늘 하물며 모든 영의 아버지께 더욱 복종하여 살려 하지 않겠느냐 저희는 잠시 자기의 뜻대로 우리를 징계하였거니와 오직 하나님은 우리의 유익을 위하여 그의 거룩하심에 참예케 하시느니라 무릇 징계가 당시에는 즐거워 보이지 않고 슬퍼 보이나 후에 그로 말미암아 연달한 자에게는 의의 평강한 열매를 맺나니 그러므로 피곤한 손과 연약한 무릎을 일으켜 세우고 너희 발을 위하여 곧은 길을 만들어 저는 다리로 하여금 어그러지지 않고 고침을 받게 하라

(히브리서 12 : 5 - 13)

참자녀됨의 속성

　저는 누구보다도 더 아버지의 사랑을 많이 받고 자랐다고 늘 생각합니다. 그러나 유감스럽게도 열일곱 살 때까지는 아버지의 사랑을 이해하지 못했습니다. 아버지는 너무나 엄하셨습니다. 많이 때려서 매도 많이 맞았습니다. 어떤 때는 불필요하게 생각되는 일을 내게 요구하셨습니다. 그래 새끼를 꼬기도 하고 가마니를 치기도 하고 짚신을 삼기도 하고… 당장 가난한 것도 아닙니다. 새끼를 꼬아야 먹고사는 게 아니고 가마니를 팔아서 무엇에 쓰는 것도 아닙니다. 그러나 무조건 하루 여덟 장씩 가마니를 쳐야 했습니다. 참 많은 일을 시키셨습니다. 가정형편은 비교적 넉넉했습니다. 어려워서 제게 일을 시키신 것은 아닙니다. 어떤 때는 전혀 필요없다고 생각되는 일도 하라고 하셨습니다. 그러나 저는 순종해야만 했습니다. 절대로 이의를 제기하면 안됩니다. 아침일찍 일어난다고해서 해야 할 일이 있는 것도 아닙니다. 농촌은 한가합니다. 그럼에도 불구하고 아침마다 일찍 일어나야만 했습니다. "어느 짐승이 늦게 일어나느냐. 언제나 부지런한 새가 먹을것도 있다. 사람은 일하고 살아야 한다. 공짜로 먹어서는 안된다." 도대체 이게 이해가 안됐습니다. '왜 나에게 이렇게 필요없는 일을 자꾸 시키실까? 잠시도 쉬지 못하게 하실까?' 하였습니다. 언젠가 바로 옆방에서 어머니와 아버지 사이에 주고받는 대화를 엿들을 수 있었습니다. 어머니가 아버지께 말씀합니다. "왜 그렇게 애를 괴롭히는 거요? 왜 자꾸 때리는 거요? 그렇게까지 하시지 않아도 되는데 왜 그렇게 많은 일을 시켜요? 당신 정말 아들을 사랑하는 거요 하지 않는 거요?" 그러자 아버지가 말씀하십니다.

"자식은 속으로 사랑하는 거지 겉으로 사랑하는 게 아니오. 세상에 아들을 사랑하지 않는 아버지가 어디 있다는말이오?" 이때에야 저는 비로소 난생처음으로 아버지의 사랑을 느꼈습니다. 그게 열일곱 살 때였습니다. '사랑하시기는 하는가보다.' 그리고 제가 광산에 끌려가 고생하다가 도망을 해서 구사일생으로 살아남아 산에 숨어 있던 몇달 동안, 그 삼엄한 경계를 뚫고 아버지는 제게 식량을 갖다주셨습니다. 숨어 있는 토굴에까지 찾아와서 식량을 주고 돌아가십니다. 이거 발각되면 현장에서 총살당합니다. 그런 위험을 무릅쓰고 제게 계속 식량을 가져다주셨는데, 그때마다 아무 말씀도 없으십니다. "몸조심해라." 이 한마디 남기고 산을 내려가시는 아버지의 뒷모습을 보면서 저는 내가 무사히 집에 돌아간다면 한평생 아버지께 효도를 다할 것이라고 다짐을 했습니다. 그러나 제가 집으로 돌아갔을 때는 아버지는 이미 총살당하고 계시지 않았습니다. 세상에 자식을 사랑하지 않는 부모가 어디 있겠습니까. 그러나 우리는 그 사랑을 미처 모를 때가 많습니다. 그래서 불만이 많습니다. 그 사랑의 의미를 깨달을 때까지는 계속 불만입니다. 언젠가 한번 확증을 얻고서부터만이 그 다음의 일들이 다 납득이 된다는 말입니다.

　아들 4형제가 있습니다. 그런데 그 중 삼형제는 항상 불만입니다. 자식들이 어쩌다 뭘 잘못하면 어머니는 아예 연대기합을 줍니다. 아들을 모조리 세워놓고 때리는데 삼형제만 때리고 맏형은 절대로 때리지 않습니다. 그래서 삼형제는 늘 불평입니다. '어째서 셋만 때리고 큰형은 안때릴까?' 얼마뒤 어머니로부터 그 사연을 들었습니다. 맏아들은 어머니가 낳은 자식이 아니더라고요. 지금의 그 남편이 첫결혼을 해서 아이를 낳았는데 첫아이를 낳다가 그 부인이 죽었습니다. 바로 그때 이 처녀가 "내가 그 아이를 키우겠습니다"하고 들어와서 자기자식 셋을 낳았습니다. 데려온 그 자식과 내 자식 셋을 똑같이 키웠습니다. 그리고 저러한 내력에 대해서는 비밀이어서 아무도 모릅니다. 아이들끼리도 전혀 모릅니다. 친형으로 알고 있습니다. 그러나 이 어머니는 이상하게도 자기 소생의 아이들은 마음대로 때려도 저 아이는 손을 댈 수가 없다는 것입니다. 오늘본문에 참아들과 사생아를 말씀합니다. '징계가 없으면 사생아요 참아들이 아니니라'하였습니다. 그리스도인이라는 게 뭡니까. '예수를 믿는다'란 하나님의 자녀 됨을 말합니다. 예수님께서 우리를 위하여 죽으신 것은 우리로 하나님을 아버지로 부르게 하고 그 아버지가 우리 하나님 아버지 되심을 알게 하고 믿게 하고 그로써 내가 하나님의 자녀 됨을 확증하시기 위함입니다. 하나님께서 아버지가 되실 때, 내가 아들이 되고 딸이 되는 것입니다. 탕자가 집을 나갑니다. 아버지의 잔소리가 싫었고 간섭이 괴로웠던 것같습니다. 그리고 나가서 탕자가 되었습니다. 방황하다가 돌아옵니다. 그러나 아버지는 그 자식을 결코 탕자로 대하지 않았고 사랑하는 아들로 영접합니다. 그 아들이 뒤늦게야 깨달았을 것입니다. '이럴 줄 알았더면 내가 집을 나가지 말 것을, 돌아올 바에는 진작 돌아왔어야 하는 것을… 아버지가 나를 이렇게 사랑하시는데 내가 왜 밖으로 방황했더란말인가.' 많이 회개하고 뉘우쳤을 것으로 생각합니다. 오늘말씀에는 '참아들'이라는 말씀이 있습니다. 일반적으로 자녀를, 특별히 어린 자녀를 헬라말로 '테크나'라고 말합니다. '테크나'가 있고 '휘오스'가 있습니다. '테크나'란 일반적인 어린아이들, 철없는 아이들인 데 반하여 아버지의 뜻을 이해하고 아버지의 뜻을 받아들이고 사랑하는 아들, 그렇게 정신적 차원에서의 참아들을 '휘오스'라고 부릅니다. 이것이 오늘본문에 나타난 '참아들'입니다. 자, 이제 그 아버지가 자녀를 어떻게 대하는가? 오늘 성경말씀에는 아주 여러 가지로 누누이, 특별히 헬라어원문에서는 다섯 가지 단어를 사용해서 그 아버지의 사랑을 묘사하고 있습니다.

첫째는 '권한다'하였습니다. '파라클레세오스'라고 하는 이 말은 우리가 말할 때 흔히 '위로한다'라는 말로 번역합니다. 어린아이들, 철없는 아이들 잘못될 때 그걸 위로합니다. 울고 있을 때 위로합니다. 괴로워할 때 위로하고 달랩니다. 곧 권유합니다. 유치하게 갈 때 부득불 그를 위로합니다. 울고 있는 아이를 달랩니다. 이것이 '권한다'하는 뜻입니다. 둘째는, '권면하다'라고 번역된 '디알레게타이'입니다. 영어로는 discourse입니다. 이것은 이성에 호소하며 이치를 들어가며 합리적으로 설명하는 것입니다. '잘 생각해봐라. 이렇지 않느냐? 네 생각엔 어떠냐? 네 스스로 판단하라'하고 설득을 하고 논리적으로 가르칩니다. 이것은 상당히 높은 수준의 사랑입니다. 셋째는, '꾸지람'이라는 말로 표현된 '엘렉코메노스'입니다. 영어로는 reprove입니다. 꾸짖는다는 말입니다. 일방적입니다. 여기 강한 의지가 있어서 일방적으로 '너는 잘못됐다'하고 판단합니다. '지금 이것, 이것이 잘못되고 있다. 너는 지금 잘못 가고 있다.' 확실하게 심판을 합니다. 확실하게 알도록 꾸짖습니다. 넷째는, '징계하심'이라고 번역된 '파이데이아스'입니다. 영어로는 discipline이라고 번역합니다. '훈련'입니다. 아버지의 뜻이 있어서 그 뜻을 받아이도록, 아버지의 뜻에 따라오도록 효과적으로 훈련을 하십니다. 거기에 도달하도록 훈련하십니다. 약한 자를 강하게, 어리석은 자를 지혜롭게, 미련한 자를 바른 길로 인도하십니다. 그러기 위해서 비상조치를 쓰십니다. 훈련하십니다. 프랑스의 유명한 신학자요 철학자였던 파스칼은 이렇게 기도합니다. '당신을 섬기라고 나에게 건강을 주셨지만 나는 세상을 위해서 다 써버렸습니다. 이제 저를 일깨워주시려고 병을 주셨습니다. 이 모든것을 생각하며 진심으로 회개합니다. 내 힘으로 못고치는 것을 고칠 수 있도록, 내 힘으로 떠나지 못하는 것을 떠날 수 있도록, 내가 할 수 없는 일을 하도록 권고하심을 생각하며 감사합니다.' 여러분, 상처 없이 사람되는 거 보았습니까? 뼈아픈 경험이 없이 예수믿는 사람 보았습니까? 매맞지 않고 사람되는 거 보았습니까? 많은 사건 속에서 하나님께서는 그 백성을 사랑하시고 그 자녀를 훈련하십니다. 역사 속에 의미가 있고 훈련 속에 하나님의 구체적인 사랑이 계시되어 있습니다. 내가 못하는 것 하도록, 스스로 깨닫지 못하는 것 깨닫도록 강하게 역사하십니다. 그리고 정 빗나갈 때는 채찍질하십니다. 오늘본문에도 '채찍질하심'이라고 번역된 '마스티고이'라는 말이 나옵니다. 체벌입니다. 체벌 속에 말씀이 있습니다. 고난 속에 계시가 있습니다. 거기에 강권하시는 교육이 있는 것입니다.

　이 다섯 가지를 종합하면 무슨 말씀이 됩니까. 하나님의 징계, 그 속에는 하나님의 주도적인 의지가 있다는 것입니다. 양보할 수 없는 확실한 하나님의 의지, 우리를 향한 하나님의 경륜이 있습니다. 꼭 그러해야겠습니다. 바라시는 그런 사람을 만들어야겠습니다. 또한 그 속에 엄청난 사랑이 있습니다. 이래서 우리는 하나님의 사랑을 진노적 사랑, 공의로운 사랑, 나아가서 창조적 사랑이라고 합니다. 전혀 생각지도 못했던 일을 창조하십니다. 창조적 사랑입니다. 그리고 그 속에 하나님의 무궁무진한 지혜가 있습니다. 우리가 미처 생각할 수 없는 하나님의 지혜가 거기에 있습니다. 구체적이고 효과적인 사랑이요, 사랑 안에 능력이 있습니다. 이것은 행동적인 것입니다. 그러면 이 사랑 앞에서 하나님의 자녀 된 우리는 어떻게 응답하여야 되는가? 이 진노적 사랑에 대해서, 이 공의로운 사랑에 대하여, 이 창조적 사랑에 대해서 우리는 어떻게 응답할 것인가? 먼저는 내가 자녀됨을 믿어야 됩니다. 그가 내 아버지 되심을 믿고, 내가 그의 자녀 됨을 믿어야 합니다. 매를 맞아도 '내가 사생아인가보다'라고 생각해서는 안됩니다. 그는 나의 아버지요 나는 그의 아들입니다. 어떤 경우에도 나는 하나님의 자녀다, 역사를 주관하시는 그 하나님은 나의 아버지다—이 엄연한 신앙을 절대로 놓쳐서는 안됩니다. 또한 그 모든 일이 사랑 때문이라는 것을 알아야 합니다. 사랑하시기 때문에 병도 주시고 사랑하시기 때문에 실패도 주시고 사랑하시기 때문에 성공도 주시고, 올려주시든 내려주시든, 살려주시든 죽이든, 어떤 경우에도 거기에 하나님의 사랑이 있음을 읽을 줄 알아야 합니다. 그러기에 내가 당하는 현실은 다 유익한 것입니다. 내게 필요한 것으로 받아들여야 합니다. 육체의 가시도 어떤 고난도 다 필요해서 내게 있다는 것을 인정하여야 됩니다. 그리고 당연한 일로 수용하여야 됩니다. 당연한 일로 받아들여야 됩니다. 여기에는 나름대로의 이유가 있음을 알아야 합니다. 아버지가 내게 어떻게 대하시든지 지금은 납득이 가지 않습니다. 이해가 되지 않습니다. 상식에 어긋납니다. 나의 이전 경험과 상반되기도 합니다. 나의 느낌과 감정, 나의 안전과 나의 필요, 나의 명예, 나의 기분은 영 고려하시지 않는 것같습니다. 나의 자존심을 짓밟아버리시는 것같습니다.

그런 아픔이 있습니다. 나를 바보같게 실패자같게 만들어버리십니다. 그래도 아버지께는 방법이 있습니다. 그것이 내가 생각하는 방법과 다르기 때문에 나는 못마땅합니다. 아버지께서 정하신 시간이 있습니다. 지금 당장 주시지 않는다고 원망할 수 없습니다. 아버지께서는 내가 감당할 수 있는 시험이 무엇인지 그 정도를 다 알고 계십니다. 정도에 맞도록 역사하고 계신 것입니다.

가장 귀중한 예가 아브라함의 경우입니다. 하나님께서 아브라함에게 고향을 떠나라고 말씀하십니다. 그리고 땅과 아들을 주시겠다고 했는데 100세가 되도록 아들을 주시지 않았습니다. 너무도 기다리기 힘들었습니다. 100세에 아들을 주셨습니다. 이제 그 아들이 좀 커서 장가들일 만큼 되었는데 바로 그때 하나님께서 말씀하십니다. '그 아들을 내게 바쳐라. 모리아 산에 가서 제물로 바쳐라.' 이거야말로 날벼락같은 말씀입니다. 의심이 많습니다. 저 아들을 통하여 하늘의 별처럼 바다의 모래처럼 많은 자손을 주신다고 했는데, 이제 그 아들 장가보내기도 전에 왜 내놓으라시는 것입니까. 게다가 자식을 죽이는 살인을 하라시는 것입니까. 아들을 죽여 불태워버리라 하시는 것입니까. 도대체 이해가 안됩니다. 그러나 아들된 아브라함은 아버지 하나님께 순종합니다. 사흘길을 가는데, 가는 동안 얼마나 고민이 많았겠습니까. 그런가하면 산에 올라갈 때 장작나무를 가지고 갑니다. 불씨도 들고 갑니다. 아들이 묻습니다. '아버지, 나무도 있고 불도 있는데 제물은 어디에 있습니까?' 이 질문을 받았을 때 아브라함은 가슴이 찢어지는 듯했을 것입니다. '하나님께서 예비하실 것이다. 가자.' 27세로 추정되는 이 아들을 설득합니다. '하나님께서 너를 제물로 바치라 하신다.' 이때 아마도 보통아들같았으면 '아버지가 100세 넘더니 노망을 하셨나?'할 것인데 그는 그럴 리가 없다, 합니다. 이치에도 맞지 않고. 그 아들은 아버지의 말에 순종합니다. '그것이 아버지의 뜻이고 그것이 아버지가 하나님께로서 들은 음성이라면 그리하세요.' 제단에 오릅니다. 이 아들을 생각해보십시오. 바로 이 순간을 두고 성경은 이렇게 말씀합니다. '예수 그리스도의 예표'라고. 그때에 하나님께서 복을 주십니다. '이제야, 네가 나를 사랑하는 줄 알았다. 네 후손 가운데서 메시야가 태어나리라.' 약속을 하십니다. 그 아들 아브라함은 하나님께 순종을 했고, 이삭은 그 아버지께 순종을 하였습니다. 깨끗하게 순종하였습니다. 이제 오늘 성경은 말씀합니다. 후에, 이렇게 순종한 후에 의의 평강한 열매로 더해주신다, 합니다. 순종부터 먼저 하고, 먼훗날에 가서 비로소 깨닫고 하나님께 감사합니다. 아브라함이 그 이삭을 다시 데리고 산에서 내려올 때 그 감격이 어떠했겠습니까. 그랬겠지요. '이럴 줄 알았더면 벌벌떨지 말 걸, 슬퍼하지 말 걸…' 당연하지 않습니까. 예수 그리스도의 아들되신 모습을 봅시다. 그는 열두 살 때 '내가 아버지 집에 있어야 할 것이 아닙니까'하셨고 십자가가 눈앞에 있을 때 "아버지께서 주신 잔을 내가 마시지 아니하겠느냐(요 18:11)"하십니다. 이것이 예수님의 신앙입니다. 십자가를 지시고는 "아버지여 나의 영혼을 아버지 손에 부탁하나이다"하시고 눈을 감으십니다(눅 23:46). 이것이 아들 예수십니다.

 성도 여러분, 우리는 하나님의 크신 능력 가운데 삽니다. 그는 우리의 아버지십니다. 우리는 그의 자녀입니다. 우리는 내 육의 아버지의 말씀도 때로 이해를 못합니다. 그래서 순종하기가 어렵거든 하물며 하나님의 위대하신 역사를 어찌 우리가 다 헤아리겠습니까. 육의 아버지의 말에도 일단 순종을 하여야 됩니다. 하나님 아버지의 역사에는 더더욱 믿고 순종하여야 될 것입니다. 로마서 8장 16절에 보는대로 성령은 항상 우리에게 우리가 하나님의 자녀 됨을 확증해줍니다. 매디슨이라고 하는 분의 유명한 기도문이 있어서 소개합니다.

'나의 하나님, 나는 나의 가시에 대하여 결코 감사하지 못했습니다.

나의 장미꽃에 대해서는 수천 번 감사하였습니다만

주님께서 나에게 지워주신 십자가에 대해서는 한 번도 감사하다고 생각해본 적이 없습니다.

고난을 통하여 나의 인생의 항로를 완성하시는 사랑의 주님이시여,

이제 저에게 이 가시의 가치를 가르쳐주시옵소서.

그리하시면 나의 눈물이 무지개됨을 알겠나이다.

그리고나서 고난당하는 것이 나에게 유익하다고 말할 수 있게 하여주시옵소서.' △

참해방의 본성

그러므로 이제 그리스도 예수 안에 있는 자에게는 결코 정죄함이 없나니 이는 그리스도 예수 안에 있는 생명의 성령의 법이 죄와 사망의 법에서 너를 해방하였음이라 율법이 육신으로 말미암아 연약하여 할 수 없는 그것을 하나님은 하시나니 곧 죄를 인하여 자기 아들을 죄 있는 육신의 모양으로 보내어 육신에 죄를 정하사 육신을 좇지 않고 그 영을 좇아 행하는 우리에게 율법의 요구를 이루어지게 하심이니라 육신을 좇는 자는 육신의 일을, 영을 좇는 자는 영의 일을 생각하나니 육신의 생각은 사망이요 영의 생각은 생명과 평안이니라 육신의 생각은 하나님과 원수가 되나니 이는 하나님의 법에 굴복치 아니할 뿐 아니라 할 수도 없음이라 육신에 있는 자들은 하나님을 기쁘시게 할 수 없느니라 만일 너희 속에 하나님의 영이 거하시면 너희가 육신에 있지 아니하고 영에 있나니 누구든지 그리스도의 영이 없으면 그리스도의 사람이 아니라

(로마서 8 : 1 - 9)

참해방의 본성

캐나다 빅토리아대학의 브래들리(K. R. Bradley) 교수가 쓴 책 「Slaves and Masters in Roman Empire(로마제국의 노예와 주인)」는 유명한 책입니다. 그는 다년간 로마의 문화를 연구한 끝에 '로마의 문화는 노예와 주인의 문화다'라고 결론을 내립니다. 로마제국은 인구의 삼분의 일이 노예였습니다. 우리가 로마를 가보면 2천 년 전 당시의 굉장한 문화흔적을 볼 수 있습니다. 원형극장을 비롯해서 그 많은 장엄한 유적들을 보고 감탄합니다마는 알고보면 그것들은 전부 노예가 만든 것입니다. 노예가 설계하고 노예가 지었습니다. 이런 것들을 만드느라고 엄청나게 많은 노예가 죽어갔습니다. 우리는 그 노예들의 피땀을 보는 것입니다. 인류가 이렇게 대단한 것을 건설했구나, 할 것이 아니라 이런 것 때문에 얼마나 많은 사람을 죽였나, 하고 그 처참함을 보아야 합니다. 노예와 주인의 관계란 fides와 obsequium의 두 마디로 요약됩니다. 오직 충성과 복종, 그것이 노예와 주인의 관계였습니다. 저들은 말할수없는 비인간적 대우를 받았습니다. 심지어는 '노예와 당나귀는 같다. 당나귀는 말을 못알아듣고 노예는 말을 알아듣는 것이 다를 뿐이다'라고 말한 철학자도 있습니다. 보기가 민망해서 그림이나 영화에는 노예가 그 치부만 가린 옷을 입고 나옵니다만 원래 노예는 옷이 없었습니다. 신발도 없고 옷도 없이 일을 하고 거처라고는 외양간같은 데다 지푸라기 깔아놓은 정도였습니다. 노예가 서로 말을 하면 거기서 문제가 생긴다고 말을 못하게 했습니다. 그래서 노예는 듣기만 하고 말은 못했습니다. 말을 아예 못배워버려서 그냥 "웅웅웅"했을 뿐입니다, 동물처럼.

오로지 충성과 복종만 요구했습니다. 그래서 그같은 로마의 문명을 이루게 되었다, 하는 것입니다. 말을 잘듣지 않든가 하면 체형을 가하는 것은 말할 것도 없고 죽이거나 팔아먹거나 정 고약하다 싶은 노예는 길거리에다 세워놓고 십자가에 못박아 죽였습니다. 수많은 노예를 십자가에 못박아 죽였습니다. 이것이 노예였습니다. 노예가 가진 것은 지식도 건강도 정조도 도덕성도 다 주인의 것이요 생명까지도 주인의 것이었습니다. 주인 마음대로 죽일 수도 살릴 수도 있었습니다. 이것이 노예였습니다. 생각하면 상상할 수 없을 만큼 끔찍한 일이었습니다. 그러나 중요한 것은 이것입니다. 그런 노예생활에도 '노예해방'이라는 것이 있었습니다. 해방될 수 있는 길이 있었습니다. 이것은 인도적 차원에서가 아니고 더욱더 철저한 충성과 복종을 얻어내기 위한 수단이었습니다. 말하자면 채찍 대신 당근이었습니다. 고분고분하게, 온유하게, 자발적으로 충성하고 철저하게 복종하면 주인이 자비를 베푸는 것입니다. 그 어느 순간에 좋은 주인을 만나면 노예는 자유를 얻습니다. 주인이 세상떠나기 전에 자기를 위해서 한평생 수고한 가장 충성된 노예한테 약간의 재산을 주고 말합니다. "너는 이제부터 자유다." 이러한 노예해방의 특권을 얻기 위하여 생각있는 노예들은 더욱더 충성을 다했다는 것입니다, 한평생을. 자유의 길을 바라보아서입니다. 언제고 자유의 특권이 주어지기를 바라서 그렇게 충성을 했고, 그 충성이 저러한 로마의 문명을 만들었던 것이다, 합니다. 그럴 법합니다. 문제는 여기에 있습니다. 이렇게 수십 년 노예생활을 하는 가운데 길들여진 노예, 완전히 문화화한 노예가 있어 이제 해방을 얻고 자유의 몸이 되었지마는 막상 이렇게 되고봐도 그는 절대로 자립할 수가 없었습니다. 오로지 충성, 복종만 해왔기 때문에 누가 뭐라고 말해주지 않으면 아무 일도 할 수가 없었습니다. 아예 생각이 없습니다. 그래서 난생처음 자유를 얻었는데도 인격적으로 경제적으로 사회적으로 자립할 수 없어서 다시 옛주인을 찾아가 "나를 노예로 받아주시기 바랍니다"하고 다시 노예생활을 했다는 것이 아닙니까. 이 얼마나 비참한 노릇입니까. 어쩌다 밖에 나와서 성공한 노예가 있기는 했습니다. 다소간의 재산을 가지고 힘써서 악착같이 일을 하고 수고해서 부자도 되고, 지위도 얻고… 그런 사람들이 있었습니다. 우리가 아는 유명한 예술가들 가운데도 노예출신이 있습니다. 심지어는 노예출신으로 왕이 된 사람도 있습니다. 그런데 문제는 이런 사람들이 노예생활로 노예화한 그 노예의식으로해서 욕망과 무질서와 폭력과 나태, 방탕의 노예가 된다는 것입니다. 타락의 노예가 됩니다. 네로 황제가 그 대표적인 예입니다. 노예에서 황제까지 올라갔지만 그 마음속에는 여전히 노예근성이 있었던 것입니다. 그는 자유인이 아니었습니다. 자신도 말할수없이 괴롭고 많은 사람을 불행하게 만들었습니다.

오늘본문에 보면 인간의 노예상태를 간단하게 고발하고 있습니다. 죄와 사망의 법에 매여 있다, 하는 것입니다(2절). 죄와 사망의 법에 매여서 헤어나지 못하는 인간상을 말씀하고 있습니다. 물리적으로, 사회적으로, 정치적으로, 경제적으로는 혹 자유할 수 있습니다. 그러나 가장 비참한 것은 도덕적으로, 종교적으로 죄와 사망의 노예가 되어 있더라는 것입니다. 그렇습니다. 유명한 말이 있습니다. '가난한 자는 자유인이 아니다.' 루즈벨트 대통령의 말입니다. 내가 아무리 자유하고 싶어도 가난하다보니 그 소중한 자유를 반납해버리고 얻어먹을 수밖에 없는 것입니다. 무식한 자는 자유인이 아닙니다. 유식한 자에게 매여 살 수 밖에 없는 것입니다. 더욱이 죄인은 자유인이 아닙니다. 요한복음 8장 34절에 보면 예수님께서 말씀하십니다. "죄를 범하는 자마다 죄의 종이라." 죄를 짓고 회개하지 않을 때, 회개하지 아니한 죄가 그 마음을 다스릴 때, 그는 저주의식에 매입니다. 가책의식에 매입니다. 나아가 다시 죄를 지을 수밖에 없는, 어느 사이에 거듭거듭 죄를 지을 수밖에 없는, 그런 노예상태에 살아갑니다. 그런 상황에 끌려가게 된다는 말씀입니다. 실존주의 철학자 사르트르는 「실존주의란 무엇인가」라는 책에서 인간에게 주어진 네 가지 자유를 말하고 있습니다. 첫째는 투기적 자유입니다. 미래를 향해서 자신을 개방하고 과거로부터 완전히 벗어나 미래를 향해서 자기몸을 던져버릴 수 있는, 과거에서 완전히 벗어나는 그 미래를 향해서 자기를 던지는 그런 자유, 통쾌한 자유입니다. 그러나 여러분, 과거로부터 완전히 벗어난 자유인이 어디 있습니까. 둘째는 선택의 자유입니다. 여러분은 얼마나 넓은 선택의 영역을 지니고 살아갑니까? 흔히들 "I have no choice"라는 말을 합니다. 선택의 여지가 없다는 것은 그 순간 노예된 것을 말하는 것입니다. 언제나 우리는 선택의 여유를 가지고 삽니다. 그리고 내가 선택하는 것은 내 마음으로, 그것도 현재적으로 선택하는 것입니다. 간혹 이런 분들이 있습니다. 결혼생활을 하면서도 '그저 할 수만 있으면 이 사람하고 안살았으면 좋겠다. 그러나 어찌할 수가 없구나'하고 만부득이 살아갑니다. 그야말로 선택이 없습니다. 팔자거니 하고 삽니다. 이건 자유인이 아닙니다. 유행가 가사에도 있듯이 죽었다 다시 태어나도 당신의 아내가 되겠소, 하는 그가 바로 자유인입니다. 항상 현재적으로 사랑을 고백하고 현재적으로 아내를 선택하고 남편을 선택하여야 됩니다. 그런데 이미 선택한 데 대해서 그 선택권을 포기하고 '에라, 모르겠다. 그냥 사는 데까지 살자' 한다면 그는 자유인이 아닙니다. 벌써 죽은 사람입니다, 그러면. 그걸 잊지 말아야 합니다. 계속적으로 넓은 중에 자유롭게 선택하며 살아갑니다. 셋째는 선택에 대한 책임을 져야 됩니다. 내가 선택했으니 책임을 지는 자유인이어야 합니다. 선택을 어정쩡하게 해놓고 책임을 안지겠다는 사람, 책임감이 없는 사람은 자유인이 아닙니다. 내가 선택한 것에 대한 내 책임을 내가 넉넉하게, 그것도 기쁨으로 져야 합니다. 그 사람이 자유인입니다. 넷째는, 연대성을 함께 생각하여야 합니다. 다시말해서 내 자유가 남의 자유를 속박해서는 안되는 것입니다. 내가 자유하면서 다른 사람에게도 자유를 보장해줘야 됩니다. 그런 자유이어야 참 자유입니다. 나는 자유다, 하고 휘젓고 다니는데 많은 사람에게 억압을 주고 불행함을 주고 불편함을 준다면 그는 자유인이 아닙니다. '명예욕과 지위욕과 물욕을 극복할 수 있으면 달인이 된다'하는 말이 있습니다. 별것도 아닌 명예욕의 노예가 되어 어느 사이에 저렇게 비참해지는 것을 요새도 많이 봅니다. 지위욕, 그거 대단합니다. 좌우간 국회의원에 한번 출마했던 사람이라면 죽기 전에는 그 욕심을 못버린다고 합니다. 아편보다 더 중독성이 심하다고 합디다. 지위에 대한 정치적인 욕망, 여기에 노예가 되어가지고 처절해지고 제 명에 못가는 사람 많지요. 그것도 큰병입니다. 물욕, 권세욕, 명예욕—비참한 병입니다. 사람을 미치게 하는 것이 네 가지가 있다고 합니다. 여자와 술과 마약과 도박이 그것입니다. 그 중에 제일은 도박이니라—무슨 말인지 알겠습니까? 여러분은 잘 모르시겠습니다. 도박이라는 거, 생각하면 그 얼마든지 할 수도 있고 안할 수도 있지요.

아니하면 그만이 아닙니까. 그런데 아니치 못하는 것입니다. 이것에 한번 빠진 사람, 죽기 전에 거기서 못빠져나옵니다. 정말 힘듭니다. 아무것도 아닌 것같은데 이걸 못고치는 것입니다. 담배 그것도 그렇지요. 담배 하나 끊는 게 뭐 힘들다고, 그까짓것 안피우면 그만이지, 뭐―그런데 그걸 못끊는 것입니다. 공항에 갔을 때 보면 따로 칸막이 해놓은 한쪽구석에 앉아가지고 빠끔빠끔 담배를 피우고 있는 거 보면 불쌍도 하고 가련도 하고… 이게 노예가 된 현상입니다. 우리 자유인으로 볼 때는 그런 거 끊어버리는 것, 일거리도 못되지요. 아니하면 그만 아닙니까, 그까짓거. 그런데 그걸 못하는 것입니다. 이것을 남의 일로 듣지 마십시오. 여러분의 마음속에도 뭔가, 지금 당연히 그러지 말아야 할 일을 가지고 있습니다. 해서는 아니될 일을 하고 있습니다. 당연히 해야 할 일은 또 하지 않고 있습니다. 그것은 우리의 마음속에 있는 깊은 죄악입니다. 죄와 사망의 노예가 되었기 때문입니다.

　오늘본문은 우리에게 중요한 교훈을 합니다. 스스로 자유하지 못한다는 것입니다. 스스로 자유하지 못한다―내가 여기에 이렇게 깊이 빠져들어가서 어느덧 이렇게 비참해졌는데 나 스스로 빠져나오지를 못합니다. 의식이 노예화하고 성품까지 노예화하였을 때 다시 돌이키기가 어렵습니다. 1958년이던가, 그때 서울 안에 '십자매 바람'이 불었습니다. 십자매를 키우면 돈번다고해서 너도나도 십자매를 사다 키웠습니다. 제가 시무하던 교회에서도 어느 여전도사님이 혼자 사는 방안에다 십자매를 엄청나게 많이 갖다놓고 키웠습니다. 그거 치우라고 해도 "심심한데요, 뭐…"하고 키우더니 이게 값이 뚝 떨어졌습니다. 할수없이 십자매들을 놓아주었는데, 새장 안에서 태어나 자라난 십자매들을 이제 창문을 열고 내보냈는데 어떻게 되는 고하니 새장 안에 있을 때는 파닥파닥 생기있던 것들이 나가서 뱅뱅 돌더니 죄다 집안으로 다시 돌아오는 것이었습니다. 그리고 제대로 살지 못하더라고요. 이것을 알아야 됩니다. 어느 사이에 우리는 노예화하여 살았습니다. 자유하지도 못할 뿐더러 주어진 자유도 지킬 수가 없어졌습니다. 공산주의치하에 있던 나라들, 공산주의 40년 50년 하다가 이제 자유를, 해방을 보았는데 웬걸, 어느 결에 인간성이 완전히 타락하고 말았습니다. 변질돼버렸습니다. 하나같이 게으르고 불신실하고 무책임한 것입니다. 공산주의의 이론이 뭡니까. 내 책임을 남에게 돌리는 것입니다. 가난한 자는 가난한 이유가 부자 때문이라는 것입니다. 혁명이 뭡니까. 내 책임을 남에게 돌리는 것입니다. 그런데 이것이 그만 체질이 되고 말아서 자기책임을 질 줄 모릅니다. 무책임합니다. 그리고 소리만 지르면 뭐가 되는 줄 압니다. 간간이 보면 우리네도 나라를 향해서 뭐 달라 뭐 달라 하고 소리지릅니다. 그거 누가 주는 것입니까? 나라가 주려면 세금 받아야지요. 주는 자 없이 어떻게 받는 것입니까. 기회의 평등은 잃어버리고 성과의 평등만 주장하는 것입니다. 달라고 소리만 지르는데 뭘 가지고 주자는 얘기입니까. 일도 안하고 월급은 달라고요? 어디 이런 세상이 다 있습니까. 그게 강도지! 이게 그만 체질화하여버렸습니다. 어느덧 성품화하여버렸습니다. 거기에는 결코 자유가 없습니다.

 오늘성경은 말씀합니다. 자유케 하는 자의 역할이 있고야 자유할 수 있다고 말씀합니다. 예수께서 우리를 위하여 십자가를 지십니다. 우리를 자유케 하시려고. 자유는 정당한 값이 지불되어야 얻을 수 있습니다. 대가를 지불하지 않고는 결코 자유할 수 없습니다. 요한복음 8장 36절에서 예수님 말씀하십니다. "아들이 너희를 자유케 하면 너희가 참으로 자유하리라." 예수께서 우리를 위하여 십자가에 돌아가시고 하나님의 율법적 요구를 충족케 하시고야 비로소 우리가 자유할 수 있는 것입니다. 그리고 성령과 말씀으로만이 자유를 지켜갈 수 있는 것입니다. 자유는 얻기보다 지키기가 더 어려운 것입니다. 요한복음 8장 32절에서도 주님께서 친히 말씀하십니다. "진리를 알지니 진리가 너희를 자유케 하리라." 진리가 나를 자유케 하는 것이지 내가 스스로 자유하는 게 아닙니다. 그가 나를 자유케 하는 것입니다. 내가 스스로 자유할 수는 없는 것입니다. "생명의 성령의 법이 죄와 사망의 법에서 너를 해방하였음이라" — 이 길 말고는 자유함이 없습니다. 성령은 진리의 영입니다. 사랑의 영입니다. 이 속에만 진정한 자유함이 있습니다. 여러분, 나 자신의 자유를 다시한번 점검해봅시다. 여러분은 얼마만큼 자유하십니까? 얼마나 자유를 누리고 있는 것입니까? 선택의 자유가 있습니까? 사랑의 자유가 있습니까? 내가 나를 이기는 확실한 자유를 누리고 있습니까? 우리는 해방되고부터 60여 년을 자유에 대해서 공부해왔습니다. 이것이 정치적인 자유다, 경제적인 자유다, 하고 그걸 얻어보겠다고 '잘살아보세'를 외쳐보았습니다. 그래서 자유했습니까. 죄와 사망의 법에서 자유하기 전에는 자유는 어느 곳에도 없는 것입니다. 노예생활 가운데서도 하나님의 사람에게는 자유가 있었습니다. 감옥에 갇혀 있어도 하나님의 사람은 자유인이었습니다. 권력의 보좌에 앉았다고, 부자라고 자유인이 아닙니다. 유식하다고 자유인이 아닙니다. 죄와 사망의 법에서 자유한 사람만이 자유인입니다. 여러분, 옛날을 잊어버리지 맙시다. 그러나 옛날에 매여서는 안됩니다. 옛날에 아팠던 사정,

그 과거를 절대로 잊어서는 안되지만 그것에 매여 끌려가서는 안됩니다. 우리를 자유케 하려고 지불된 엄청난 대가를 다시 확인하고 자유의 소중함을 알아야 합니다. 자유의 소중함을 모르는 사람은 자유인이 아닙니다. 진리의 길과 사랑의 길을 모르는 사람은 자유인이 아닙니다. 진리와 사랑과 생명과 성령의 역사 안에 진정한 자유함이 있는 것을 확실히 알고 여러분, 세상이 어떻게 흔들려도 여러분의 심령에는 무한한 자유함이 있어야 합니다. 거기에 창조적 역사가 있는 것입니다. △

지식을 버린 자의 미로

이스라엘 자손들아 여호와의 말씀을 들으라 여호와께서 이 땅 거민과 쟁변하시나니 이 땅에는 진실도 없고 인애도 없고 하나님을 아는 지식도 없고 오직 저주와 사위와 살인과 투절과 간음 뿐이요 강포하여 피가 피를 뒤대임이라 그러므로 이 땅이 슬퍼하며 무릇 거기 거하는 자와 들짐승과 공중에 나는 새가 다 쇠잔할 것이요 바다의 고기도 없어지리라 그러나 아무 사람이든지 다투지도 말며 책망하지도 말라 네 백성들이 제사장과 다투는 자같이 되었음이니라 너는 낮에 거치겠고 너와 함께 있는 선지자는 밤에 거치리라 내가 네 어미를 멸하리라 내 백성이 지식이 없으므로 망하는도다 네가 지식을 버렸으니 나도 너를 버려 내 제사장이 되지 못하게 할 것이요 네가 네 하나님의 율법을 잊었으니 나도 네 자녀들을 잊어버리리라

(호세아 4 : 1 - 6)

지식을 버린 자의 미로

현대심리학용어에 '피터 팬 신드롬(Peter Pan syndrome)'이라고 하는 말이 있습니다. 배리(J. M. Barrie)의 동화극「피터 팬」의 주인공이 피터 팬입니다. 피터 팬의 특징은 한마디로 '영원한 소년'이라는 것입니다. 몸은 컸지만 마음은 소년입니다. 항상 동화의 세계에 삽니다. 이를테면 빗자루를 타고 높이 날아다니는 그런 꿈속에 삽니다. 이러한 사람, 이러한 군상을 흔히 피터 팬 신드롬이라고 말합니다. 요컨대는 이것이 병이냐 장애냐, 하는 것입니다. 고칠 수 있는 병이냐, 아니면 영영 disorder, 장애로 구제불능 한 것이냐, 하는 심각한 문제가 지금 우리 앞에 있습니다. 산업화에서 정보화시대로 바뀌는 과정에서 우리는 특별한 사람을 요구합니다. 머리좋고 현실판단 잘하는, 그야말로 '똑소리 나는' 엘리트, 그런 엘리트가 대접을 받는 세상이 되어서 모든 부모가, 모든 젊은이들이 그러한 엘리트가 되어보려고 몸부림을 칩니다. 또 그렇게 되도록 가르쳐보려고 애를 씁니다. 냉정한 승부의식, 철저한 실용주의, 적자생존의 법칙을 적절하게 이용하며 변화에 즉각즉각 순발력있게 대처하는 사람, 이런 사람을 키워보겠다는 것입니다. 자식을 이런 사람으로 만들어보겠다고 부모님들은 안간힘을 다하고 있습니다. 이 똑똑한 현대인, 이런 신세대가 이상하게도 삼사십 대가 되면서부터 뭔가 중요한 깃이 결핍되었다는 것을 스스로 깨닫기 시작합니다. 그리고 주위에서도 이것을 알게 됩니다. 명문대를 나오고 컴퓨터에 능하고 기술능력이 탁월한, 엘리트 중의 엘리트—이런 사람들을 만나보면 예외없이 자기도취에 빠져 있습니다. 저 한 몸밖에 모릅니다. 저 하나만 제일 잘났습니다. 다른 사람들을 인정하지 않습니다. 저가 최고입니다. 어쩌다 이렇게 됐을까? 그 원인은 대체로 봐서 부모들이 살기가 힘들어서, 너무 바빠서 자녀들과 함께하는 시간을 별로 갖지 못했다는 데 있습니다. 그러는 동안에 TV가 아이들 교육을 맡았습니다. 그런 물건이 아이들의 세계를 다 뺏어가버렸습니다. 아이들은 아이의 세계에서 단계적으로 서서히 성장하여야 되는데 거쳐야 할 단계를 건너뛰어서 아이로부터 곧바로 어른이 되고 말았습니다. 어른의 세계, 아직은 몰라도 되고, 알 필요도 없는데 어쩌면 몰라야 되는 것까지 다 알아버렸습니다. 그래 겉은 어린아이인데 속은 영감님입니다. 깜짝놀랄만큼 너무 많이 알아버렸습니다. 모를 것은 몰라야 되는데 다 알아버린 것, 이것이 병입니다. 자, 어린아이로부터 어른으로 가는 그런 과정을 무시해버린 채 건너뛰어서 기술자가 되었습니다. 몸은 어른인데 속은 여전히 어린아이입니다. 그렇게 부조화를 이루고 계속 철부지로 살아갑니다. 몸이 어린이일 때 벌써 마음은 어른이더니 몸이 어른되고보니 이제는 마음이 여전히 어린아이입니다. 존재의식도 없고, 정보처리능력이 없고, 그 많은 지식을 소화하지 못합니다. 여기서 이른바 'particle man'이라고 하는 것, 미립자 인간이 나타나게 됩니다. 사회심리학자들은 이것을, 이런 엘리트를 미립자 인간이라고 명명했습니다. 아직도 동화의 세계를 날아다니며 피터 팬처럼 착각과 오해 속에 살아갑니다. 이는 실로 구제불능의 병입니다. 병이라기보다는 이제는 장애가 아닌가, 치료할 수 없는 병이 아닌가—이 시대가 지금 이렇게 걱정을 합니다. 앞으로의 세대를 도저히 종잡을 수 없게 되었습니다. 고등학생들을 상대로 통계를 내보았더니 우리나라에서도 무려 그 11.5%가 가출을 해본 경험이 있다고 합니다. 그러니 아이들이 한번 가출을 했다고해서 이상하게 생각을 하지 마십시오. 왜 가출할 것같습니까? 내가 몸이 이만큼 컸는데, 내가 아는 게 많은데 구차하게 부모간섭을 받으며 이 고생할 거 없다, 뛰쳐나가서 뭔가 해볼 거다, 하고 나가는 것입니다. 그러나 나가보니 여의치 않은 것입니다. 차라리 부모잔소리를 들으면서 부모 밑에서 얻어먹는 게 낫겠다, 나가보니 세상 무섭더라―이렇게 되는 것입니다. 결코 동화의 세계가 아닌 것입니다. 장난이 아니더라고요. 그래서 다시 기어들어오는 아이라면 아직은 소망이 있지만 나가버린 채 그대로 밖에서 도는 아이는 영영 피터 팬이 되고 마는 것입니다. 영국작가 오스카 와일드는 그의 저서 가운데서 이렇게 말합니다. '하나님 빠진 교육이란 똑똑한 악마를 키우는 것에 불과하다.' 정말 그러한 것입니다.

오늘본문에서 우리는 귀한 말씀을 듣습니다. "내 백성이 지식이 없으므로 망하는도다." 현대인은 스스로 많은 것을 아는 것같습니다. 그러나 성경은 말씀합니다. 지식이 없어 망한다고! 예수님의 십자가 상의 그 소중한, 유언과 같은 일곱 마디 말씀 가운데서 첫째가 "하나님이여 저희를 사하여주옵소서 자기의 하는 것을 알지 못함이니이다"하신 말씀입니다(눅 23:34). 대단히 뜻깊은 말씀입니다. 모르기 때문입니다―그러나 예수님을 십자가에 못박는 사람들은 저희를 똑똑한 사람들로 알았습니다. 저희가 누구보다도 더 많은 것을 안다고 생각했습니다. 가야바같은 사람은 이런 소리도 거침없이 합니다. "너희가 아무것도 알지 못하는도다 한 사람이 백성을 위하여 죽어서 온 민족이 망하지 않게 되는 것이 너희에게 유익한 줄을 생각지 아니하는도다(요 11:49-50)." 그러니 더 생각할 여시가 어디 있느냐—이렇게 결정을 하고 예수님을 십자가에 못박습니다. 너희는 아무것도 모르는구나—저가 제일 잘났습니다. 저가 제일 똑똑합니다. 그러나 결정적인 실수를 합니다. 예수님을 십자가에 못박는 것이 얼마나 무서운 죄입니까. 그 저주가 얼마나 무서운 것입니까. 그러나 저는 스스로 가장 지혜로운 자로, 가장 똑똑한 자로 자처하면서 예수님을 십자가에 못박습니다. 예수님께서 판단하십니다. '모르기 때문이다.' 그렇습니다. 모든 죄, 모든 실수, 모르기 때문입니다. 정말로 알아야 할 것을 몰랐기 때문입니다.

  know-how는 있는데 know-what이 없고, know-what이 있으나 know-why가 없는 이것이 현대입니다. 그렇게들 말합니다. 지식이 힘이요 지식이 능력이건만 참지식이 없어서, 정말로 알아야 할 것을 몰라서 세상은 어지럽고 자기자신도 불행해집니다. 가장 귀중한 일은 자기자신을 아는 것입니다. 무엇보다도 자기자신을 알아야 하는데, 세상은 알면서 나는 모르고 있습니다. 또한 미래를 알아야 합니다. 현재가 그냥 머물러 있는 게 아니지 않습니까. 젊은사람 항상 젊습니까. 오늘 건강하다고 항상 건강합니까. 오늘 사업이 잘된다고 항상 잘될 것입니까. 세상이 이렇게 정신 못차리게 급변하고 있는데 우리가 미래를 모른다면 이 얼마나 어리석은 일입니까. 아무것도 모르는 것입니다. 아무 소용도 없는 것입니다. 그런고로 우리는 저 먼 미래를 보는 시각을 가지고 있어야 되고 또한 최우선을 알아야 합니다. 어차피 우리는 다 알 수도 없고 다 가질 수도 없고 다 할 수도 없습니다. 그 중에 제일이 무엇인지, priority number one, 최우선적인 것이 무엇인지, 그걸 알아야 합니다. 다른 것은 다 몰라도 이것은 알아야 됩니다. 그걸 모른다면 나머지것은 다 소용없는 것입니다. 또

한 한계를 알아야 됩니다. 요새 인간들이 한계를 모르고 교만하게 행하는 것이 불안스럽습니다. 과학발전, 한계가 있습니다. 인간, 한계가 있습니다. 우리의 지식, 한계가 있는 것입니다. 하나님께서 정해주신 피조물의 세계는 피조물대로의 한계에 사는 것입니다. 무제한의 세계로 도전하려고드는데 이것이 망상입니다. 또한 은혜를 알아야 됩니다. 만사가 요새 컴퓨터에서 '클릭'하는 것처럼 되는 건 아니거든요. 모든것이 내 지혜로, 내 노력으로, 내 기술로 되는 것처럼 착각을 하는데 여러분, 인생을 살아가며 깨닫는 게 뭡니까? 은혜로 되는 것입니다. 오직 은혜로 세상에 있고 오직 은혜로 내일이 있는 것입니다. 은혜를 모르는 자는 아무것도 모릅니다. 은혜를 부인하고 사는 사람은 피터 팬 증후군입니다. 거기서 헤어나지 못하는 사람입니다. 기독교교육학자 파머(Parker J. Palmer)는 지식을 그 근원으로 보아 크게 두 가지로 나눕니다. 하나는, 호기심과 통제에 의한 지식입니다. 주체가 나요 세상 전부가 객체입니다. 내가 보고 내가 깨닫고 내가 실험하고 해서 얻는 지식입니다. 또하나의 지식은, 사랑과 상호주관성에서 오는 지식입니다. 내가 객체가 되고 상대방이 주체가 됩니다. 사랑이란 내가 연구해서 아는 게 아니고 그가 나를 사랑하므로 내가 아는 것입니다. 사랑받으므로 사랑을 아는 것입니다. 인식의 주체가 객체이지 나 자신이 아닙니다. 이것은 기다려야 됩니다. 이것은 시간을 요합니다. 과정이 필요합니다. 이러한 지식은 인격적입니다. 만남의 관계에서 옵니다. 책상에서 배울 수 있는 그것 가지고는 안됩니다. 컴퓨터 가지고 배울 수 있는 성격이 아닙니다. 인간을 알고 사랑을 합니다. 그것은 만남의 관계에서 조용히 인격적으로 배워가는 것입니다. 이 지식이 없는 것입니다. 또한 참여와 책임에서 얻는 지식입니다. 동참합니다. 함께합니다. 책임을 집니다. 작은 일부터 책임을 져나아가면서 인격적으로 성장해갑니다. 공동체 의식을 배워야 합니다. 내가 혼자가 아닙니다. 여러 사람 속에 내가 하나입니다. 이것을 모르고 내가 우주의 중심인 양 착각하는 것이 피터 팬 신드롬입니다. 또한 순종을 통하여 얻는 지식입니다. 우리가 다 알고 뭘 하는 거 아닙니다. 믿고 하는 것입니다. 다 알아야 되는 거 아닙니다. 다 합리적으로 소화가 되어야 되는 게 아닙니다. 어린아이가 어른의 세계를 어떻게 다 압니까. 다 알 수도 없습니다. 지금은 순종을 하여야 됩니다. 신뢰와 사랑으로 순종해가면서 배우고 깨닫는 것입니다. 오묘한 이치입니다. 이같은 숭고한 지식은 점점 멀어지고 오로지 과학적 지식만을 내세우는 것이 현대인의 결정적인 잘못입니다. 누가복음 19장 42절에 보면 예수님께서 감람산언덕에 앉아 예루살렘을 내려다보시며, 예루살렘의 장래를 보시면서, 모름지기 40년 후에 있을 일을 내다보시면서 말씀하십니다. "평화에 관한 일을 알았더면 좋을 뻔하였거니와 지금 네 눈에 숨기웠도다." 그리고 눈물을 흘리십니다. 여기 예수님께서 눈물을 흘리셨다고 말씀합니다. 기가막힌 것입니다. "돌 하나도 돌 위에 남기지 아니하리니 (눅 19:44)"—이렇게 철저히 망해 없어질 것을 내다보시고 예수님께서 가슴이 미어집니다. 그런데도 불구하고 저들은 돌이키지를 못합니다. 평화에 관한 일을 모릅니다. 그런고로 불쌍히 여기신 것입니다.

오늘본문의 핵심은 여기에 있습니다. "네가 지식을 버렸으니…" 지식이 없는 게 아닙니다. 있는 지식을 버렸기 때문에 이제 다른 지식을 얻을 수가 없게 됐다는 것입니다. 무식은 심판입니다. 지식을 버렸습니다. 아는 일을 행하지 않습니다. 현대인, 똑똑한 엘리트는 알기만 하고 말만 많습니다. 행동할 줄을 모릅니다. 이것이 얼마나 나쁘다는 걸 남보다 더 잘 압니다. 알고도 거기에 머무르고 있습니다. 단 하나를 실천하지 못합니다. 이것이 현대젊은이들의 결점입니다. 실천의지가 없습니다. 뻔히 보이는 망할짓만 하고 앉았습니다. 지식을 버렸습니다. 이미 틀린 것은 틀린 것입니다. 거기에 지식이 있습니다. 그러면 버려야지요. 여기에다 미련을 둘 필요가 없습니다. 요새 제가 읽고 있는 책 가운데 「대붕괴 신질서」라고 하는, 프란시스 후쿠야마가 쓴 책이 있습니다. 대붕괴, 무너져야 될 것은 무너져야 됩니다. 빨리 헐어버려야 됩니다. 나라도 정치도 경제도 개인도 인격도 지식도 이미 잘못됐습니다. 기초가 잘못됐습니다. 이것은 벌써 무너진 것입니다. 벌써 망한 것입니다. 그러면 버려야지요. 그걸 자꾸 일으키겠다고 수혈을 하면 되겠습니까. 다 틀린 지가 언제인데, 끝난 지가 언제인데 그걸 붙들고 있는 것입니까. 다 함께 망하자는 것입니다. 역사에 대한 경고입니다. '구조 조정'이라는 게 뭡니까. 망할 것은 치워버리라, 그거 아닙니까. 이미 망한 것은 걷어내버려야 합니다. 뻔한 것인데, 망한 지가 오래인데 거기다가 계속 투자하고 계속 나라돈을 처넣고 있으니 이 나라가 그릇될 수밖에요. 개인이나 세상이나 마찬가지입니다. 지식을 버렸습니다. 왜 버렸느냐? 욕심 때문입니다. 그 알량한 체면 때문에, 그 쓸데없는 고집 때문에 싹수가 뻔한 것을 붙들고 있는 것입니다. 지식을 버렸습니다. 그런고로 회개가 없습니다. 회개란 완전히 무너뜨리는 것입니다. 다시 시작하는 것입니다. 그런데 이것을 이루지 못하고 있습니다. 하나님께서 말씀하십니다. 네가 지식을 버렸으니 나도 너를 버릴 것이다—

심판입니다. 나도 너를 버리겠다, 하십니다.

　한 장을 넘겨서 호세아 6장 1절로 보면 이렇게 말씀합니다. "오라 우리가 여호와께로 돌아가자 여호와께서 우리를 찢으셨으나 도로 낫게 하실 것이요 우리를 치셨으나 싸매어주실 것임이라 여호와께서 이틀 후에 우리를 살리시며 제 삼일에 우리를 일으키시리니 우리가 그 앞에서 살리라 그러므로 우리가 여호와를 알자 힘써 여호와를 알자 그의 나오심은 새벽빛같이 일정하니 비와 같이, 땅을 적시는 늦은 비와 같이 우리에게 임하시리라 하리라." 힘써 여호와를 알자—그는 찢으셨으나 도로 낫게 하실 것이요 치셨으나 다시 세워주실 것입니다. 그 진노적인 하나님의 사랑 앞에서 우리는 하나님의 주시는 말씀을 따라 얻은 지식을 버리지 말고 지식 안에서 회개하고 지식 안에서 바로 서야 됩니다. 그리할 때 새로운 미래가 약속되는 것입니다. 하나님을 알 때 나를 알 수 있습니다. 미래를 알고야 현재를 알 수 있습니다. 하나님의 뜻을 알고야 나 자신의 존재의미를 알 수 있습니다. 종말을 알고야 현실을 밝히 볼 수 있는 것입니다. 물리학자 뉴턴(Isaac Newton)은 말년에 너무 나이가 많아서, 치매가 와서 그 알던 것 다 잊어버렸습니다. 자신의 나이도 자신의 생일도 몰랐습니다. 하도 답답해서 제자가 그에게 물었습니다. "선생님, 지금 선생님이 알고계신 것은 무엇입니까?" 뉴턴은 빙긋 웃고 대답합니다. "내가 죄인이라는 것과 그리스도께서 내 구주 되신다는 것, 이 두 가지는 내가 확실히 알고 있지." 다른 것 다 몰라도 좋습니다. 내가 죄인이라는 것과 그리스도께서 내 구주 되신다는 것—하나님께서 나를 사랑하신다는 것입니다. 그 여호와를 힘써 알 것입니다. 그럴 때 우리 앞에 새로운 미래가 전개될 것입니다. △

네것이나 가지고 가라

천국은 마치 품군을 얻어 포도원에 들여 보내려고 이른 아침에 나간 집주인과 같으니 저가 하루 한 데나리온씩 품군들과 약속하여 포도원에 들여 보내고 또 제 삼 시에 나가 보니 장터에 놀고 섰는 사람들이 또 있는지라 저희에게 이르되 너희도 포도원에 들어가라 내가 너희에게 상당하게 주리라 하니 저희가 가고 제 육 시와 제 구 시에 또 나가 그와 같이 하고 제 십일 시에도 나가 보니 섰는 사람들이 또 있는지라 가로되 너희는 어찌하여 종일토록 놀고 여기 섰느뇨 가로되 우리를 품군으로 쓰는 이가 없음이니이다 가로되 너희도 포도원에 들어가라 하니라 저물매 포도원 주인이 청지기에게 이르되 품군들을 불러 나중 온 자로부터 시작하여 먼저 온 자까지 삯을 주라 하니 제 십일 시에 온 자들이 와서 한 데나리온씩 받거늘 먼저 온 자들이 와서 더 받을 줄 알았더니 저희도 한 데나리온씩 받은지라 받은 후 집주인을 원망하여 가로되 나중 온 이 사람들은 한 시간만 일하였거늘 저희를 종일 수고와 더위를 견딘 우리와 같게 하였나이다 주인이 그 중의 한 사람에게 대답하여 가로되 친구여 내가 네게 잘못한 것이 없노라 네가 나와 한 데나리온의 약속을 하지 아니하였느냐 네 것이나 가지고 가라 나중 온 이 사람에게 너와 같이 주는 것이 내 뜻이니라 내 것을 가지고 내 뜻대로 할 것이 아니냐 내가 선하므로 네가 악하게 보느냐 이와 같이 나중 된 자로서 먼저 되고 먼저 된 자로서 나중 되리라

(마태복음 20 : 1 - 16)

네것이나 가지고 가라

　최근 베스트 셀러가 된 책에 「Overcoming the Rating Game(왜 남과 자신을 비교하는가)」라고 하는 유명한 책이 있습니다. 저자는 임상심리학자 폴 호크입니다. 그는 이 책에서 현대인에게 가장 근본적이고 원초적이자 어려운 병은 바로 우울증과 열등감이라고 지적합니다. 우울증이라는 병은 고칠 수 없는 병입니다. 적어도 약으로 고칠 수 있는 병은 아닙니다. 수술로 고칠 수 있는 병도 아닙니다. 더욱이 당자가 우울증을 앓고 있다는 것도 모르고 있기 때문에 더 무서운 병입니다. 우울증의 결론은 자기가 죽든지 남을 죽이든지입니다. 거기까지 갑니다. 어떤 의미에서 정신적으로 이미 자살을 하고 있는 것입니다. 정신적 만성자살상태가 우울증입니다. 아주 무서운 것입니다. 어떤 의미에서 우울증과 열등의식에 시달리지 않는 사람이 현대인으로서는 없다고 합니다. 정도에 차이가 있을 뿐입니다. 이게 어디서부터 비롯되느냐하면 끝없이 남과 자신을 비교평가 하는 비교의식에서입니다. 남과 나를 비교하고 있는 것입니다. 자신을 있는 그대로 받아들이지 못하고, 있는 그대로 인정하지 못하고 다른 사람과 비교함으로 스스로를 불행하게 비하시키기 때문이라고 합니다. 현실 안에서 은혜를 생각하고 내가 처한 처지 이대로, 그 속에서 절대적 은혜를 깨달을 수 있어야 하는데 그렇지 못하고 어느 사이에 다른 사람하고 나를 비교하는 데서 자신을 잃어버렸습니다. 자기존재를 상실한 것입니다. 거기서 이런 무서운 질병, 고칠 수 없는 정신적 상황에 이른다는 것입니다.

　어느 비가 많이 오는 날, 양 한 마리가 나무밑에 서서 오들오들

떨고 있었습니다. 털이 많고보니 비가 계속 와서 그 몸을 적시니까 몸이 무거워지고 추워서 견딜 수가 없습니다. 양은 하나님을 원망했습니다. "하나님, 왜 나를 이렇게 만드셨습니까? 힘도 없고 능력도 없고 또 빠르게 달리지도 못하고… 왜 이렇게 만드셨습니까?" 했더니, 하나님 말씀하십니다. "네 말을 들어보니 그럴 것도 같다. 그러면 어떻게 해주랴? 네게 사나운 이빨을 주어서 너도 남을 잡아먹고 살게 해주랴? 아니면 뱀처럼 한번 물면 상대방이 죽고마는 그런 독을 입에 넣어줄까? 아니면 날카로운 뿔을 주어서 들이받고 싸워서 이기도록 해줄까?" 하시니, 양이 가만히 생각해보다가 하는 말이 "이대로 내버려두십시오. 누구를 해칠 수 있는 능력을 가지게 되면 해치고 싶어져서 곤란하고요. 차라리 내가 손해를 보고 사는 게 낫지 남을 해치면서 사는 것은 괴롭습니다. 이대로 내버려두세요" 하고 호소하는 것이었습니다. 여러분은 내가 어떤 사람으로 살아가기를 원하십니까? 구체적으로 어떤 사람이 됐으면 좋겠습니까? 하나님 앞에 "하나님이여, 나를 이런 사람으로 만들어주십시오" 하고 구할 수 있는 구체적인 내용이 있습니까? 여러분의 불만은 어디에 있습니까? 오늘본문을 보면 자신에 대한 문제, 다른 사람에 대한 문제를 비교하는 중에 아주 심각한, 그리고 중요한 결론적인 말씀이 있습니다. 자신에 대한 문제를 볼 때는, 주님과 나와의 문제를 볼 때는 공평합니다. 확실히 공정, 공평, 공의롭습니다. 그런데 다른 사람과 비교하게되면 불공평합니다. 이게 맘에 안드는 것입니다. 문제는 어느 잣대로 세상을 보느냐, 어떤 시각에서 나 자신을 평가하느냐에 있는 것입니다. 오늘본문에는 분명히 이렇게 말씀하고 있습니다. 다른 사람에 대한 것과 나 자신에 대한 것, 나 자신과 하나님께 대한 것, 그것이 확실해지고 극대화할 때 다른 사람과의 관계는 점점 작아집니다. 그런 것이 별로 중요한 게 아닙니다. 그러나 다른 사람과 나와의 관계를 비교, 비교하기 시작하면 어느 사이에 나와 주인과의 관계, 그것마저 잃어버리고 원망하게 됩니다. 어느 사이에 원망 불평으로 바꾸어지더라, 하는 것입니다.

기회는 오늘본문에 보는대로 평등하게 주어지고 있습니다. 이것은 주인의 큰뜻입니다. 큰 긍휼이기도 합니다. 이미 기회를 잃어버린 자에게까지도 기회는 공정하게 주어졌습니다. 기회는 누구에게나 이미 공평하게 주어지고 있다, 하는 것을 잊지 말아야 합니다. 옛날 포도원은, 지금도 그렇습니다마는 포도가 잘 열려 익을 때가 되면 포도원 전체에 포도향기가 진동합니다. 그때는 일조(日照)를 받아야 되는데 며칠 더 받느냐는 말할 것도 없고 몇시간 더 받느냐에 따라서 당도가 좌우됩니다. 제가 한번 비행기를 타고 미국을 가는데 비행기 안에서 일하는 전무님이 우리교회 교인은 아니지만 우리교회에서 내놓는 설교테이프를 많이 듣는다고 합니다. 그는 비행기타고 다니기 때문에 주일을 잘 지키지 못하나 "목사님의 설교테이프를 열심히 들어서 저는 절반은 소망교회 교인입니다"합니다. 비행기에서 내릴 때 그분이 제게 포도주를 한 병 주더라고요. "목사님, 이거 얼마나 귀한 건지 모르실 것같아서 제가 설명을 해드리겠습니다. 여기 연도가 표시되어 있습니다. 이 연도가 참 중요합니다. 이 해에 일조가 제일 좋았거든요." 똑같은 포도주라도 어느 해에 만들어졌느냐가 중요한 것입니다. 그 해에는 날씨가 좋아 일조를 많이 받아서 당도가 특별히 높은 것입니다. 될수록 햇볕을 많이 받아서 아주 당도가 높아지도록 기다려야 되는데 유대사람들의 경우 문제가 있습니다.

바로 뒤에 우기(雨期)가 따라오는 것입니다. 이스라엘은 겨울이 우기입니다. 그러므로 만일에 햇볕을 조금이라도 더, 하고 기다리다가 후다닥 비바람이 몰아치면 포도농사 다 망치는 것입니다. 일찍 포도를 따자니 당도가 낮아서 안되겠고 좀 기다렸다가 따자니 비가 오면 다 망치겠고… 초조하게 기다리다가 이제 포도를 딴다, 할 때가서는 그야말로 온동네가 다 동원되는 것입니다. 이것만은 손으로 해야 되기 때문입니다. 그래서 오늘본문에 보는대로 포도원 주인이 다급하게 거리에 나서서 일꾼 구하는 것을 볼 수 있습니다. "너도 가서 일해라." "너도 내 포도원에 가서 일하라." 이렇게 재촉하는 것을 볼 수 있습니다. 오늘말씀에 보면 주인이 이른새벽에 나가고, 제 삼 시에 나가고 제 육 시, 제 구 시, 제 십일 시에도 나갔다 합니다. '제 삼 시'는 우리네 시간으로 아홉 시입니다. 시간을 우리 시간으로 바꾸어 생각을 하면 새벽, 그리고 아홉 시, 열두 시, 세 시, 다섯 시에 나갔다는 것이 됩니다. 마지막으로 포도원에 들어간 사람은 1시간밖에 일하지 못했습니다. 한 시간밖에 시간이 없는 그 사람에게도 주인은 말합니다. "내 포도원에 들어가서 일하라." 한 시간밖에 안남았으니, 하고 손을 턴 것이 아닙니다. 한 시간도 소중하다, 남은 시간 한 시간 내 포도원에 가서 일하라, 하는 것입니다. 이미 일거리를 놓치고 시간을 다 보냈는데, 한나절을 다 보낸 이 사람들에게 주인은 "내 포도원에 가서 일하라. 상당한 것을 주리라." 말합니다. 이것을 생각하여야 됩니다. 새벽부터 일하게된 사람에게도, 한 시간밖에 남지 않은 다섯 시에 일하게된 사람에게도 똑같이 "너도 일하라" 합니다. 기회는 공평하게 주어집니다. 현재라고 하는 입장에서 공평한 것입니다. 나이많은 사람이나 젊은사람이나, 건강한 사람이나 병든 사람이나, 지식이 있는 사람이나 없는 사람이나, 모두에게 현재라고 하는 입장에서 기회가 주어지는 것입니다. 내 포도원에 가서 일하라, 한 데나리온을 주마, 하고 약속을 했습니다. 이제 문제가 있습니다. 이 사람들의 풍속은 하루종일 일한 다음에 저녁에 품꾼들을 다 불러가지고 품삯을 당석에서 주게 돼 있습니다. 그런데 맨나중에 온 사람부터 주었다, 이것입니다. 맨나중에 온 사람은 1시간밖에 일 안 했는데 한 데나리온을 주었습니다. 다음사람도 한 데나리온, 다음사람도 한 데나리온… 아침부터 하루종일 일한 사람들은 생각하기를 '저 사람들에게 한 데나리온 주는 걸 보니 적어도 우리에게는 서너 데나리온은 주겠다' 하였습니다. 그렇게 기대했는데 그 역시 한 데나리온입니다. 여기서 원망을 하는 것입니다. 원망할만하지요? "왜 하루종일 일한 우리나 한 시간만 일한 저사람들이나 똑같이 한 데나리온입니까?" 불공평하다, 하고 항의, 원망을 합니다. 여기서 다시한 번 생각해봅시다. 주인과 나와의 관계로 보면 원망할 것 없습니다. 당초 약속이 한 데나리온이니까요. 그것도 9시에 온 사람, 12시에 온 사람으로 생각해보면 반 나절밖에는 일하지 않았는데 한 데나리온 받았거든요. 그러니 얼마나 고맙습니까. 주인과의 관계에서 보면 놀지 않고 하루 일하고 품삯을 받았다는 것만으로도 만족하고 감지덕지거든요. 그러나 다른 사람이 나와 똑같이 대우받는 것이 마음에 안드는 것입니다. 비교하다보니 원망하게 되었습니다. 심리학이론에 '교류분석'이라는 말이 있습니다. 인간상을, 인간의 모습을 네 갈래로 분류해서 생각합니다. 첫째, 자신에 대해서는 긍정적이고, 남들에 대해서는 부정적인 사람이 있습니다. 이 사람은 자신감이 있는가 하면 남을 멸시하는 교만이 있습니다. 자신에 대한 문제는 다 긍정적이고 남들은 항상 부정적으로 봅니다. 이 평가기준 때문에 이 사람은 불행합니다. 그런가하면 자신에 대해서는 부정적이고 다른 사람에 대해서는 긍정적인 사람이 있습니다. 이 사람은 항상 남을 부러워합니다. 남의 처지만 좋아보입니다. 남이 먹는 떡만 커보입니다. 남의 자식은 잘된 것같고 내 자식은 잘못된 것같습니다. 심지어는 남편도 남의 남편이 훨씬 좋고 내 남편에 대해서는 '어쩌다 저런 게 걸렸나'한다고 합니다. 항상 불평이라는 것입니다. 항상 내것은 나쁘고 남의 것만 좋습니다. 이도 베냇병신이지요. 셋째는, 자신에 대해서도 부정적이고 남에 대해서도 부정적인 사람이 있습니다. 말하자면 염세주의자입니다. 항상 이 사람은 불평 원망입니다. 세상 다 망했습니다. 비관적입니다. 넷째는, 자신에 대해서도 긍정적이고 남에 대해서도 긍정적인 사람이 있습니다. 나 자신도 행복하고 남도 행복하게 봅니다. 남을 부러워할 것도 없고 더불어 행복할 줄 아는 사람입니다. 이런 네 유형의 사람이 있다고 말합니다. 여러분은 스스로 어느 쪽이라고 생각하십니까?

    오늘본문에 대단히 귀중한 말씀이 있습니다. 두고두고 생각하십시오. 주인은 말합니다. "네것이나 가지고 가라." 무슨 말씀입니까. '네가 받은 것이 은혜라고는 왜 생각 못하느냐. 내가 너를 부르지 않았다면 너는 하루종일 장터에서 놀고 공쳤을 것 아니냐. 내가 너를 불렀기에 히루 일했고 또 품삯도 받는 것 아니냐. 네 것, 그것이 많든적든 내가 본래 너와 약속한 것이 아니냐. 너와 나와의 약속이 한 데나리온이야. 그것은 정당하게 받은 것이다. 합당하게 받은 것이요 또 은혜로 받은 것이다.' 그 말입니다. 얼마나 중요한 말씀입니까. 또 중요한 말씀이 있습니다. '내가 늦게 온 사람들에게도 은총을 베푸는 것이 내 뜻이다. 내것을 가지고 내 마음대로 못하겠느냐. 내가 선함으로 네가 악하게 보느냐?' 얼마나 강한 말씀입니까. 내가 선함으로 네가 악하게 보느냐—결정적인 말씀입니다. 깊이깊이 생각하여야 됩니다. 요한복음 21장에 보면 예수님의 제자 베드로가 예수님과 참 중요한 시간에 만나서 대화하는데 네가 나를 사랑하느냐, 내 양을 먹이라, 네가 나를 사랑하느냐… 세 번이나 물으시고 또 '네가 나를 위해서 장차 큰 핍박을 받고 어려운 고난을 당해야 되겠다'하는 예언의 말씀을 하십니다. 그때 베드로에게 궁금한 것이 하나 있었습니다. 예수님께서 십자가를 지실 때 베드로는 예수님을 세 번 부인하고 멀리 도망갔습니다. 요한은 재판정에서도 끝까지 따랐고 십자가 밑에 서서 예수님 십자가에 돌아가시는 모습을 다 지켜보았습니다. 그가 요한이었습니다. 그래서 베드로가 생각하기를 '나는 예수를 세 번이나 부인했으므로 '장차 죽을고생을 할 것이다, 하시는 것같고, 요한은 예수님을 끝까지 따랐으니…'해서 한마디 여쭙니다. '주님, 이 사람은 어떻게 될까요?' 예수님께서 대답하십니다. '내가 올 때까지 그를 머무르게 하고자 할지라도 네게 무슨 상관이냐.' 요한은 요한의 길을 가는 것이고, 너는 네 길을 가는 것이다, 하십니다. 모름지기 하나님과 나 사이의 절대적 은혜, 다시한번 확인해볼 것입니다. 우리는 다른 사람이 더 받든 덜 받든 다른 사람에 대해서 생각할 것 없습니다. 재미있는 비교가 있습니다. '우스갯소리를 하면 프랑스사람은 생각이 많아서 말하기 전에 벌써 웃고, 영국사람은 말을 다 듣고나서 웃고, 독일사람은 다음날에가서야 웃는다.' 그런데 한국사람은 다른 사람 웃는 것 보고 웃는다고 합니다. 알아듣고 웃는 게 아니라 남이 웃으니 따라 웃는 것입니다. 그 참, 한국사람 형편없네요. 웃는 것만 해도 내가 웃고 내가 기뻐하여야지 남의 장단에 따라서야 되겠습니까. 제가 잘 아는 연세대학교 교수님 두 분이 언젠가 이런 얘기 하는 것을 보았습니다. 도저히 견딜 수가 없어서 집을 팔고 멀리멀리 이사했다고 합니다. 왜 견딜 수가 없었느냐― 사연은 이러했습니다. 이 두 친구교수가 어려운 월급을 모아가지고 연세대학교 가까이에 집을 두 채 지어 각자 들어가 사는데, 그런데 두고보니 이 집에서 타일을 깔면 저 집에서 타일을 깔고, 이 집에서 카펫을 깔면 저 집에서 카펫 깔고, 이 집 침대가 좀 커지면 저 집 침대가 커지고… 두 부인이 서로 경쟁을 하는통에 완전히 부도났다는 것입니다. 이러다가는 살림 망치겠다, 안되겠다, 하고 다 팔아서 아주 멀찌거니 이사가버렸다고 합니다. 여러분, 다른 집에서 어떻게 하건 그거 너무 따라가지 마세요. 우리는 이래서 문제입니다. 개성있게 삽시다. 남이 가졌다고 내가 가져야 될 이유가 뭐 있습니까. 남이 못가진 거 내가 가진 것도 있지 않습니까. 행복은 질적인 것입니다. 은혜는 절대적인 것입니다.

오직 은혜로 내가 있습니다. 기회를 잃어버려도 꾸짖지 아니하시고 새로운 기회를 우리에게 주십니다. 오늘도 주님께서 말씀하십니다. "내 포도원에 가서 일하라." 얼마나 고마운 말씀입니까. 생각해보면 일을 했으니 돈을 주는 게 아니고 돈을 주기 위해서 일을 시킨 것입니다. 한 시간밖에 여유가 없는 사람에게도 '이 사람이, 처자식이 있는데 놀고 있어서야 되겠나. 한푼이라도 벌어야 살 게 아니겠는가' 하는 것입니다. 주인의 이 마음이 얼마나 귀합니까. 잃어버린 기회, 우리 인간으로서는 다시 만회할 길이 없습니다. 그러나 하나님께서는 불쌍히 여기시고 또 은혜를 베푸십니다. 새로운 은혜를 베푸십니다. 현재라고 하는 시점에서 기회는 공평합니다. 과거를 묻지 않으십니다. 문제는 오늘 내가 얼마나 절대적 은혜에 감사하고 사느냐입니다. 내가 사는 현재, 이 현실 이대로가 내게 주신 은혜입니다. 내게 주신 가장 큰 은혜입니다. 하나님께서는 나를 통하여 역사하십니다. 이 기회를 통해서 역사하십니다. 사도 바울은 늘 간직하고 있는 신앙이 있습니다. 내게 주신 은혜, 나를 향하신 경륜, 내게 주신 사명, 지극히 절대적이고 지극히 주관적입니다마는 그 속에 사도 바울의 모습이 있습니다. 하나님께서 내게 주신 은혜가 무엇입니까. 그것을 소중히 여기세요. 이미 주신 모든것이 내게 주신 최상의 은사임을 잠시도 잊어서는 안됩니다. 그리고 주께서는 지금도 말씀하십니다. '내 포도원에 가서 일하라.' '네것이나 가지고 가라.' △

내게 주신 은혜

유명하다는 이들 중에 (본래 어떤 이들이든지 내게 상관이 없으며 하나님은 사람의 외모를 취치 아니하시나니) 저 유명한 이들은 내게 더하여 준 것이 없고 도리어 내가 무할례자에게 복음 전함을 맡기를 베드로가 할례자에게 맡음과 같이 한 것을 보고 베드로에게 역사하사 그를 할례자의 사도로 삼으신 이가 또한 내게 역사하사 나를 이방인에게 사도로 삼으셨느니라 또 내게 주신 은혜를 알므로 기둥같이 여기는 야고보와 게바와 요한도 나와 바나바에게 교제의 악수를 하였으니 이는 우리는 이방인에게로, 저희는 할례자에게로 가게 하려 함이라 다만 우리에게 가난한 자들 생각하는 것을 부탁하였으니 이것을 나도 본래 힘써 행하노라

(갈라디아서 2 : 6 - 10)

내게 주신 은혜

　미국에 월리엄 허스트라는 사람이 있었습니다. 이 사람은 신문사 편집인으로 있으면서 비교적 넉넉한 생활을 했고, 돈이 모이는대로 취미생활을 했습니다. 그는 골동품수집가였습니다. 귀중한 세계적인 미술품과 골동품을 수집하고 그것들을 즐기며 사는 것에 생의 목적을 둔 사람같이 살아왔습니다. 진귀한 미술품이 있다고만 하면 세계 어디라도 쫓아가서 그것을 사들이곤 했습니다. 이미도 많은 귀중한 것들을 소장하고 있었습니다. 어느날 그는 유럽 어느 왕가에서 사용했던 도자기 하나가 있다는 정보를 얻었습니다. 잡지에서 그 그림을 보는 동안 그는 마음이 뛰었습니다. 아주 정신을 빼앗겼습니다. '저것을 꼭 사들여야겠다.' 그리고 유럽 일대를 여러 차례 여행하여 추적을 하는데 그 물건의 행방을 알 수가 없습니다. 누가 가지고 있는 건가, 이 귀중한 물건이 어디에 숨어 있나? 안타까워하고 심지어는 실망까지 했습니다. 그러던 어느날 그는 잡지에서 그 골동품이 어느 미국인에게 팔렸다, 하는 기사를 보았습니다. 깜짝놀라서 도대체 이 사람이 누굴까, 하고 이름을 자세히 보았더니 자기이름인 것입니다. 그 물건은 이미 자기가 가지고 있는 것이었지마는 그것을 가져다두기만 했지 살펴보지를 않은 것입니다. 그래서 그걸 찾아보려고 밖으로 쏘다니면서 그렇게 애를 썼던 것입니다. 내가 소장하고 있는 것, 내가 이미 가지고 있는 것의 소중한 가치를 모르는 어리석음을 보여주는 이야기입니다.
　은혜를 은혜로 알 때만 은혜가 은혜됩니다. 은혜를 은혜로 알지 못한다면 은혜가 은혜될 수 없습니다. 내가 가지고 있는 것, 소중한 내 건강이나 내가 처한 현실의 귀중한 의미를 내가 깨닫지 못한다면 은혜도 은혜될 수 없고 복도 복이 될 수 없습니다. 다른 사람은 멀리서 부러워할지 몰라도 나 자신은 행복하지 못합니다. 다른 사람은 나만같지 못한 것을 탄식하고 있지만 나는 나됨에 대한 만족이 없습니다. 은혜가 은혜되려면 은혜를 은혜로 깨달아야 합니다. 은혜를 은혜로 느껴야 합니다. 은혜로 감격하여야 합니다. 그리고 은혜로움 그 안에서 만족하여야 합니다. 그리고 이 은혜된 현실을 보면서 그 은혜 앞에 나 자신을 위탁하여야 됩니다. 이 큰 은혜에 사니 더 바랄 것이 없습니다. 그 은혜에다 내 운명을 그냥 던져버리고 삽니다. 바로 그러한 생이 그리스도인의 생이요 바른 생이요 행복한 생입니다. 삼중장애자 헬렌 켈러 여사, 눈도 보이지 않고 귀도 들리지 않고 말도 할 수 없는 불행을 딛고 한평생을 살았습니다. 그러나 그는 훌륭하게 귀중한 일들을 많이 하고 심지어는 저술까지 하였습니다. 그의 만년에 어떤 기자가 그를 보고 물었습니다. "그런 육체적 고통과 함께 평생을 살아오는 동안 당신은 하나님을 원망해본 적 없습니까?" 헬렌 켈러 여사는 씽긋 웃고 대답했습니다. "내가 하나님께로부터 받은 은혜를 헤아리는 것으로만도 시간이 없는데, 그리고 하나님께 감사하는 것으로도 부족한데 어찌 원망같은 것을 할 시간이 있겠습니까. 감사하고 그 은혜를 기뻐하는 것으로도 나는 시간이 부족합니다." 이 사람이 은혜를 아는 사람입니다. 남들은 그를 불쌍한 사람으로 보았습니다. 그러나 그는 은혜를 아는 사람이었습니다. 세상떠날 때 그는 이렇게 유언을 합니다. "나의 일생은 참으로 아름다웠다." 그리고 눈을 감았습니다. 이 어찌 행복한 사람이 아니겠습니까.

 사도 바울은 오늘본문에서 "내게 주신 은혜를 알므로"라고 고백합니다. 그는 길리기아 다소에서 태어났습니다. 이방땅 디아스포라 가운데서 태어납니다. 이 사실상의 나그네처지가 그리 행복한 것은 아니었습니다. 그러나 그는 뒤늦게 이 처지가 얼마나 중요한 의미를 가졌는지 깨닫습니다. 이것도 은혜였습니다. 요새 흔히 바이랭귀지(bilanguage)라는 말을 합니다. 두 가지 언어를 다 구사할 수 있도록 태어나는 것, 그 참 행복한 일입니다. 여러분이 영어 배우려고 그렇게 애쓰지마는 아예 미국에서 태어났더면 그럴 필요가 없지요. 거기서 중고등학교 나오고 그리고 여기 와서 한국말로 공부한다면 영어 잘하지 한국말 잘하지… 이런 대통이 어디 있습니까. 바이랭귀지라는 것이 그것입니다. 사도 바울은 히브리사람으로 이방 헬라에 태어난 덕분에 헬라어와 히브리어, 두 랭귀지를 다 구사합니다. 헬라문화와 히브리종교, two cultures, 두 문화를 통달했습니다. 그리고 가말리엘 문하에서 훌륭한 공부를 했습니다. 이것들이 다 무엇을 의미하는지 그는 몰랐다가 뒤늦게 깨달았습니다. 이것은 내게 주신 은혜다, 라고. 그래서 그는 이방인의 사도 자격이 충분합니다. 그렇게 쓰임받게 되었습니다. 그래서 '나는 어머니의 태로부터 택정하심을 입은 엄청난 은혜를 받은 사람이다'하고 감격합니다.

그뿐아니라 직접적으로는 하나님과 나 사이에 또다른 은혜가 있습니다. 그것은 하나님께서 오래오래 참아주셨다는 것입니다. 잘못된 길로 갈 때, 예수믿는 사람을 핍박할 때, 다메섹으로 가던 때… 그가 계속 잘못될 때도 오래오래 참아주시고 기다려주신 데 대해서 감사하는 것입니다. 그뿐아니라 자기의 진실을 알아주셨다는 것입니다. 내가 교회를 핍박했어도 몰라서 한 일이요, 스데반을 해쳤어도 딴에는 율법을 위하여, 이스라엘의 영광을 위해서 한다고 한 일이었습니다. 그 마음속에는 확실한 붉은 진실이 있었습니다. 율법에 대한 충성, 그런 충성이 있었던 것입니다. 잘못된 길로 가고 있지마는 그가 진실되다는 것을 인정해주신 하나님, 참으로 감사했습니다. 특별히 강권적으로 그를 부르셨습니다. 사도 바울을 설득하신 것이 아닙니다. 다메섹 도상에서 강제로 그를 붙들어 포로하셨습니다. 강제로 붙드셨다는 것, 강권적인 소명, 굉장한 의미가 있는 것입니다. 그래 바울은 하나님께 감사하고 자신을 포기하고 그의 뜻을 따릅니다. 그래서 빌립보서 3장 12절에서 말씀합니다. "그리스도 예수께 잡힌 바 된 그것을 잡으려고 좇아가노라." 그가 나를 잡으셨습니다. 포로하셨는데 포로한 그것을 나의 목표로 삼고 좇아가노라, 합니다. 이것이 은혜입니다.

그는 자기의 약점을 알고 있습니다. 자기허물도 알고 있습니다. 그런데 이상하게도 약할 때 강한 힘이 있다는 것을 깨달았습니다. 역설적입니다. 내가 인간적으로 약할 때 은혜로 강해집니다. 내가 세상적으로 약할 때 하나님의 능력의 세계에서 강해지는 것을 보았습니다. 약할 때 강해지는 그 신비로운 은혜, 그것을 알고 있습니다. 하나님께서 내게 신비롭게 놀라운 계시의 영을 주신 것을 생각하고, 특별하게 내게 주신 계시의 영을 인하여 그 은혜를 감사하고 있습니다. 그가 깨달은 은혜 중에 가장 큰 은혜는 자기를 겸손하게 하는 은혜입니다. 육체의 가시, 사단의 사자를 주셨습니다. 무슨 병인지 알수 없지마는 계속 그를 괴롭히는 병이 있었습니다. 아마도 간질병일 것이라고 추리해봅니다. 갈라디아교회에서 설교하다말고 쓰러진 일도 있는 것을 보아서도 그런 것같습니다. 이상하게도 이 병을 고쳐주지는 아니하시고 누가라고 하는 의사를 동반하게 하셨습니다. 병은 두신 채로 하나님의 일에는 지장이 없도록 해주셨습니다. 바울은 깨달았습니다. '이것이 있음으로 내가 겸손하다.' 도저히 교만할 수가 없습니다. 잠시라도 교만해지는 것을 하나님께서 용납하시지 않습니다. 가장 낮은 처지에서 온유 겸손하게, 그렇게 살아가며 은혜를 지켜갈 수 있도록 해주신 그 은혜를 감사하고 있습니다. 정말 은혜를 아는 사람입니다.

그런가하면 바울은 경륜적 은혜를 아는 사람이었습니다. 골로새서 1장 25절에서 그는 "내게 주신 경륜을 따라"라고 아주 신비로운 고백을 합니다. God's dispensation, 하나님의 큰 경륜 속에 내가 있다는 것입니다. 하나님께서 천지를 창조하시고 많은 이스라엘사람들을 통해서 역사하시고 선지자를 통하여, 또한 이스라엘의 역사 속에서 상징적으로 혹은 예표적으로 역사하시고, 그 모든 예언이 예수 그리스도에게서 성취되고, 그 다음에 교회가 설립되고, 그 복음을 만방에 전하기 위한 바로 그 자리에 내가 있단말입니다. 예수께서 이루신 그 놀라운 구원의 역사를 이방에 전하는 일에 내가 심부름꾼으로, 사역자로 쓰임받고 있다는 것입니다. 그는 이것을 알고 있었습니다. 하나님의 위대한 경륜 속에 나같은 부족한 사람이 한몫을 하고 있다—이 은혜를 깨닫고 있었습니다. 간간이 그는 나름대로 의심도 생각도 많았던 것같습니다. 예루살렘에서 체포되어 가이사랴 빌립보라는 곳의 지하감옥에 2년 동안 갇혀 있을 때, 얼마나 답답했겠습니까. 배를 타고 로마로 갈 때 그가 탄 그 배가 왜 파손되는 것입니까. 그리고 로마에 가서 음침한 지하에 갇혀 몇해동안 썩을 때 얼마나 속이 답답했겠습니까. 목이 터져라 복음을 전해야 될 바울이 어이 이렇게 죄명도 분명치 않은 상태로 감옥에서 살아야 되느냐,

이것입니다. 그러나 조금씩조금씩 주의 경륜을 깨닫기 시작했습니다. 복음이 친위대에 전파됩니다. 로마의 고관들에게 전파됩니다. 이것을 깨닫고 빌립보서 1장 12절에서 말씀합니다. "나의 당한 일이 복음의 진보가 된 줄을 너희가 알기를 원하노라." 나의 당한 일, 이 모순되고 부조리한 삼 년 간의 현실이 헛된 게 아니더라고요. 잘못된 일이 아니더라고요. 하나님의 실수가 아니더라고요. 놀라운 역사가 조용히 이루어지는 그것을 보았습니다. 내게 주신 경륜, 그 큰 시나리오 속에 내가 있음을 깨닫고, 내 현실이 있음을 깨닫고, 그는 그 은혜에 감사하고 있습니다.

그것만이 아닙니다. 그러기에 그는 항상 먼 밝은 빛을 바라볼 수 있었습니다. 요새 우리는 베스트 셀러라는 말을 많이 듣습니다. 많이 팔린 책이다, 그 뜻입니다. 그러나 롱 셀러라는 말은 잘 듣지 못합니다. 오래도록 많은 사람에게 팔리고 읽혀지는 책, 서양에서 제일 많이 읽혀지는 책이 바로 마가렛 미첼의 소설 「바람과 함께 사라지다」입니다. 영화로도 나왔고 많은 사람에게 감동을 주고 있습니다. 남북전쟁을 배경으로 한 소설입니다. 많은 피해가 있는 그 고난의 역사를 배경으로 하여 쓴 것입니다. 여주인공 스칼렛이 말할수없는 고난을 육체적으로 정신적으로 물질적으로 가정적으로 당합니다. 그러나 그는 낙심하지 않습니다. 그래서 본래 그 제목을 「Tomorrow is Another Day」로 지으려 했었다고 합니다. 역시 이 소설의 주제는 'Tomorrow is another day'입니다. 내일은 내일의 태양이 뜰 것이다, 하고 광활한 대지를 바라보며 부르짖는 장면으로 끝나는 얘기입니다. 다 잃어버렸습니다. 그러나 여기 멈추는 것이 아닙니다. 과거의 연장으로 미래가 있는 것이 아니라 내일은 내일의 태양이 뜬다 — 바로 이 한마디 때문에 롱 셀러가 되는 것입니다. 낙심은 없습니다. 절망은 없습니다. 내일에는 내일의 태양이 뜰 것입니다. 하나님의 그 위대한 경륜이 우리 앞에 전개될 것입니다.

뿐만아니라 바울은 맡은 바의 은혜를 알고 있었습니다. 내가 맡은 것이 무엇인지 알고 있습니다. 오늘본문 보십시오. 그리스도께서 베드로에게는 할례자를 맡기셨습니다. 유대사람을 맡기셨습니다. 바울에게는 이방사람을 맡기셨습니다. 그 그리스도께서 내게는 이방인에게 복음전하는 일을 맡기셨다, 나는 이것을 맡았다, 하는 것입니다. 이렇게 그는 분깃을 알고 있습니다. 분복을 알고 있습니다. 나의 할 일, 그것을 알고 있습니다. 고린도서에서 보면 더욱이 자세하게 갈파하고 있습니다. 어떤 사람은 심었고 어떤 사람은 물을 주고 어떤 사람은 가꾸고 어떤 사람은 거두고… 그는 자기역할을 알고 있습니다. '나는 심었노라. 누군가가 거두게 되겠지.' 여러분 요새사람들 보면 너무들 조급합니다. 내가 심고 내가 거두려듭니다. 아침에 심고 저녁에 거두려듭니다. 그런 것이 아닙니다, 역사라는 것은. 나는 심기만 하고 저 사람은 가꾸기만 하고 그 누군가가 거두게 될 것입니다. 역할분담이 있습니다. 은사분담이 있는 것을 알아야 합니다. 우리 대에는 길을 내고 기초공사를 하고 끝낼 수도 있습니다. 다음 세대 사람이 거두게 되고 영광과 번영을 누리게도 되겠지요. 통일의 문제만 해도 그렇습니다. 너무 조급하게 통일하려고듭니다. 통일의 준비만 해도 되는 것입니다. 다음사람, 다음사람… 해가면서 해야지 내 눈앞에서 화끈하게 만들어보려고 하다가 다치지 않습니까. 잘못입니다. 내가 할 일이 뭐며, 우리가 할 일이 뭐며, 이 세대의 할일이 무엇입니까. 사도 바울은 나는 교회의 기초를 놓는 사람이다, 합니다. 심는 것으로 족하다, 합니다. 누군가가 저 앞에서 거둘 것이라고 믿고 있습니다. 이같은 내게 주신 은혜를 알므로 예루살렘에 있는 기둥같은 분들과 교제의 악수를 했다, 합니다. 당신이 맡은 것은 이것이요 내가 맡은 것은 이것입니다, 당신에게도 은혜요 나에게도 은혜요, 하고 은혜와 은혜 속에서 서로 교제의 악수를 하였다, 합니다. 악수란 동등하다는 뜻입니다. 이것이 바로 은혜의 교제였습니다.

그옛날 공자는 오악(五惡)을 용서하거나 등한히 여기면 나라가 위태롭게 된다, 하였습니다. 5악, 다섯 가지 악이란 만사에 빈틈이 없고 시치미를 딱 떼면서 간악수를 쓰는 자, 공정치 않은 일을 하면서도 겉으로는 공정한듯이 처리하는 자, 전부가 거짓말인데도 워낙 구변이 좋아서 진실인 것처럼 떠드는 자, 속으로는 음흉한 악당인데 기억력이 좋아서 아는 것이 많아 사람을 호리는 자, 못된 일을 하면서도 동시에 사람에게 은혜를 베푸는 자—이 다섯 가지입니다. 문제는 진실입니다. 은혜 앞에 진실하여야 됩니다. 다 없어도 진실은 있어야 됩니다. 다 가지고도 진실이 없으면 무너집니다. 사도 바울은 진실을 가지고 있었습니다. 그 진실에 인정을 받았습니다. 주께서 나를 충성되이 여겨—충성되다는 말이 피스티스, 진실이라는 말입니다. 은혜를 앎으로 충성했고, 은혜를 깨달음으로 감사했고, 은혜 안에 삶으로 그는 가슴을 열었습니다. 은혜 안에서 누구든지 용서할 수가 있었고, 누구든지 사랑힐 수가 있었고, 누구든지 함께할 수가 있었습니다. 성도 여러분, 내게 주신 은혜를 바로 깨달아야 하겠습니다. 그 은혜 안에 진실하여야겠습니다. 참으로 정직할 때 새로운 은혜의 세상을 바라볼 수 있게 될 것입니다. △

한 무화과수에 내린 심판

　무리의 대부분은 그 겉옷을 길에 펴며 다른 이는 나무가지를 베어 길에 펴고 앞에서 가고 뒤에서 따르는 무리가 소리질러 가로되 호산나 다윗의 자손이여 찬송하리로다 주의 이름으로 오시는 이여 가장 높은 곳에서 호산나 하더라 예수께서 예루살렘에 들어가시니 온 성이 소동하여 가로되 이는 누구뇨 하거늘 무리가 가로되 갈릴리 나사렛에서 나온 선지자 예수라 하니라 예수께서 성전에 들어가사 성전 안에서 매매하는 모든 자를 내어 쫓으시며 돈 바꾸는 자들의 상과 비둘기 파는 자들의 의자를 둘러 엎으시고 저희에게 이르시되 기록된 바 내 집은 기도하는 집이라 일컬음을 받으리라 하였거늘 너희는 강도의 굴혈을 만드는도다 하시니라 소경과 저는 자들이 성전에서 예수께 나아오매 고쳐 주시니 대제사장들과 서기관들이 예수의 하시는 이상한 일과 또 성전에서 소리 질러 호산나 다윗의 자손이여 하는 아이들을 보고 분하여 예수께 말하되 저희의 하는 말을 듣느뇨 예수께서 가라사대 그렇다 어린아기와 젖먹이들의 입에서 나오는 찬미를 온전케 하셨나이다 함을 너희가 읽어 본 일이 없느냐 하시고 그들을 떠나 성밖으로 베다니에 가서 거기서 유하시니라 이른 아침에 성으로 들어오실 때에 시장하신지라 길가에서 한 무화과나무를 보시고 그리로 가사 잎사귀 밖에 아무것도 얻지 못하시고 나무에게 이르시되 이제부터 영원토록 네게 열매가 맺지 못하리라 하시니 무화과나무가 곧 마른지라 제자들이 보고 이상히 여겨 가로되 무화과나무가 어찌하여 곧 말랐나이까······ 너희가 기도할 때에 무엇이든지 믿고 구하는 것은 다 받으리라 하시니라

(마태복음 21 : 8 - 22)

한 무화과수에 내린 심판

　성도 여러분, 잠시 여러분의 어렸을 때로 생각을 한번 돌리어보시기 바랍니다. 여러분은 부모님 슬하에서 부모님과 어떤 관계로 성장했습니까? 혹 어머니에게 매를 맞아본 적 있습니까? 어떤 어린 아이가 아버지로부터는 가끔가끔 매를 맞았습니다. 그래서 아버지란 으레 그런가보다, 하는 한편 좀 무서워하기도 하지만 어머니로부터는 맞은 일이 없으므로 어머니는 좋은 분이다, 어머니는 자애로운 분이다, 라고만 생각했는데 어느날 어머니로부터 한번 호되게 맞았습니다. 분하고 마음이 아파서 우리어머니가 이럴 수 있단말인가, 하고 하루종일 울었습니다, 중얼거리면서. 여러분은 그런 기억이 없습니까? 어머니는 특별히 자애롭습니다. 그러나 그 어머니가 자식을 때릴 때도 있습니다. 눈물을 흘리며 매질을 합니다. 자식이 아파하고 하루종일 울 것도 알고 있습니다. 그래도 어머니는 그 자식을 징계할 때가 있습니다.

　예수님께서 십자가를 지시기 위하여 예루살렘에 올라가셨습니다. 며칠 안으로 십자가에 돌아가실 것을 다 알고 가신 것입니다. 보시니 성전이 엉망이었습니다. 만민의 기도하는 집이 강도의 굴혈과 다름없습니다. 장사치들의 장바닥이 되어버렸습니다. 성전뜰이 온통 돈바꾸는 사람들, 재물을 사고 피는 사람들로 북세통을 이루었습니다. 이 꼴을 보시고 분노하십니다. 채찍을 휘둘러 다 내쫓으십니다. 저들은 워낙 잘못하고 있던 터라 예수님의 그 위엄과 권세 앞에 몸을 사리고 도망갔습니다. 성전뜰은 깨끗해졌습니다. 그러나 예수님께서는 마음아프셨습니다. '어쩌다가 성전이 이 모양이 되었는고?'

그리고 가까운 베다니마을에 가시어 하룻밤을 쉬시고 그 다음날 새벽에 예루살렘으로 올라가십니다. 예수님의 마음은 벌써 성전에 가 있습니다. 사람들이 찾아갔다가 실망하는 저 성전, 많은 위선자들과 거짓지도자들이 우글거리는 저 썩어빠진 성전을 생각하시면서 올라가십니다. 그 성전의 대제사장에 의해서 예수님께서는 십자가에 돌아가십니다. 그것까지 아시고 예루살렘성전을 향하여 올라가시는 길에 길가에 서 있는 무화과나무를 보십니다. 몹시 시장하시던 터라 무화과열매로라도 요기를 하실 생각으로 다가가셨으나 그 나무에는 열매가 없었습니다. 이스라엘땅의 무화과나무는 좀 특이합니다. 우선 그 키가 15에서 20피트까지 자랍니다. 옆으로는 그 키보다 더 많이 퍼집니다. 20에서 30피트까지 넓게 퍼집니다. 이렇게 옆으로 퍼지는 나무요, 또 잎이 큰 편입니다. 멀리서 볼 때는 한 그루의 무화과나무라도 대단히 무성해보입니다. 무화과는 일년에 두 번 열립니다. 4월경에는 1년 동안 묵은 나뭇가지에서 그대로 열매가 생깁니다. 이 열매는 먹을만한 것이 못됩니다. 맛이 없고 떫고 씁쓸합니다. 먹을만한 것이 못되지만 그래도 정 시장한 사람들은 이 열매를 먹고 잠시 시장기를 면할 수 있습니다. 그리고 9월달쯤 되면 진짜열매가 열립니다. 이것은 새로 나온 가지에 달리는 열매입니다. 노랗게 익어가면 냄새도 좋고 먹을만한, 맛있는 무화과를 얻을 수 있게 됩니다. 마가복음 11장 13절에 "무화과의 때가 아님이라" 한 것은 바로 가을, 맛있는 열매를 맺는 그때가 아니다, 하는 뜻입니다. 저 4월에 맺는 열매, 예수님께서는 그것을 구하시는데 그것마저 없어 실망하십니다. 예수님께서는 이 사건을 앞에 놓고 실망케 하는 죄에 대하여 계시적으로 말씀하십니다. 마태복음 18장에서는 자녀를 실족케 하는 부모의 죄가 얼마나 큰지를 경고하신 말씀도 읽을 수 있습니다. 가난한 사람은 마음을 상하기 쉽습니다. 무엇인가를 기대했다가 또 실망을 하곤 합니다. 배고픈 사람은 코가 예민합니다. 배가 고프면 배만 고픈 게 아니고 마음도 슬픕니다. 이게 인간입니다. 6·25전쟁때입니다. 제가 광산에서 탈출하여 산에 숨어 있을 때, 몇달을 산에서 헤매는데 식량이 없습니다. 그저 뭐라도 하나 생기면 그저 그런대로 이렇게저렇게 먹을 수도 있지만 어떤 때는 식량을 구할 수가 없는 것이 토벌대들이 산밑에서 막 찾아다니고 있기 때문입니다. 저들에게 발각되면 그냥 즉석에서 총살을 당합니다. 그래서 높은 산으로만 헤매는데, 그러니 식량이 있을 리가 없지요. 계곡물에 가재가 있어 그거 잡아먹고 시장기를 달랠 뿐 밥이라곤 못먹어본 것같습니다. 한번은 비가 와서 온몸이 흠뻑 젖은 데다 배는 고프다못해 아프지, 높은 데서 내려다본즉 저 산밑에 오막살이 외딴집이 하나 있기에 죽더라도 먹고 죽자, 결심하고 목숨 내놓고 그 무서운 산을 내려갔습니다. 그 집에 이르러 사정을 했습니다. 그런데 아무것도 없다는 것입니다. 고구마 몇개 있던 거 다 먹었다고 합니다. 그리고 그 주인 할아버지 할머니가 "어쩌지요? 우리는 지금 식량을 구하러 동네로 내려가려던 참입니다"하고는 꿀 받아놓은 거 한 종지 주면서 "지금은 이것밖에 없어"합니다. 참 실망했습니다. 고픈 배가 더 고파지더리고요. 뭔가 있을까 하다가 없으니까 더 힘이 빠지는 것을 경험했습니다.

  1997년 클린턴 미국대통령은 취임사에서 이런 말을 했습니다. "The enemy of our time is inaction(이 시대의 적은 아무 일도 하지 않는 것이다)." 책임은 지지 않고 비판만 하고 행동은 없이 말만 하는 행동 없는 사람들의 그 많은 말이 많은 사람을 더 실망케 한다고 지적하고 있습니다. 예수님께서는 사십 일을 주리실 때에도 사람이 떡으로만 사는 것이 아니요 하나님의 말씀으로 산다, 하시던 분입니다 (마 4:4). 꼭 배가 고프셔서가 아니라 그 나무의 열매 없음을 심판하고 계십니다. 여기에 중요한 계시적 의미가 있는 것입니다. 이적이라고 할 때 그것을 우리는 나름대로 좋은 편으로만 생각하려고 하지만 꼭 그렇게만 볼 것은 아닙니다. 예수님께서 행하신 이적은 대체적으로 긍정적인 것입니다. 병자를 고치시고 장님을 눈뜨게 하시고 문둥병을 깨끗케 하시고 거친 바다를 잠재우시고 죽은 자를 살리시고… 이렇게 좋은 면으로 이적이 나타납니다마는 반드시 그런 것만은 아닙니다. 오늘본문에서는 나무를 향하여 "이제부터 영원토록 네게 열매가 맺지 못하리라"하고 저주를 하심으로 나무가 말라죽는 이적을 보입니다. 병든 자가 건강해지는 것만이 이적이 아닙니다. 건강한 사람이 병드는 것도 이적입니다. 잘되던 사업이 꼬여 망하는 것도 이적입니다. 지진이 이적이요, 재난이 이적입니다. 그 속에 하나님의 말씀이 있고 하나님의 손길이 있고 하나님의 심판이 있습니다. 그것을 알아야 합니다. 내가 원하는 방향으로만, 좋은 방향으로만 나타나는 이적뿐 아니라 심판적인 이적, 부정적인 면으로 나타나는 저런 이적도 함께 생각할 줄 알아야 합니다. "무화과나무가 어찌하여 곧 말랐나이까"하고 제자들이 여쭙자 예수님께서는 "믿음이 있고 의심치 아니하면"이라고 말씀하십니다. 이것을 잊지 말아야 합니다. 실망케 했기 때문입니다. 열매가 없었습니다. 수고에는 결실이 있어야 합니다. 땀을 흘렸으면 가을에 추수가 있어야 됩니다. 그렇지 않다면 목적을 배반한 것입니다. 열매가 없으면 열매를 위하여 수고한 사람에게 얼마나 큰 실망을 줍니까. 은혜에 대한 배반인 것입니다. 일본의 어느 대학 교수가 학생 몇명을 데리고 포도주에 대해서 현지답사를 통해 연구를 하고자 프랑스 파리에 갔습니다. "어떻게 하면 좋은 포도주를 얻을 수 있겠습니까? 그 방법이 뭐겠습니까?" 물었을 때 쟌 그로트라고 하는 교수가 아주 자세하게, 친절하게 이렇게 설명하는 것이었습니다. "좋은 포도냐 아니냐는 기후와 토질이 80%를 좌우합니다. 기후가 좋고 햇볕이 좋고 토질이 또한 좋아야 좋은 포도를 얻습니다. 사람이 할 수 있는 것은 20%뿐입니다. 그런데 포도씨앗을 심어서 포도를 딸 때까지 7년이 걸립니다." 그러니까 포도가 좋은 것인지 나쁜 것인지를 알아보는 데 7년 걸린다는 얘기입니다. 또다시 다른 포도를 또 심고, 또 특별히 이것저것 배합해서 또 심고해서 7년마다라야 겨우 결과를 경험할 수 있습니다. "좋은 종자 하나 만드는 데 30년 걸립니다." 좋은 포도를 따서 숙성시키는데, 좋은 포도주가 되려면 또 30년 걸린다고 합니다. "나는 100년 후의 행복을 위하여 포도를 연구하고 포도를 심습니다. 내가 만든 이 포도주가 정말 아름다운 포도주가 될 때는 나는 세상에 없을 것입니다. 그래도 좋은 포도를 얻기 위하여 이렇듯 끈기있게 힘을 쏟고 있습니다." 여러분, 이것이 농부의 마음입니다. 그런데 기대한 바의 좋은 포도가 맺히지 않으면 이보다 더 피곤하고 이보다 더 실망스리운 일이 있겠습니까. 제가 북한에 갔을 때 '옥수수박사'라고 불리는 김순권 박사님을 두 번이나 만났습니다. 거기 좋은 옥수수종자를 가지고 가서 이것을 좀 퍼뜨리려고 애를 쓰고 있었습니다. "잘돼갑니까?" 물었더니 그분 얼굴빛이 벌써 심상찮았습니다. 좋은 옥수수종자를 갖다가 심었더니 굵게 잘 자라 올라오기에 됐다,

했는데 웬걸 이삭이 안나오고 말더라는 것입니다. "왜 그렇소?" 물었더니 "땅기운이 모자라서요"하고 대답합니다. 비료가 모자라서 안된다는 것입니다. 보십시오. 애써 종자를 심어서 잘 자라오다가 마지막에 이삭이 나오지 않고 말면 이런 실망이 어디 있겠습니까.

　여러분, 다시 생각해봅시다. 사랑을 받았으면 사랑의 열매를 맺어야 합니다. 용서받았으면 용서의 열매를 맺어야 합니다. 긍휼하심을 입었으면 긍휼의 사람이 되어야 합니다. 하나님의 큰 은혜를 받았으면 겸손이라고 하는 열매를 맺어야 합니다. 그 열매가 다 어디 갔습니까. 예수님께서 친히 간곡하게 말씀하신 바 있습니다. 10,000달란트라고 하는 빚을 진 사람이 있더라, 아무리 해도 갚을 길이 없어서 어려운 것을 알고 그 주인이 탕감해주었다, 그거 애쓰지 말라고 하였다, 이 사람이 감지덕지하여 고맙다고 인사하고 나가는 길에 자기에게 100데나리온 빚진 사람을 만났다, 그런데 이 사람을 붙들고 갚으라고 윽박질렀다, 갚기 전에는 놓아주지 않겠다고 하며 감옥에다 처넣었다, 주인이 이 일을 알고 노발대발하였다, '나는 너에게 10,000달란트도 탕감해주었거늘, 너는 100데나리온도 탕감해주지 못한단말이냐, 탕감해주는 것이 마땅치 않느냐. 내가 너를 긍휼히 여겼으면 너도 남을 긍휼히 여기는 열매를 맺어야 될 것이 아니겠느냐!' 10,000달란트는 지금의 천만 불에 해당한다고 합니다. 100데나리온은 20불에 해당합니다. 10,000달란트의 오십만분의 일입니다. 엄청난 죄를 용서받고 사는 그리스도인이 누구를 정죄하겠다는 것입니까. 누구를 비판하겠다는 것입니까. 긍휼하심을 입은 사람은 긍휼의 열매를 맺어야 합니다. 내가 하나님과 원수되었을 때 하나님께서 나를 사랑하셨습니다. 원수사랑을 받고 내가 구원을 받았거든 내가 어떤 원수를 용서하지 못한단말입니까. 당연히 용서하는 열매를 맺어야 합니다.

또한 오늘본문에 보면 이 무화과나무가 길가에 서 있더라, 하였습니다. 가는 사람 오는 사람이 쉽게 볼 수 있게 잎이 무성했습니다. 그런고로 찾아갔다가 실망하는 것입니다. 기대감에 대한 실망입니다. 위선을 말하는 것입니다. 열매도 없으면서 있는 척합니다. 아무것도 모르면서 아는 척합니다. 아무것도 된 것이 없는데 된 것처럼 말합니다. 아무 능력도 없으면서 마치 무엇인가 다 할 수 있는 것처럼 큰소리만 치는 것입니다. 맨 약속만 하는 것입니다. 이게 무슨 소용 있습니까. 정말로 실망하지요. 다른 건 다 없다 하더라도 최소한의 진실은 있어야 합니다. 진실이 빠져나갈 때 실망할 수밖에요. 진실이 없는 약속, 그 많은 서약은 아무런 의미가 없습니다. 지도자의 기본이 진실입니다. 위선, 그것이 얼마나 많은 사람을 실망하게 합니까. 이제는 어떤 약속도 믿으려고들지를 않습니다. 이게 얼마나 실망에 지친 사람들의 모습입니까. 오늘본문을 잘 보십시오. 비 없는 구름같이—가뭄때에 구름 한 점이 지나갑니다. 기대를 걸었는데 그냥 지나가버립니다. 더 목말라합니다. 물 없는 우물같이—목마른 사람이 우물을 보았는데 들여다보니 물이 없습니다. 이 얼마나 큰 실망입니까. 최소한의 열매를 구했습니다. 좋은 열매도 아닌 4월의 무화과를 구했습니다. 그런데 그 최소한의 열매마저 없었다는 얘기입니다.

요새 일본에 패러사이트 프리터(parasite freeter)라고 하는 신조어(新造語)가 있습니다. 패러사이트는 기생충입니다. 프리터는 free와 arbeiter의 일본식 합성어입니다. 그러므로 패러사이드 프리터는

'기생인간' '청년백수군'을 이르는 것입니다. 일류대학을 졸업한 사람들이, 부모가 애써서 대학을 보냈고 이제 그 대학을 졸업했는데 직장을 가지지 않습니다. 귀찮다면서요. 부모집에 떡 얹혀 살면서 장가도 가지 않습니다. 귀찮은 장가 왜 가느냐입니다. 그리고 한 주일에 한두 번 아르바이트로 용돈 조금 벌어서 그럭저럭 먹고 편안하게 살겠다는 것입니다. 이러한 족속이 무려 130만이 넘습니다. 고등학교학생들에게 설문지를 돌려 'freeter를 어떻게 생각하느냐?' 묻자 60%가 그것 참 좋은 아이디어라고 응답했습니다. 이제 일본의 장래가 어디로 가겠습니까. 여러분 생각해보십시오. 그 어려운 가운데서 대학공부를 시켜놓으니 이놈이 결혼도 아니하고 직장도 갖지 않고 집에서 빈둥거린다면 이런 기막힌 일이 어디 있겠습니까. 남의 얘기가 아닙니다. 이상하게도 일본에 있는 일은 우리나라로 곧 넘어오거든요. 금세 유행이 됩니다. 보아하니 우리네 부모님들 가운데도 "아, 이놈이 장가를 안갑니다"하고 고민하는 사람들 요새 많습니다. 나보고 좀 구원해달라고 청합니다. 내가 무슨 수로 그들을 구원합니까. 그들이 왜 그런지 아십니까. 극단적인 이기주의 때문입니다. 귀찮은 거야, 다. '까짓장가는 뭐하러 가? 아내 챙기고 아이들 챙기고… 아이고 귀찮다.' 부모집 있으니 얹혀 살다보면 결국 내것 될 거고… 이러고 사는 것입니다. 이 얼마나 실망적인 현상입니까.

특별히 오늘성경말씀에는 신학적으로 중요한 의미가 있습니다. 예수님께서 상징적으로, 예표적으로, 예언적으로 심판하신 것입니다. 지금 예루살렘성전을 가시어 제사장을 바라보고 계신 것입니다. 예수님께서는 제사장이 명색은 하나님의 종이기에 직접적으로는 심판하지 않으십니다. 간접심판을 하시는 것입니다. "영원토록 네게 열매가 맺지 못하리라." 결국은 성전을 심판하신 것입니다. 40년 후에 예루살렘성전은 무너지고 지금까지 다시 회복하지를 못하고 있습니다. 바로 이 심판이 여기 나타나는 것입니다. 제가 어렸을 때 김익두 목사님 밑에서 몇번 성경공부를 한 적이 있습니다. 이분이 싱글벙글 웃으면서 자기경험담을 털어놓는데 하도 재미있는 말씀이라서 기억합니다. 이런 얘기도 있었습니다. 초여름 모내기 할 때 어떤 마을을 지나가느라니까 모내기하던 사람들이 옹기종기 모여앉아서 점심을 먹고 있는 것입니다. 그걸 그냥 지나칠 수 없는 분입니다. 가까이 가서 "주 예수를 믿으라"하였습니다. 밥먹던 청년이 하나 나오더니 "목사님, 이 마을에서는 전도 안하시는 게 좋을 겁니다"합니다. "왜요?" "며칠전에 비가 오고 바람이 치고 벼락이 떨어졌는데 이 동네 한가운데 있는 서낭당나무를 때린 것입니다. 그래 가지가 부러졌어요, 불타고. 또 바위를 때려서 바위가 무너지고 논바닥을 때려서 논바닥이 푹 패였습니다. 아니, 나무가 무슨 죄 있습니까. 아, 바위가 무슨 죄 있습니까. 왜 저건 때렸습니까? 하나님께서 안계시든지 계시다면 장님이든지 그럴 겁니다." 목사님이 듣고보니 일리가 있는 것입니다. 그래 돌아서서 스스로 기도를 했습니다. '하나님, 지혜를 주십시오.' 했더니, 하나님께서 지혜를 주시더랍니다. 그래서 청년보고 물었습니다. "자네 서당에 다녔나, 학교 다녔나?" "학교 다녔습니다." "선생님의 손에 무엇이 있던가?" "아, 막대기가 있지요." "그 막대기는 무엇에 쓰는 것인가?" "칠판도 땅땅 때리고, 책상도 땅땅 치고 뭐, 그런 거죠." "칠판이 무슨 죄가 있나? 책상이 무슨 죄가 있기에 책상을 치는 건가?" "아, 그거야 아이들 졸지 말라고…" "이놈아! 지금은 벼락이 바위를 때렸다만 다음에는 네 머리를 칠 거다." "아이고, 아이고, 어떡하면 좋겠습니까?" 그 청년이 예수를 믿고, 그것이 중심이 되어서 거기에 교회를 세우고, 그 사람이 장로가 되었다고 하는 얘기입니다. 대신 치신다는 것을 잊지 마십시오. 하나님의 사람, 당신을 치실 것인데 열매 없는 당신을 치셔야 할 것이지마는 지금 간접적으로 다른 누군가를 치셨습니다. 나 대신 누군가가 매를 맞고 있습니다. 이걸 잊지 말아야 합니다. 그 매가 점점 가까이 오고 있습니다. 열매 없는 세계를 향해서 말입니다. 길가에서 잎만 무성한 채 많은 사람에게 실망을 주고 있는 무화과나무처럼 예루살렘성전은 수많은 사람들에게 실망을 주었습니다. 위선이 심판을 받는 시간입니다. 이제는 열매를 맺어야 할 것입니다. 이 무서운 경고 앞에서 우리는 새롭게 열매를 맺어야 할 것입니다. 충성과 진실, 감사에서 감사로, 사랑에서 사랑으로, 은혜에서 은혜로, 아름다운 열매를 이제는 맺어야만 할 것입니다. △

자기기념비의 운명

여호와의 말씀이 사무엘에게 임하니라 가라사대 내가 사울을 세워 왕 삼은 것을 후회하노니 그가 돌이켜서 나를 좇지 아니하며 내 명령을 이루지 아니하였음이니라 하신지라 사무엘이 근심하여 온 밤을 여호와께 부르짖으니라 사무엘이 사울을 만나려고 아침에 일찌기 일어났더니 혹이 사무엘에게 고하여 가로되 사울이 갈멜에 이르러 자기를 위하여 기념비를 세우고 돌이켜 행하여 길갈로 내려갔다 하는지라 사무엘이 사울에게 이른즉 사울이 그에게 이르되 원컨대 당신은 여호와께 복을 받으소서 내가 여호와의 명령을 행하였나이다 사무엘이 가로되 그러면 내 귀에 들어오는 이 양의 소리와 내게 들리는 소의 소리는 어찜이니이까 사울이 가로되 그것은 무리가 아말렉 사람에게서 끌어 온 것인데 백성이 당신의 하나님 여호와께 제사하려 하여 양과 소의 가장 좋은 것을 남김이요 그 외의 것은 우리가 진멸하였나이다

(사무엘상 15 : 10 - 15)

자기기념비의 운명

　깊은 산 속 고요한 연못에 아침햇살이 내려올 때 많은 짐승들이 물을 마시러 왔습니다. 저마다의 몸짓으로 물을 마시고 있었습니다. 그 중에 사슴 한 마리가 끼어 있었습니다. 사슴은 연못물에 고요하게 드리운 제 그림자를 보면서 뿔을 비추어보았습니다. 잘생긴 제 뿔을 비추고 이리저리 보느라니 스스로 만족스러웠습니다. 다른 짐승들, 대머리처럼 아무것도 없는 그 머리들을 보고 저것들은 참 불쌍하구나, 이것들아 보아라, 내 뿔이 얼마나 근사하냐, 하였습니다. 그 나뭇가지처럼 뻗어올라간 뿔이 참 멋있다 싶어서 그는 혼자서 제 모습에 도취하였습니다. 그때 숲에서 사자가 불쑥 나타났습니다. 으르렁! 짐승들은 모두 숲속으로 쏜살같이 빠져 도망쳤습니다. 이 사슴도 도망하다가 그만 뿔이 나뭇가지에 걸려 더는 도망가지 못하고 사자의 먹이가 되고 말았습니다. 결국 그 뿔 때문에 죽은 것입니다. 저가 자랑스러워하던 그 뿔 때문에 그는 그 아침에 생을 마쳤습니다. 여러분, 여러분의 자랑은 무엇입니까? 그 자랑하는 그것이 나를 망친다는 것, 잊어서는 안됩니다. 올해초, 「Fortune」이라고 하는 잡지에서 2001년 100대기업이 채택한 '21세기 리더십'이라고 하는 것을 제시했습니다. 그것은 바로 'servent leadership'입니다. 이미 1977년에 그린리프(Robert K. Greenleaf)라고 하는 사람이 AT&T라고 하는 회사에서 38년 동안 근무하면서 많은 사람을 만나고 많은 일들을 처리하는 가운데 지혜를 얻고 경험하고 또 배운 바를 집약해서 한 권의 책을 썼는데 그 제목이 「Servant Leadership」이고, 「Fortune」지가 2001년 신년특집으로 이 책을 다룬 것입니다. 지도자는 지도자이기 전에 섬기는 사람이어야 하고 섬기는 마음을 가져야 하고 섬기는 자세가 있어야 한다는 것입니다. 그런 사람만이 지도자가 될 수 있고 지도자의 위치를 지킬 수 있고 많은 사람을 바른 길로 인도할 수 있다는 것입니다. 지도자로서 섬기기를 포기할 때 사회는 병든다고 엄중히 경고하고 있습니다. 여러분, 무슨 대단한 이론도 아닙니다마는 이것이 기본입니다. 작은 일이나 큰 일이나 섬김이 문제입니다. 그래 저는 결혼주례 할 때 가끔 이런 얘기를 해봅니다. 아내를 섬기겠느뇨, 남편을 섬기겠느뇨, 섬김을 받으려 하면 문제가 많아지고 섬기려 하면 문제가 없다, 나는 당신의 종입니다, 하고 출발하면 그대들은 행복할 것이다, 하고 말해보는 것입니다. 여러분의 마음속에는 섬김의 마음이 얼마만큼 있습니까? 만일에 고민이 있고 문제가 있다면 섬기는 마음이 없어졌기 때문이요 그 자세가 병들었기 때문입니다. C. S. 루이스라고 하는 사람은 이렇게 말합니다. '교만한 사람은 아래를 내려다보는 데 급급한 나머지 위를 제대로 보지 못한다.' 사람이 망조가 들면 이렇게 됩니다. 미국의 초대대통령 조지 워싱턴은 타자기가 없을 때여서 늘 편지를 친필로 썼는데 편지의 끝은 언제나 이런 말로 맺었습니다. '당신의 보잘것없는 충직한 하인으로부터.' 이것이 대통령의 편지였습니다. 이것을 명심하여야 하겠습니다. 나는 당신의 보잘것없는 충직한 하인일 뿐입니다—언제나 이 자세를 잃어버림으로해서 사회가 시끄러워지고 자신도 불행해집니다.

오늘본문에 사울왕이 나옵니다. 하나님의 명령으로 하나님의 지시를 받아 아말렉과 전쟁을 벌입니다. 늘 그랬듯이 전쟁은 하나님께서 함께하실 때만이 이길 수 있는 것입니다. 이스라엘의 전쟁은 어호와께서 '저들을 네 손에 붙였느니라' 하실 때만이 승리가 가능했습니다. 사울왕도 이렇게 나아가 싸우고 이겼습니다. 대승리를 거두었습니다. 그런데 그는 곧장 자기기념비를 세웠습니다. 자기승전기념비를 세운 것입니다. 인간은 어차피 역사의 뒤안으로 사라집니다. 영웅호걸이든 천한 사람이든 다 그렇습니다. 그런데 사람들은 미련해서 그 마음에 자기가 세상떠난 다음에도 꼭 자기이름 기억해주기를 바라는 마음이 있습니다. 생각해보면 기억하나마나 별것이 아닌데… 저는 기념비라는 것을 그것이 어떤 기념비건 근본적으로 싫어합니다. 아시는대로 소망교회 묘지가 우리 수양관에 있습니다. 그래 거기 큰 비석을 만들어놓고 거기에 '소망교회 성도의 묘'라고 써놓았습니다. 화장을 해서 거기에 갖다가 뿌리게 돼 있는데 벌써 수백명이 들어갔습니다. 그런데 가끔 어떤 분들이 저보고 묻기를 "목사님, 이거 참 좋은 생각이긴 하지만 고 비석 뒤에다가 조그맣게 내 이름 써넣으면 안될까요?"합니다. 저는 이렇게 대답합니다. "글쎄올시다… 당신의 이름을 뒤엣사람들이 꼭 기억하여야 되겠소? 그렇게 대단한 이름입니까. '소망교회 성도'—그것가지고 안되겠소? 분명한 것은 이 묘지에 나도 들어간다는 것이고, 내 이름도 기록되지 않는다는 것입니다." "…" 세상에 기념비처럼 맹랑한 것도 없습니다. 그게 무슨 의미가 있다는 것입니까. 내가 세상떠나거든 한시바삐 나를 잊어버려다오, 하는 것이 좋지 뭘 기억해달라고 합니까. 두고두고 기억해줄 사람도 없는 것입니다. 그래서 기념비라는 것이 맹랑한 것입니다. 그저 재산도 나 죽은 다음에 이렇게저렇게 물려지기를 바라고, 이어지기를 바라고, 명예도 이어지기를 바라고—참 문제거리입니다. 어차피 죽지 않을 수는 없으니까 말입니다. 사람들이 그런 것으로해서 자신의 어떤 생명이 연장이라도 되는 듯 착각을 하고 있는 것입니다. 사울이 자기기념비를 세웠습니다. 자기를 위하여 세웠습니다. 후세의 사람들아 나를 기억하라, 여기서 나 사울이 승리했느니라—어떻습니까? 그래 기억됩니까? 세상에 쓸데없는 짓이 바로 이 짓입니다. 17절에 이런 말씀이 있습니다. "왕이 스스로 작게 여길 그때에 이스라엘지파의 머리가 되지 아니하셨나이까." 스스로 작게 여길 때에 하나님께서 높여 왕이 되게 하셨는데, 이제는 스스로 자기를 높이기 때문에 하나님께서 낮추십니다. 어느 나라이든 어느 문명이든 어느 개인이든 스스로 높이는 자를 하나님께서 용납하시지 않습니다. 왜요? 높아지고 있는 동안 하나님을 모르고 하나님을 부인하기 때문입니다. 은혜를 부인하기 때문입니다. 교만은 멸망의 선봉입니다. 교만한 자를 물리치시고 겸손한 자에게 은혜를 베푸시는 것이 하나님의 경륜입니다. 성경을 깊이 연구해보면 사실은 의롭고 불의하고, 선하고 악하고… 이런 것도 문제가 안됩니다. 하나님의 심판의 기준은 겸손하냐 교만하냐에 초점을 맞추고 있습니다. 성경에서 우리가 아는대로 하나님의 사랑을 받은 사람들이 절대로 의인이 아닙니다. 여기 있는 우리나 다를 바 없는 사람들입니다. 다른 것이 있다면 하나님 앞에 겸손하냐 교만하냐입니다. 이 점 심각하게 받아들여야 합니다. 여러분은 혹 스스로 생각하기를 '나는 겸손하다' 합니까? 제가 판단을 해드리겠습니다. 당신은 교만한 사람입니다. 바로 여기에 문제가 있습니다. 참으로 겸손한 사람은 이렇게 생각합니다. '나는 교만하다. 나는 교만하기 쉬운 사람이다. 나는 쉽게 교만해지는 사람이다. 환난과 고통과 하나님의 징계의 채찍이 나와 함께하지 않으면 나는 곧 교만할 수밖에 없는 못된 자다.' 이렇게 생각하는 사람이 겸손한 사람입니다.
 사울은 교만했습니다. 은혜로 전쟁을 이겼는데 자기가 이겼다고 생각했습니다. 하나님께서 명령하시고 그 명령을 따르는 중에 승리한 것인데, 하나님께서 약속해주시고 하나님께서 선물로 주신 승리인데 그 승리를 내것으로 알았습니다. 내가 이겼노라—바벨탑적으로 자랑을 합니다. 여러분, 내가 할 수 있는 것이 무엇입니까? 인간이 얼마나 초라하다는 것을 우리는 한눈에 보았습니다. 인간이 아무것도 아니라는 것입니다. 인간의 문명이 아무것도 아니요 장담할 것이란 아무것도 없습니다. 오직 하나님의 은혜일 뿐인 이것을 두고 하나님께 영광을 돌리지 아니하고 그 영광을 자기가 취합니다. 내가 이겼노라, 내가 이루었노라, 합니다. 하나님께서 그를 심판하십니다. 자기자랑을 하려고, 자기명예를 높이고 오래오래 기억되게 하려고 기념비를 세웠습니다. 그러나 어떻게 되었습니까. 승리자로 기념되려 했는데 성경이 말씀하는대로 그는 가장 부끄러운 사람으로 남았습니다. 그는 당대에 왕위에서 끊어지고 심지어는 온가족, 가문전체가 일시에 죽어지고 맙니다. 그대로 대가 끊어집니다. 그렇듯 부끄러운 존재가 되었습니다. 또한 그에게 가장 치명적이고 잘못되었던 점은 무엇이냐하면 회개할 기회를 얻었을 때 회개하지 않았다는 것입니다. 교만한 사람은 회개할 줄을 모릅니다. 회개할 수가 없습니다. 마음은 먹으면서도 회개 못합니다. 뉘우치면서도 회개 못합니다. 후회하면서도 회개 못합니다. 교만하기 때문입니다. 이것을 잊지 말아야 합니다. 사무엘 선지가 그를 책망할 때, 죄를 지적할 때 그는 회개하지 못했습니다. 다윗왕처럼 "내가 죄를 지었나이다"하고 무릎을 꿇지 못하고 엉뚱하게도 어느 안전인데, 하나님 앞인데 자기

변명을 하고 있습니다. 변명이 어디서 나오는 것입니까. 인간의 인격은 변명이 있느냐없느냐에서 평가된다고도 합니다. 자기변명 하는 것처럼 미련한 것도 없습니다. 이것은 교만의 결과요 진실을 잃어버렸기 때문입니다. 자기상실이라고 하는 중증이 이렇게 표출되는 것입니다. 모두가 자기변명이요, 변명에 급급합니다. 이것은 돌이킬 수 없는 교만입니다. 대학교수이자 유명한 카운슬러인 로라 슐레징어가 아주 재미있는 책을 몇권 썼는데, 그 중 세 권의 책을 소개할 터이니 한 번쯤 읽어보시기 바랍니다. 「여자가 인생을 망치는 열 가지 방법」—여자가 왜 망하는지, 왜 망쳐지는지 자세하게 설명했습니다. 그렇게만 쓴 게 아닙니다. 「남자가 인생을 망치는 열 가지 방법」도 있습니다. 세 번째로 「인생을 망치는 일곱 가지 변명」이 있습니다. 변명이 인생을 망친다는 것입니다. 변명하는 순간 진실을 떠나고 은혜도 떠나고 축복이 떠나기 때문입니다. 변명! 거기에는 회개가 없습니다.

하나는 "나도 잘 압니다마는…" "나도 사람이라고요"라는 변명입니다. '인간인고로'라고 하는 말로 변명을 합니다. 잘될 때는 스스로가 초인인 양 자기를 내세우지만 일이 잘못되었을 때는 꼭 나도 인간인고로 그럴 수밖에 없었다, 합니다. 정말 그럴 수밖에 없었습니까. 당신의 실수가 그럴 수밖에 없어서입니까. 그 길 외의 선택이 없었습니까. 인간은 반드시 그러해야 하는 것입니까. 인간인고로, 하고 말하는 것은 창조주를 모독하는 것입니다. 죄지을 수밖에 없는 인간으로 창조하신 것입니까. 다시는 그런 말 하지 맙시다. 인간인고로—아닙니다. 얼마든지 피할 길도 있었고 그리하지 않을 수 있었습니다. '나도 사람이기 때문에'—아닙니다. 절대로 아닙니다. 하나님께서는 넉넉한 힘을 주셨고 넉넉히 이길 수 있는 지혜를 주셨습니다. 인간을 그렇게 창조하신 것이 아닙니다. 그런고로 내 책임입니다. 하나님께 돌릴 책임이 아닙니다. 또하나는 "잘못인 줄은 압니다만 그 순간에는…" 하는 변명입니다. 어떤 이득을 위하여, 어떤 순간적 기쁨을 위하여 그럴 수밖에 없었노라, 잘못인 줄 알면서도 그것이 행복인 것처럼 보이고 그것이 즐거웠기 때문에 따라갔노라는 것입니다. 착각이었다는 것입니다. 사람들이 스스로 이렇게 변명할 때가 많습니다. 다윗은 그렇게 변명하지 않았습니다. 당신이 죄를 지었습니다, 할 때 '내가 그날밤 깜빡 실수를 했습니다' 하지 않습니다. 실수가 아니었습니다. 다윗은 '어머니의 태로부터 내가 그런 사람이었습니다' 하고 나옵니다. 그것은 내가 잠깐 실수한 것입니다— 다시한번 진실하게 묻습니다. 그거 실수였습니까? 이것이 인간의 변명입니다. 또하나는 "그것이 옳다는 것은 알고 있지요마는 용기가 없었습니다" 하는 변명입니다. 알기는 알지만 선한 일을 할 수 있는 용기가 없었습니다. 그렇다면 용기와 능력이 어디서 오는 것입니까. 변명거리가 되지를 않습니다. 또하나의 변명이 있습니다. "나야말로 정말 불쌍한 사람이라고요" 하는 변명입니다. 이 무슨 소리입니까. 내가 피해자라는 것입니다. 어떤 부부가 말다툼을 합니다. 부부싸움입니다. 남편이 화를 냅니다. 아내가 보다못해 하는 말이 "당신 요즘 점점 더 이상하게 혈기를 내는데, 왜 그러세요?" 합니다. 그 남편 뭐라는고 하니 "나는 본래 이런 사람이 아니다. 너하고 살면서 그래졌다" 합니다. 제 성격 나빠진 게 누구 책임인데 남에게 돌리려고 하는 것입니까. 나는 피해자다, 하는 것입니다. 여러분, 다시한번 생각해 보십시오. 어느 누구 때문에 내가 불행하다, 라고 생각지 말고 나 때문에 불행해진 사람들을 보십시오. 나 때문에 불행해진 내 주변사람을 한번 직시해보십시오. 보니 아내가 불행하지요 자식이 불행하지요 남편이 불행합니다. 누구 때문인데요. 나 하나의 잘못으로 인해서 얼마나 많은 사람에게 피해가 가고 있는데 가해자인 그 내가 피해자라고요? 그 내 존재는 어디 갔습니까. 또한 "나도 한때는 가치관이 있는 사람이었다고요"하는 변명입니다. "과거는 괜찮았다고요." 그런데 현재가 어렵다, 그 말입니다. 이렇게 변명을 하려고듭니다. 과거를 미화하면서 현재를 비하시키는 것입니다. 그리고 현재의 환경이 나를 이렇게 만든다고, 환경에 책임을 돌리고 있는 것입니다. 또하나는 "그건 특별한 사람들이나 하는 일이라고요"하는 변명입니다. 선한 일을 볼 때나 귀한 일을 생각할 때 그건 특별한 사람들이나 하는 거지 나같은 보통사람이 하는 것은 아니라는 것입니다. 뭘 잘했을 때는 내가 특별하다, 하고 뭐가 안되었을 때는 나는 보통사람이라서, 라고 합니다. 그런 것이 아닙니다. 특별한 사람이 따로 없습니다. 내 도리를 내가 해야 할 뿐입니다. 일곱 번째는 "하다보니 그렇게 됐어요"하는 변명입니다. 어쩌다보니 그렇게 됐다—완전히 남에게 책임을 돌리는 것입니다. 내가 미처 생각지 못했노라, 미처 깨달음이 없이 여기까지 왔노라, 어쩌다보니 떠밀려서 여기까지 왔노라—이렇게들 환경과 남에게 책임을 전가합니다. 이것이 교만입니다. 그런고로 가장 진실한 그것을 잃어버린 것입니다.

블레인 리(Blaine Lee)라고 하는 유명한 학자가 「지도력의 원칙」이라고 하는 책을 썼습니다. 거기에 보면 지도력에는 강압적 지도력이 있다고 했습니다. 세금을 물린다, 벌금을 물린다, 감옥에 보낸다, 협박을 해가지고 이것을 지노력으로 삼아 인도하려고 하시만 그건 불가능합니다. 또하나는 실리적 지도력입니다. 나를 따라오면 실리적으로 당신에게 이로울 것이다, 합니다. 이것도 오래가지는 못합니다. 진정한 지도력은 원칙적 지도력입니다. 내게 이롭고 해롭고를 떠나 바른 길 가는 사람을 따라갑니다. 겸손한 사람만이 참지도력을 가질 수 있습니다. 온유한 자가 땅을 차지한다고 주님 말씀하십니다. 원칙적으로 행할 때, 진리대로 행할 때 사람들이 그를 따라주는 것입니다. 사울왕은 자기기념비를 세웠으나 가장 부끄러운 사람으로 추락해버렸습니다. 돈과 명예, 이 두 가지를 깨끗이 버려야 지도력이 통합니다. 그리고 당신의 양심에 용기가 있습니다. 오직 섬기는 자만이, 오직 하나님의 말씀에 정직하게 순종하는 자만이, 그리고 하나님 앞에 겸손한 자만이 그 마음에 참평안도 있고 사람들을 바른 길로 인도할 수 있는 것입니다. 오직 진실만이 가장 위대한 힘입니다. △

선으로 악을 이기라

너희를 핍박하는 자를 축복하라 축복하고 저주하지 말라 즐거워하는 자들로 함께 즐거워하고 우는 자들로 함께 울라 서로 마음을 같이 하며 높은 데 마음을 두지 말고 도리어 낮은 데 처하며 스스로 지혜 있는 체 말라 아무에게도 악으로 악을 갚지 말고 모든 사람 앞에서 선한 일을 도모하라 할 수 있거든 너희로서는 모든 사람으로 더불어 평화하라 내 사랑하는 자들아 너희로서는 모든 사람으로 더불어 평화하라 내 사랑하는 자들아 너희가 친히 원수를 갚지 말고 진노하심에 맡기라 기록되었으되 원수 갚는 것이 내게 있으니 내가 갚으리라고 주께서 말씀하시니라 네 원수가 주리거든 먹이고 목마르거든 마시우라 그리 함으로 네가 숯불을 그 머리에 쌓아 놓으리라 악에게 지지 말고 선으로 악을 이기라

(로마서 12 : 14 - 21)

선으로 악을 이기라

　볼만한 영화가 한 편 있었습니다. 「지옥의 묵시록」이라고 하는 영화입니다. '지옥' 이라는 말이 나왔는데 예수믿는 사람들이 안보면 되겠습니까. 게다가 '묵시록' 이라고 합니다. 그래도 안보겠습니까. 코폴라감독, 「대부」라고 하는 명화 1, 2편을 제작했던 그 감독이 만든 명작입니다. 3시간 16분, 긴 시간 상영되는 영화입니다. 베트남전쟁을 배경으로 하고 있습니다. 베트남전쟁에 참전한 커츠라고 하는 대령이 전쟁을 하는 중에 전쟁광이 되어버렸습니다. 전쟁에 미쳐버린 것입니다. 그래서 캄보디아 어느 산중으로 들어가 많은 사람을 거느리며 전제군주로 군림합니다. 반대하는 사람들을 무차별 추격하고, 시체를 매달고… 이렇게 하면서 왕같이 호령하고 지내는 이 한 사람, 정보부에서는 이 사람을 제거하기 위해서 월러트대위를 파송합니다. "생사간에 그를 제거하라." 특명을 받은 이 대위가 천신만고 끝에 목적지에 이르러 갖은 어려움 다 겪으면서 그 대령을 제거한다, 하는 이야기입니다. 실화입니다. 그 영화를 보다보면 영화라기보다 다큐멘터리같은 상황을 경험하게 됩니다. 전쟁이 무엇인지를 말해줍니다. 전쟁에 나가는 사람, 처음에는 누구든지 나라와 진리와 정의를 위해서 나갑니다. 좋은 명분으로, 나라를 위하여, 진리를 위하여, 정의를 위하여, 라는 마음으로 출전을 합니다마는 막상 실제의 전쟁상황의 맞닥뜨리면 이제 나라고 국가고 뭐고 저리가고 오로지 살아남기 위해서, survival을 위해서 싸웁니다. 싸우다보면 이제는 싸우기 위해서 싸웁니다. 안싸울 수가 없게 돼 있습니다. 싸움이라는 불가피성에 몰려서 싸우기 위하여 싸웁니다. 여기서 한 단

더 나아가면 이제는 싸우는 것을 즐기면서 싸웁니다. 여기서 결국 전쟁미치광이가 되는 것입니다. 저도 6·25전쟁 때 최일선에, 육박전이 벌어지는 현실 속에 잠깐 있어보았습니다. 참으로 전쟁이란 무섭습니다. 이 상황 속에 들어가기를 몇번 겪고나면 눈이 빨갛게 뒤집힙니다. 그러면 이제 어느 순간에는 마구 총을 난사하면서 적들이 쓰러지는 걸 보고 즐깁니다. 전쟁광이 되는 것입니다. 그 영화의 한 장면에 바그너의 음악을 틀어대며 인간사냥을 하는 미군 헬리콥터편대를 볼 수 있습니다. 상상을 해보십시오. 바그너음악이 대형의 고성능스피커로 울려나오는 가운데서 인간사냥을 하는 것입니다. 마구 갈기고, 픽픽 쓰러지는 걸 보고, 폭파되는 것, 불타는 것을 보고, 희희낙락 소리지르고 즐기는 것입니다. 이것이 전쟁이라는 것입니다.

악의 속성은 참으로 무서운 것입니다. 누구나 처음에는 선으로 시작합니다. 그러나 선으로 시작한 행위가 악을 척결하여나아가는 과정에서 선한 목적은 사라지고 이제 악한 방법으로 선을 이루려고 합니다. 악을 대항하면서 나 또한 악해지고 맙니다. 마침내는 목적을 상실하고 왜 싸워야 되는지도 모릅니다. 더 악해집니다. 그래서 흔히 나쁜 놈 버릇 고친다고 하다가 자기가 더 나빠진다고도 말하지 않습니까. 분노란 흔히 어리석음이나 경솔에서 시작하고 후회로 끝내기 쉽다고 철학자 피타고라스는 말합니다. 분노란 언제나 저 끝에 가서 후회로 끝납니다. 아무리 선한 목적에서라해도 그로해서 내가 악해졌다면 나는 판정패입니다. 악은 그 속성이 매우 복잡합니다. 악이라고 하면 흔히 십계명에 있는대로 살인하지 말며 간음하지 말며 도둑질하지 말며 거짓증거 하지 말며… 이렇게 단순제약을 생각해봅니다마는 그런 정도가 아닙니다. 현대의 악은 더더욱 지능적이고 아주 복잡합니다. 악 중에 가장 무서운 악이 논리적인 악입니다. 논리적 악의 대표적인 것이 소위 변증법적 유물론입니다. 여기서 모든 악을 정당화합니다. 그래서 '목적이 수단을 정당화한다' 하는 소리까지 나왔습니다. 'The end justifies the means.' 유명한 명제입니다. 무슨 수단을 쓰더라도 결과만 좋으면 된다, 결과만 좋으면 수단은 다 정당하다―그럴까요? 여기에 논리적인 악이 있습니다. 목적만 선하면 된다, 어찌 수단까지 선할 수 있겠느냐, 수단에 악이 좀 있다 하더라도 좋은 목적에서라면 그 수단은 정당화되는 것이다― 논리적으로 이렇게 생각을 하고 주장을 합니다. 이 악이 세상을 이렇듯 어렵게 만드는 것입니다. 도스토예프스키의 소설 「죄와 벌」에 나오는 주인공 라스콜리니코프는 젊었을 때, 이 세상에는 아무리 봐도 보통사람이 있고 특별한 사람, 초인적인 사람이 있다고 생각했습니다. 초인간적인 사람의 행위는 정당화되어야 한다는 이상한 철학에 빠진 것입니다. 그래서 고리대금업을 하는 전당포 노파, 못된 방법으로 긁어모아 돈을 많이 가지고 있는데 조금도 선한 일에 쓰지 않는 이 노파에 대하여 저런 쓰레기인간은 죽여도 된다, 저 인간을 없애고 그의 돈으로 위대한 일을 할 것이다, 생각하고 그 노파를 죽이고 맙니다. 그러나 그는 뒤에 두고두고 아무리 변명을 해도 변명이 통하지 않습니다. 노파를 죽인 가책으로 한평생을 괴로워합니다. 죄와 벌입니다. 이 이야기는 어떤 악도 좋은 목적에서라고 정당화될 수는 없음을 말하고 있습니다. 또하나의 악은 책임전가입니다. 언제나 나는 결과일 뿐이요 동기는 저쪽에 있다, 하고 책임을 남에게 돌립니다. 이 책임전가라고 하는 것에 악의 극치가 있습니다.

2001년 오늘도 우리는 엄청난 사건을 봅니다. 뉴욕에 있는 두

채의 110층 마천루가 비행기를 이용한 테러로 한순간에 무너졌습니다. 그러나 테러리스트들에게 물어보십시오. 이 행위는 정당하다고 대답합니다. 이것은 결과일 뿐이다, 하는 것입니다. 이것을 알아야 합니다. 이런 유의 악한 철학, 이런 유의 논리가 오늘 이 세상을 어지럽히는 것입니다. 피해자는 죄가 없다, 약자는 죄가 없다, 가난한 자는 무죄다, 억울하게 당했으니 그에게는 잘못이 없다, 얼마나 억울하게 당해왔으면 이런 일이 일어났겠느냐, 이것은 결과일뿐이다, 약자와 가난한 자와 피해자는 무죄다, 하고 선언을 해버립니다. 이 무서운 철학, 이 논리가 이 세상을 어지럽히고 있습니다. 여러분, 가난하고 배고픈 사람은 도적질해도 되는 것입니까. 한 여자가 어느 남자로부터 억울하게 피해를 당했다고해서 이 여자가 많은 남자를 괴롭혀도 되는 것입니까. 내가 피해자라해서 내 행위는 정당화될 수 있는 것입니까. 정말로 피해자와 가난한 자는 무죄입니까. 알게모르게 이 무서운 논리와 철학이 세상을 점점 깊은 수렁으로 빠뜨리는 것입니다. 또한 심미학적인 악이 있습니다. 사람은 행복도 좋은 일에서 행복을 찾아야 합니다. 잠깐의 오락이라도, 작은 기쁨이라도 그렇습니다. 우리의 행복은 전부 선한 일, 아름다운 일, 진선미를 추구하여 찾아야 됩니다. 그런데 인간이 타락하고보면 그 오락성과 행복관도 바뀝니다. 그래서 남 잘되는 것 보고 기뻐하는 것이 아니라 남 망하는 것보고 기뻐합니다. 잘 걷는 사람 보고 박수치는 것이 아니라 넘어지는 사람 보고 폭소를 터뜨립니다. 남 잘못되었다는 얘기가 하도 재미있어서 일삼아 퍼뜨리고 돌아다닙니다. 이것은 그 자체가 악이라는 것을 알아야 합니다. 이런 악이 심미학적 악입니다. 거짓말하는 게 재미있고 속이는 게 재미있고 악한 일 하는 게 재미있습니다. 거기서 쾌감을 느낍니다. 악으로부터 말미암고 악 자체를 즐기고 악을 행하는 것이 통쾌한, 이것이 무서운 악입니다. 또한 의지적인 악이 있습니다. 악을 행하고 승리감을 누립니다. 성취감을 즐깁니다. 그러는 사이에 내가 지금 악마의 노예가 되어 있다는 것을 모르고 그대로 물리적인 성공, 권력, 이것만을 즐깁니다. 어느 사이에 악마의 도구가 되어 있음입니다. 이것을 잊어서는 안됩니다.

　이제 성경은 말씀합니다. 이러한 세상을 향하여 오늘도 말씀합니다. "선으로 악을 이기라." 어떻게입니까. 먼저는 신앙적으로 풀어야 합니다. 원수갚는 것, 하나님께 맡겨야 합니다. 네가 갚지 말라, 네가 손에 피를 묻히지 말라, 원수갚는 것은 내게 있느니라, 내가 갚을 터이니 너는 너의 할일만 하라—이것이 성경말씀입니다. 신앙으로, 하나님 앞에서 이 문제에 대한 해답을 얻어야 합니다. 뿐만아니라 "평화하라" 하였습니다(8절). 내가 악한 대접을 받아도, 내가 어떠한 핍박을 받아도 평화하라, 합니다. 어떤 경우에도 내 마음의 참 평안이 흔들려서는 안됩니다. 그리고 나아가서 평화하여야 합니다. 내가 미워해야 할 사람, 내가 대하는 저의 마음속에 평화를 심어주어야 합니다. 그가 평화하고야 내 평화가 평화될 수 있는 것입니다. 내 마음이 먼저 평화하고 저를 평화하게 하여야 합니다. 샬롬-샬롬, 윈-윈(Win-Win)입니다. 나는 얻고 저는 잃어버리는 게 아닙니다. 나도 이기고 저도 이기는 거기에만 진정한 평안이 있습니다. 평화하라—어떤 대우를 받아도 미워해서는 안됩니다. 제가 인천에서 목회할 때, 그때는 심방을 많이 하였습니다. 하루에 스물일곱 집까지도 심방을 하였습니다. 어느날 어떤 가정에 심방을 갔더니 시끌벅적 난장판이었습니다. 그 집의 초등학교 3학년쯤되는 4대독자 외아들이

밖에서 아이들하고 싸웠던가봅니다. 이 아이가 너무 귀하게 커서인지 좀 버릇이 없는 편인데 어떤 아이한테 몇대 맞았다고 합니다. 그래서 맞서 때리려고 하는 순간에 이 사실을 알고 어머니가 나가서 붙들고 들어온 것이고 이 아이는 억울하고 분해서 펄펄뛰는 것입니다. 어머니가 참으라 하는데도 막무가내로 뛰쳐나가려 합니다. 맞았으니 나도 때려야 되지 않느냐고 바락바락 소리지르고 몸부림치는 것이니 도대체 예배를 드릴 수가 없습니다. 제가 그 녀석을 붙잡고 이렇게 말했습니다. "너 이길 자신 있냐?" "문제없어요." "그럼 이겨라 이놈아. 왜 지냐"했더니 당장 뛰쳐나가려 합니다. "잠깐만 기다려. 이놈아, 울면 진 거야. 사내자식이 왜 우냐." 뚝 그치더라고요. 그리고 앉아서 예배를 드렸습니다. 여러분, 한마디 더 하고 싶습니다. 미워하면 진 것입니다. 맞고도 웃으면 이긴 것이고 때리고도 불안하면 진 것입니다. 내가 무슨 손해를 보고도 내 마음에 평안함이, 샬롬이, peace가 있으면 이긴 것입니다. 그러나 불안에 떨고 저를 미워한다면 진 것입니다. 그리고 원수를 사랑하라, 하였습니다. 원수를 사랑하라 하니 도덕규범의 극치인 것같이 들립니다. 어떻게 원수를 사랑한다는말인가, 그야말로 도덕군자나 그럴 수 있지, 성자들이나 그럴 수 있지, 예수님얘기지 우리같은 보통사람이 원수를 어떻게 사랑한단말인가, 하고 추상적인 진리인 양 받아들입니다마는 이제는 우리가 현실상황에 왔습니다. 원수를 사랑할 것입니까, 미워할 것입니까? 원수를 미워하면 또 원수, 원수, 해서 이제 세상이 다 끝나겠는데 아직도 원수를 미워해도 되느냐고요. 이제 우리는 절박한 상황에 왔습니다. 원수를 미워하고는 다 죽습니다. 그런고로 성경은 언제나 실제적 진리입니다. 원수를 사랑하여야 합니다. 악은 미워하되 원수를 사랑할 것입니다. 오늘성경은 높고 냉철할 것을 우리에게 요구합니다. 목마르거든 마시우라, 주리거든 먹이라—내 인도주의, 내 사랑, 내 할 의무는 다 하는 것입니다. 원수가 주리거든 먹이라, 목마르거든 마시우라—아주 냉철하기를 원합니다. 에리히 프롬의 「The Sane Society」라고 하는 유명한 책이 있습니다. 「건강한 사회」입니다. 건강한 사회는 건강한 정신에서 오는데, 건강한 정신이란 먼저 사랑하며 창조할 수 있는 능력이라고 합니다. 얼마나 사랑할 수 있느냐, 얼마나 창조적으로 사랑할 수 있느냐입니다. 사랑받고 사랑하는 것이 아닙니다. 미움받고 사랑하는 것입니다. 이렇듯 창조적으로 사랑할 수 있는 바로 거기에 건강한 사회가 있습니다. 민족, 토지, 이런 것에 지나치게 유대하여 머물지 않고 벗어나야 한다, 다시말하면 집단의식으로부터 자유할 수 있어야 한다 하였습니다. 자기자신의 주체적 의식, 주체적 행위를 지켜가야 합니다. 자기가 책임을 져야 합니다. 내부 외부의 현실 파악에 냉철하여야 됩니다. reality를, 사실을 똑바로 볼 줄 알아야 합니다. 그리고 객관성과 이성을 지켜야 합니다. 주관성에 매이고, 나 자신에게 매이고, 내게 돌아오는 이득에 매이는 순간, 벌써 건강한 정신이 아닙니다. 객관성을 지키고 그리고 바른 이성을, 맑은 이성을 가지고 있고, 착한 양심을 지켜가야 된다는 말씀입니다. 그런 간강한 사람이 모일 때 건강한 사회가 되는 것입니다.

    예수님 십자가에 돌아가실 때 말씀하십니다. 그 모진 고초를 당하시면서 "아버지여 저희를 사하여주옵소서 자기의 하는 것을 알지 못함이니이다"하십니다. 여기에 중요한 메시지가 있습니다. 누구나 다 '모르기 때문' 입니다. 그게 얼마나 무서운 일이라는 것을 모르기 때문입니다. 그 운명이 어떻게 될 것이라는 걸 모르기 때문입니다. '하나님, 모르기 때문입니다. 저들의 죄를 사하여주옵소서.' 여기에 해답이 있습니다. 「벤허」라는 작품에 보면 벤허가 미움을 받고 핍박을 받고 많은 고난을 당하면서도 선으로 악을 이깁니다. 끝까지 선으로 악을 이기려고 몸부림치고 승리합니다. 그것을 그려놓은 것입니다. 그가 마지막 장면쯤에 유명한 말을 합니다. "예수께서 십자가 상에서 '저들의 죄를 사하여주옵소서' 하신 음성이 내 귀에 들리는 순간 내 손에서 검이 떠나는 것을 보았노라." 그 후로 그는 검을 쓰지 않고 끝까지 선으로 악을 이기는 그것을 보여주고 있습니다. 책으로든 영화로든 다시한번 「벤허」를 보십시오. 얼마나 크고 놀라운 메시지가 거기에 있는지 모릅니다. 악은 점점 극렬해갑니다. 잔악해집니다. 그러나 여러분, 악에게 지지 말 것입니다. 절대로 미워하지 말 것입니다. 악을 이겨야 합니다. 사랑으로 이기고 선으로 이기고 끝까지 진리로 이길 것입니다, 그리스도와 함께. 여기에만이 승리가 있고 여기에만이 평화가 있습니다. 이것은 실제상황입니다. 절박한 상황에 왔습니다. 선으로 악을 이기라, 하였습니다. △

아브라함의 하나님

야곱이 브엘세바에서 떠나 하란으로 향하여 가더니 한 곳에 이르러는 해가 진지라 거기서 유숙하려고 그 곳의 한 돌을 취하여 베개하고 거기 누워 자더니 꿈에 본즉 사닥다리가 땅 위에 섰는데 그 꼭대기가 하늘에 닿았고 또 본즉 하나님의 사자가 그 위에서 오르락내리락하고 또 본즉 여호와께서 그 위에 서서 가라사대 나는 여호와니 너의 조부 아브라함의 하나님이요 이삭의 하나님이라 너 누운 땅을 내가 너와 네 자손에게 주리니 네 자손이 땅의 티끌같이 되어서 동서 남북에 편만할지며 땅의 모든 족속이 너와 네 자손을 인하여 복을 얻으리라 내가 너와 함께 있어 네가 어디로 가든지 너를 지키며 너를 이끌어 이 땅으로 돌아오게 할지라 내가 네게 허락한 것을 다 이루기까지 너를 떠나지 아니하리라 하신지라…… 그 곳 이름을 벧엘이라 하였더라 이 성의 본 이름은 루스더라

(창세기 28 : 10 - 19)

아브라함의 하나님

인생을 가장 비참하게 만드는 것이 무엇이라고 생각하십니까? 인생을 불행하게 만드는 것은 결코 외적인 환경의 문제가 아닙니다. 거기서 불행이나 행복은 동물의 그것과 인간의 그것이 다른 것입니다. 동물은 배만 부르면 됩니다. 그러나 인간은 배부르면서부터 문제가 생깁니다. 동물은 좋은 외적 여건에서 충분히 행복합니다. 그러나 우리 인간은 아무리 좋은 외적 여건에서도 저만은 불행합니다. 그것이 다른 것입니다. 자본이다, 지식이다, 기술이다, 건강이다, 하지만 심지어는 건강까지도 결코 행복의 여건이 아닙니다. 여러분, 병들었다고 불행하고 건강하다고 모두 행복한 것입니까? 결코 그렇지 않습니다. 가장 중요한 문제는 복이 무엇인가를 모른다는 데 있습니다. 인간만의 행복할 수 있는 복, 사람을 행복하게 만들 수 있는 복이 뭘까? 우리 영혼을 행복하게 할 수 있는 복은 무엇일까? 그것을 모르는 한 사람은 불행할 수밖에 없습니다. 어떤 여건에서도 불행할 수밖에 없습니다. 없어서가 아니라 결국은 몰라서 불행한 것입니다. 또 한 가지는 복받을 그릇의 문제입니다. 온우주에 축복과 은혜가 가득차 있다 하더라도 내 그릇이 문제입니다. 태평양바다에 떠 있는 물병에 병마개가 꼭 막혀 있는 동안은 그 병 속에 물이 한 방울도 들어가지 않습니다. 그와같이 어떤 복이 우리에게 있다 하더라도 우리가 그 복을 받을만한 그릇이 되지 못한다면, 그 복과 상관없는 사람으로 살아가게 됩니다. 유명한 사회학자 커밍 웍(Cuming Walk)의 명언이 있습니다. 현대인이 성공하려면 지능과 지식과 기술이 있어야 한다는 것입니다. 지능과 지식과 기술, 그것은 절대요소입니다. 그러나 그는 그것을 말하고자 하는 것이 아닙니다. 중요한 것은 네 번째, 태도라고 하는 것입니다. 자세가 문제입니다. attitude, 외적인 것이 아니고 내적인 것, 나라는 인간존재의 삶의 자세, 그것이 성공 여부를 좌우한다고 사회학자의 양심으로 말하고 있습니다. 여러분, 잘 생각해봅시다. 나 자신, 얼마나 환경을 원망하고 살아왔습니까? 이제는 그쯤 하시고 생각을 돌립시다. 이제부터 행복한 것은, 이제부터 불행한 것은 나의 삶의 자세에 달려 있는 것입니다. 의식을 바꾸면 세상이 달라집니다. 인간을 불행하게 만드는 또하나는, 이미 주어진 복을 모른다는 데 있습니다. 어찌생각하면 그만하면 참 행복할 수 있는데, 특별하게 복된 여건에 있는데도 불구하고 불행한 사람이 있습니다. 왜요? 복을 모르고 있기 때문입니다. 내가 처한 처지를 모르고 있기 때문입니다. 어떤 사람은 너무 늦게 깨닫는 것을 봅니다. 좌우간 팔순이나 되어서야 이런 소리 한마디 합디다. "나는 평생을 원망 가운데 살았는데, 가만히 생각해보니 모든 사람 중에서 내가 제일 행복하게 산 것같습니다." 그래서 내가 그 노인 보고 농담을 좀 했습니다. "철났군요." 팔순에 철난 것입니다. 여러분은 어떻습니까? 나는 행복하다, 생각하십니까? 나는 특별하게 행복한 사람이다, 생각하십니까? 아니면 나만은 불행하다, 생각하십니까? 남들이 부러워할만한 여건에서도 그 복을 행복으로 모르는 사람은 영 구제불능입니다. 요컨대 복과 복된 사람의 문제입니다. 복의 여건이 따로 있는 게 아닙니다. 문제는 '복된 사람'이냐입니다. 사람은 한평생 복을 배운다고 생각합니다. 친구가 복인가, 사랑이 복인가, 많은 재산이 복인가, 명예가 복인가… 이리 헤매고 저리 헤매고, 그 많은 세월을 참복이 무엇인지를 배워가는 것입니다. 또한 한평생 복된 사람으로 양육되는 것입니다. 복받을만한 성품, 복받을만한 인격, 복받을만한 심력, 마음가짐을 배워가는 것입니다. 한평생 그것을 공부하는 것입니다. 그렇게 키워지고 있는 것입니다. 그래서 나쁜 습관을 버리기도 하고, 잘못된 생각을 바로잡기도 하고, 전에없던 거룩한 마음으로 사랑의 손길을 펴기도 하고… 한평생을 복된 사람으로 다듬어지고 양육되어가는 과정에 있는 것입니다. 그리고 한평생 우리는 더 나은 복, 더 영원한 복을 추구하고 살아가는 것입니다.

오늘본문에는 야곱이라는 사람이 나옵니다. 그에 관한 이야기입니다. 그는 대표적으로 한평생 복을 추구한 사람입니다. 어쩌면 복받을 수 없는 사람으로서 복을 받은 사람입니다. 도저히 복받을 수 없는 몹쓸성격의 소유자였습니다. 간사하고, 거짓말하고… 그런 사람이었습니다. 그러나 계속 다듬어지고, 다듬어지고 다듬어지고 깨달아서 복된 자의 위치에 올라가고 마침내 열두 지파의 자손들에게 그 복을 물려주는 사람이 되었습니다. 창세기 47장 9절에 보면 바로 왕 앞에서 그는 이렇게 자신의 일생을 회고하고 있습니다. "내 나그네길의 세월이 일백삼십 년이니이다. 나의 연세가 얼마 못되니 우리 조상의 나그네길의 세월에 미치지 못하나 험악한 세월을 보내었나이다." 백삼십 세가 되어 자기인생을 돌아보니 허무한 것입니다. 뭔가 많이 잘못 살았습니다. 이제 오로지 하나님의 은혜에 감사하면서 이렇게 고백하고 있습니다. 사람마다 마음의 고향이 있습니다. 그 고향에 가기를 좋아합니다. 그런데 고향이란 마음에 두는 것이 좋습니다. 제가 몇달 전 52년만에 처음으로 고향을 가보았습니다. 한바퀴 죽 돌아보았습니다. 옛날 우리 살던 집, 무너지고 다시 지었습니다. 예배당이 있던 곳, 내가 다니던 초등학교, 벌거벗고 헤엄치던 냇물가… 죽 돌아보면서 여러 시간 생각에 잠겨보았습니다. 그래서 얻은 결론이 뭔지 아십니까? 안보았으면 좋을 뻔했습니다. 너무 실망했습니다. 그럴 수가 없다 싶었습니다. 그옛날 어렸을 때는 지금도 생각할 때 한 15분내지 20분 걸어야 교회 간다… 그 정도로 생각했습니다. 그렇게 멀다고 느껴졌습니다. 그런데 이번에 가보니 5분도 안걸립디다. 거기서 거기더라고요. 왜 그렇게 작아졌는지. 내가 커졌는지 고향이 작아졌는지 모르겠습니다. 에스키모족은 고향이라 하면 으레 드넓은 설원(雪原)과 모닥불을 떠올린다고 합니다. 중국사람들은 고향이라 하면 으레 소나무숲과 대나무숲, 그리고 매화꽃이 있는 풍경을 생각한다고 합니다. 미국사람들은 넓은 호수와 언덕 위에 있는 통나무집을 생각한다고 합니다. 우리 한국사람들은 동구밖에 서 있는 미류나무와 초가집을 생각합니다. 마음의 고향입니다. 그러나 진정한 마음의 고향은 그러한 외적인 것이 아니라 아버지와 어머니, 할아버지와 할머니로 각인된 가정입니다. 여러분에게 묻습니다. 여러분은 아버지 어머니에 대하여 어떤 인상을 가지고 있습니까? '어머니' 하면 무엇이 생각납니까? '아버지' 하면 첫째로 떠오르는 것이 무엇입니까? 그것이 마음의 고향입니다. 나이들면 들수록 옛날생각이 많이 납니다. 여러분은 무엇을 생각하고 있습니까? 세계적인 CEO(Chief Executive Officer)들을 50명 선발하여 연구해본 바로는 그들에게 큰 공통점이 하나 있다는 것입니다. 다들 어렸을 적 기억이 좋은 사람들이라는 것입니다. 마음의 고향이 아름다운 사람들입니다. 그것이 오늘날 CEO가 되게 했다는 것을 알아야 합니다. 어렸을 적 기억이라고는 술취해 들어와 어머니를 구타하는 아버지에 나 죽여라 하고 아버지와 싸우는 어머니… 이렇게 나쁜 것이라면 이 사람이 어떻게 될 것같습니까. 이걸 생각하여야 합니다. 마음의 고향, 그것이 한평생 우리를 인도하고 우리의 가치관이 되고 세계관이 되는 것입니다. 복에는 받은 복, 상속받은 복이 있고 내가 얻어야 하는 복이 있습니다. 상속받은 복은 있는데 내가 그것을 깨닫고 감당하지 못한다면 내 복이 될 수가 없습니다. 받아들이는 복이 있고, 또한 물려주는 복이 있습니다.

야곱은 할아버지 아브라함, 아버지 이삭으로부터 많은 복을 물려받았습니다. 아시는대로 이 복은 양도 아니고 소도 아니고 물질이 아니고 집이 아닙니다. 분명히 말하건대 아브라함의 하나님, 그 믿음을 물려받은 것입니다. 한평생 복을 배우고 깨닫고, 그리고 물려주어야 했습니다. 얼마전 미국에서 '갑부들의 아름다운 반란'이라는 것이 있었습니다. 상속세 폐지에 반대하는 시위였습니다. 백만장자들이 모여서 벌인 시위입니다. 이거 상상할 수 없는 일 아닙니까. 남이 그런다면 몰라도 백만장자 자신들이 상속세 폐지를 반대한 것입니다. 우리네의 한다하는 사람들 보면 어떻게든지 탈세를 해서 자식들에게 상속시키느라 몸부림치다가 망신들 합니다. 그런데 그 사람들은 상속세 물리는 것 하지 말자고 하는데 그거 안된다, 한 것입니다. 세금을 많이 물려야 한다, 한 것입니다. 그야말로 아름다운 반란이 아닙니까. 부시대통령이 선거공약으로 내걸었던 상속세 폐지를 추진할 때 억만장자 120명이 모여서 상속세 폐지는 안된다고 입을 모아 주장을 하고 나섰습니다. 우리가 보기에는 꿈같은 얘기지요. 올림픽 금메달리스트의 자식이라하여 자동적으로 금메달리스트가 되는 것은 아닙니다. 학자의 자식이라고 그대로 학자가 되는 것이 아닙니다. 재벌의 자식이라고 재벌이 되는 게 아니다, 그 말입니다.

왜요? 부가 절제 없이 세습되면 나라가 망하기 때문입니다. 자본주의의 가장 장점인 기회와 경쟁이 없어진다면 미국산업은 무너질 거라고 예언합니다. 그런고로 안된다는 것입니다. 기회는 누구에게나 똑같이 주어져야지 돈있는 집 자식이라고 그냥 주어져서는 안된다는 것입니다. 그러면 회사도 나라도 세상도 다 망한다는 것입니다. 이 얼마나 놀라운, 또 강한 웅변입니까. 자, 아브라함의 하나님, 아브라함의 하나님, 큰 믿음입니다. 위대한 믿음입니다. 아브라함은 믿음의 사람입니다. 그 믿음을 유산으로 야곱이 물려받았습니다. 이제 물려받았으면 이것을 지켜가야 할 것 아닙니까. 그 물려받은 복을 받을만한 사람으로 키워져야 되지 않겠습니까. 그래서 그는 복을 받았습니다. 분명히 아버지 이삭으로부터 복을 받았습니다. 축복기도를 받았습니다. 그런데 복받자마자 집에서 쫓겨납니다. 그 어머니의 사랑을 받으며 살던 단란한 집에서 낯선 곳으로 추방당합니다. 본래 그는 내성적인 사람이고, 집 안의 사람이었다고 성경은 말씀합니다. 야성적인 사람이 아닙니다. 그런데 들로 쫓겨나고, 생전 가보지 못한 낯선 곳으로 그는 혼자서 여행을 하게 됩니다. 이제 어디로 가야 하며 누구를 만나며 만나면 저가 나를 반겨줄 것인지 어찌할지, 내 운명은 어떻게 될는지, 답답하고 괴로운 중에 60km를 가다가 해가 져서 돌베개 하고 광야에서 잠을 잡니다. 그때 하나님께서 그에게 나타나십니다. 여기서 그는 깨닫습니다. 조상의 하나님이 내 하나님이라는 것을, 아브라함의 하나님이 오늘은 내 하나님이라는 것을 깨닫습니다. 하나님을, 그 하나님에 대한 신앙을, 하나님과의 관계를 물려받습니다. 분명히 십계명은 가르칩니다. 너희가 내 계명을 지키면 네 복을 수천 대까지 이르게 할 것이다, 그러나 계명을 범하면 3,

4대까지 벌을 내리겠다—성경이 주는 말씀입니다. 복은 물려받습니다. 분명히 물려받는데, 그러나 이 물려받은 것을 오늘 이 시간 확인하고 아브라함의 하나님을 내 하나님으로 깨닫게 됩니다. 그뿐입니까. 아브라함에게 '이 땅을 너와 네 후손에게 주리라'하시던 그 하나님께서 나타나시어 '너 누운 땅을 내가 너와 네 후손에게 주리라'고 꼭 같이 말씀하십니다. 복이 그대로 이어집니다. '또 내가 너와 함께 있으마. 어디로 가든지 내가 너와 함께하리라.' 아브라함에게 말씀하시듯이 오늘 야곱에게 같은 말씀을 하십니다. 야곱은 아브라함만 못합니다. 아브라함 만큼 훌륭한 사람도 아닙니다. 아직은 아닙니다. 그러나 아브라함에게 약속하신 것을 그대로 이 후손에게도 말씀하시는 것입니다. 그리고 '반드시 다시 이 자리로 돌아오게 하리라. 네가 낯선 땅 하란으로 가고 있지마는 너 누운 땅 바로 이 자리로 내가 돌아오게 하리라'하십니다. 보장해주십니다. 야곱은 이에 감격합니다. 그런고로 하나님께서 여기 계신 것을 내가 몰랐구나, 하늘의 문이로다, 하여 기름을 붓고 하나님 앞에 경배하는 장면이 나옵니다. 이제 그가 아브라함의 하나님을 바로 내 하나님으로 그렇게 상속받는 시간입니다. 그래서 복된 자 된 정체의식을 바로 세우게 됩니다.

듀크(Duke)대학의 기독교교육학 교수 존 웨스터호프(John Westerhoff)의 저서에 「Bring up Children in the Christian Faith」라고 하는 책이 있습니다. 「기독교 신앙 안에서 자녀를 양육하라」입니다. 이 책에서는 다음과 같은 신앙의 단계를 말합니다. 첫째단계는 '귀속적 신앙'이라는 것입니다. affiliative faith, 귀속적 신앙, 깊이 생각하여야 합니다. 어렸을 때 자신이 독립적으로 믿음을 가지는 게 아닙니다. 말을 배울 때 벌써 하나님을 가르칩니다. 기도를 가르칩니다. 성경을 가르칩니다. 성경 읽는 법을 가르칩니다. 예배하는 법을 가르칩니다. 귀속된 것입니다. 그런고로 마음에 어렸을 때 이런 교육을 받았다는 것은 얼마나 중요한지 모릅니다. 얼마나 큰 복입니까. 우리어머니는 늘 성경을 읽으셨습니다. 나를 위해서만 읽으신 것은 아닙니다. 제 옆에서 내가 잠잘 때 성경을 읽으셨습니다. 그때 들었던 성경이 내가 읽은 성경보다 더 많은 것같습니다. 얼마나 깊이깊이 기억되어 있는지 모릅니다. 읽으시다말고 "너 이거 무슨 말씀인지 알겠느냐?" 묻고 말씀도 해주셨습니다. 이런 귀속적 신앙이 제게 있습니다. 제가 초등학교 다닐 때입니다. 아마도 3, 4학년 때쯤 인 것같습니다. 제가 장난이 심했습니다. 교회에 그때는 아동예배, 아이들의 예배가 있고, 또 어른예배가 있었습니다. 아이들의 예배는 9시, 어른예배는 11시였는데 우리 어머니는 제게 요구하기를 아이들의 예배도 참례하고 어른예배도 참례하라는 것이었습니다. 다들 어른인데 나 하나만 아이였습니다. 거기에 참례했습니다. 어머니에게 효도하는 마음으로 꼭 참석을 했습니다. 어느날 날씨가 좋은 겨울날이었습니다. 스케이트 타기에 좋은 날이었습니다. 제가 스케이트를 잘타고 좋아했거든요. 스케이트장이라는 것이 실내가 아니고 들판이었습니다. 거기에 가고 싶어 못견디겠어서 아동예배만 드리고 빠져나가 거기에를 갔습니다. 그랬는데 그 좋던 날씨가 변해서 눈이 오기 시작합니다. 어머니가 어떻게어떻게 수소문해서 거기까지 찾아오셨습니다. 지금도 기억합니다. "선희야!"하고 소리지르십니다. 그래 어머니 앞에 갔더니 추궁하십니다. "어째서 여기 왔느냐?" "아동예배는 다 드렸는데요." "어른예배에도 참례해야지. 주일을 그렇게 지켜서야 되느냐.가자!" 무조건 저를 붙들고 가십니다. 교회 들어갔더니 이미 3장찬송 부르고 예배 끝났습니다. 그래도 그 기억은 제게 너무도 큰 인상을 남겼습니다. 제가 미국가서 공부할 때 부족한 영어 실력으로 공부하느라 좌우간 열심이었지만 주일날만은 예외였습니다. 숙제도 많고 책읽을 것도 많고 바쁘지만 주일날에만은 절대로 공부를 하지 못했습니다. 어머니의 "주일날은 딴일 안된다. 주일을 거룩히 지켜라"하신 저러한 '귀속된 신앙' 덕분입니다. 여러분도 주일날 아이들 보고 공부해라, 하지 마십시오. 아이들은 공부가 일이거든요. 우리는 지금 자녀들에게 무엇을 주고 있습니까? 귀속적 신앙이라는 이 단계가 있습니다. 고등학교에서 청년까지는 탐구적 신앙이라는 것이 있습니다. 한번쯤 반항을 해봅니다. searching faith입니다. 이 생각 저 생각 하고, 독립되기 위해서, 신앙의 독립을 위하여 방황하는 이런 단계가 있습니다. 경험도 많이 하게 됩니다. 그 다음에는 mature faith, 성숙한 신앙에 도달합니다. 이것은 내 신앙입니다. 아브라함의 하나님, 나의 하나님—이건 내 하나님입니다, 이제부터. 이게 성숙한 신앙입니다. 하늘의 문이 열립니다. 야곱은 큰 시련을 통하여, 많은 환난과 고통과 역경과 배반과 배신과 사건을 통해서 점점 점점 성숙해갑니다. 나의 하나님을 확실하게 알게 되고 섬기게 되고, 또 그 하나님을 다시 열두 지파에게 물려줍니다. 거기서 요셉이 나오고 모세가 나오는 것입니다. 그렇습니다. 내가 물려받은, 상속된 믿음이 있습니다. 그런가하면 내가 물려주어야 할 것이 있습니다. 그것이 무엇인지를 생각하여야 합니다. 여러분은 다 그 누구의 자손입니다. 그러나 머지않아 또 그 누구의 조상이 됩니다. 어떤 복을 물려받았는지는 이제 묻지 않겠습니다. 그러나 여러분의 후손들은 장차 여러분을 어떤 아버지 어머니로 기억할 수 있을 것같습니까? 여러분은 지금 무엇을 물려주고 있습니까? 그까짓 집 한 채? 돈 몇억 원? 그런 것이 무슨 대수입니까. 잘못하면 자식 망칩니다. 모름지기 아주 귀한 아브라함의 하나님을, 하나님께 대한 신앙적인 바른 자세, 바른 가치관, 바른 행복관을 물려주어야 합니다. 그런 거룩한 유산을 물려주어갈 때 이 땅이, 이 민족이 복을 받게 될 것입니다. △

원초적 교회의 속성

사람마다 두려워하는데 사도들로 인하여 기사와 표적이 많이 나타나니 믿는 사람이 다 함께 있어 모든 물건을 서로 통용하고 또 재산과 소유를 팔아 각 사람의 필요를 따라 나눠 주고 날마다 마음을 같이 하여 성전에 모이기를 힘쓰고 집에서 떡을 떼며 기쁨과 순전한 마음으로 음식을 먹고 하나님을 찬미하며 또 온 백성에게 칭송을 받으니 주께서 구원받는 사람을 날마다 더하게 하시니라

(사도행전 2 : 43 - 47)

원초적 교회의 속성

미국 노스캐롤라이나에 샬롯이라고 하는 도시가 있는데 거기에 갈보리교회라고 하는 교회가 있고, 거기 영국 옥스퍼드대학에서 박사학위를 받은 이 글랜 와그너(E. Glan Wagner)라고 하는 목사님이 계십니다. 유명한 분인데 이 분이 아주 특별한 제목의 책을 썼습니다. 「Escape from Church Incorporated(교회주식회사로부터의 탈출)」이라고 한 책입니다. 여러분은 이런 말 들어보았습니까? 제가 며칠 전에 아주 재미있는 얘기를 하나 들었습니다. 믿지 않는 분이 우리 교회 교인을 한 분 만나서 이러더랍니다. "내가 돈을 몇백 억 낼 텐데 그 곽목사님 나한테 줄 수 없습니까? 교회를 하나 세워가지고 그 분을 모셔오면 그 기업이 잘될 거같은데…" 그래서 나 은퇴한 다음에 가면 어떨까, 농담을 좀 했었습니다. '교회주식회사'—어떻게 들려집니까? 교회의 속성과 모습이 변해가는 데 대한 답답함과 괴로움을 이렇게 호소하고 또 일깨워주는 책입니다. 이 분이 신학대학을 졸업하고 첫번으로 부임할 교회에 갔을 때 교회의 대표격인 사람이 나와서 이 분 보고 이야기하기를 "이제 당신은 향후 6년 동안에 진행될 전략계획을 수립해야 합니다. 최고경영자로서 진행할 20개 사업의 목표를 여기에 아주 명확하게 써놓았습니다. 참고하십시오" 하고 말하는 것이었습니다. 그 소리 듣고 이 목사님은 정신이 하나도 없었다, 합니다. '내가 지금 어디에를 왔나? 내가 무엇을 위해서 여기 왔는가?' 깜짝놀랐다는 것입니다. 그 교회의 대표가 이 목사님에게 요구하는 것은 은혜가 아닌 이익이요, mentoring이 아닌 경영이요, 양육이 아닌 숫자요, 사역이 아닌 관리요, 사람이 아닌 프로그램이요, 그리고 목자가 아닌 사장으로서의 일이었던 것입니다. 그런 것을 해달라고 부탁하는 것이었습니다. 이 분은 너무도 큰 충격을 받고 마침내 「교회주식회사로부터의 탈출」이라는 책을 쓰게 된 것입니다.

마태복음 16장 18절에 보면 예수님께서 베드로의 신앙고백을 들으시고 하신 말씀이 있습니다. '내 교회를 내가 세우리라'—원문상으로는 이 말씀임이 확실합니다. '내 교회를 내가 세우리라.' 그 깊은 뜻을 잠시도 잊어버려서는 안됩니다. 예수님의 교회를 예수님 자신이 세우시고, 또 그가 지켜가시는 것입니다. 그리고 주님께서 그 교회에 함께하시는 것입니다. 마태복음 18장 20절에 보면 "두세 사람이 내 이름으로 모인 곳에는 나도 그들 중에 있느니라"하고 주께서 말씀하십니다. 오늘 주의 이름을 불러 찬양을 합니다. 주의 이름을 불러 기도합니다. 주의 말씀을 전합니다. 바로 여기에 '내가 있으리라'하고 주님 말씀하십니다. 주님 계셔서 교회입니다. 사도행전 9장 4절에 나타난 바는 단순한 사건같아보이지마는 이 사건 속에는 엄청난 신학적 의미가 있을 뿐더러 역사를 바꾸어놓는 의식전환이 있습니다. 사도 바울이 예수믿는 사람들을 핍박하고 스데반을 죽이는 데 가담하고 또 다메섹으로 예수믿는 사람들을 체포하기 위해서 가는 길입니다. 다메섹 가까이 왔을 때 예수님께서 친히 나타나십니다. 부활하신 예수님께서 나타나셨습니다. 그리고 길을 딱 막고 말씀하십니다. "네가 어찌하여 나를 핍박하느냐." 이 한마디 말씀이 사울을 사도 바울로 만든 것입니다. 이 말씀 한마디가 역사를 바꾸어 놓은 것입니다. '어찌하여 나를 핍박하느냐.' 바울은 교회를 핍박했습니다. 어디까지나 교회를 핍박했지 예수님을 상대로 핍박한 것은 아닙니다. 부활하신 예수님을 어떻게 핍박하겠습니까. 그런데 예수님께서는 그 핍박받는 교회와 당신자신을 identify하신 것입니다. 동일시하십니다. "네가 어찌하여 나를 핍박하느냐." 여러분, 교회를 환영하는 것이 그리스도를 환영하는 것이요 교회를 핍박하는 것이 바로 그리스도를 핍박하는 것이라는 것, 아주 중요한 문제가 여기에 있는 것입니다. 사도 바울은 거기서 깜짝놀라고 생각을 확 바꿉니다. 그리하여 그 그리스도를 위하여 한평생을 살게 됩니다.

　오늘본문에 보면 초대교회, 아주 원초적 교회의 모습이 잘 나타나 있습니다. 가끔 저는 목사님들 모이는 세미나에 강사로 초대받아 갈 때가 많습니다. 많은 목사님들이 이상하게도 평범하고도 또 중요한 질문을 합니다. "어떻게 하면 교회가 부흥되겠습니까?" 저는 거기에 긴 이야기를 하지 않습니다. "교회로 교회되게 하라. 그러면 교회가 부흥할 것이다. 교회를 부흥시키려고, 숫자적으로 늘리려고 애쓸 필요 없다. 교회는 교회 자체가 생명력을 가지고 있기 때문에 어떻게 하면 보다 더 순수한 교회, 보다 더 원초적인 교회로 갈 것이냐에 초점을 맞추고, 보다 더 순수한 교회가 되게 하는 거기에 중점을 둠으로써 교회의 순도가, 순수성이 초대교회로 가까이 가면 교회는 자동적으로 부흥하는 것이다. 그 누구가 부흥시키는 것이 아니다." 이렇듯 강력하게 저는 주장합니다. 교회가 어디입니까. 그리스도께서 계신 곳이요 그리스도의 말씀이 있는 곳입니다. 오늘 어려운 신학적 용어를 하나 쓰겠습니다. 그것은 바로 '말씀이 성육신 된 교회'입니다. 말씀이 육신이 되어 우리 가운데 오셨습니다. 사람이 되어 오셨고 문화 속에 오셨고, 오셔서 십자가를 지셨습니다. 그 예수께서, 그 말씀이 오늘은 교회라고 하는 옷을 입고, 교회로 성육신되어

현존하시는 것입니다. 그것이 교회입니다. 그러므로 교회에는 중요한 문제가 이것입니다. 말씀과 성령입니다. 그리스도의 말씀이 바르게 선포되고 성령의 역사가 함께하면 건물이 있건없건 그것이 교회입니다. 가끔 어떤 분들이 제게 묻습니다. "북한에 교회 있나요?" "있지요." "교회가 몇 개나 있나요? 교인이 몇 명이나 있나요?" 그래서 제가 "당신이 생각하는 교회는 주일날 11시에 모여서 예배보는 그 교회인 모양인데 그리스도께서 보시는 교회는 그게 아닙니다. 그와는 아무 상관이 없습니다." 여러분, 물론 교회 있지요. 그리스도께서 계신 곳에 교회 있지요. 그런데 문제는 이것입니다. 하나님의 말씀이 없으면 어떤 사람이 모여서 어떤 행사를 한다 하더라도 그것은 하나의 신비주의에 불과합니다. 주관적 신비주의의 공동체일 뿐입니다. 그런가하면, 말씀은 있는데 성령이 없으면 그건 지극한 이성주의에 불과합니다. 이것을 가리켜 흔히 말하기를 institutional Church라고 합니다. 자, 이제 아주 말라버린 지식만이 있습니다. 그것은 교회가 아닙니다. 말씀이 있고 성령이 있고 객관적 계시가 있고 주관적 계시가 함께 있어서 주님께서 친히 교회를 통하여 많은 사람을 부르시고 많은 사람을 만나주시고 많은 사람을 중생케 하시고 구원하시는 것입니다. 주님께서 친히 역사하시는 것입니다. 이것을 잊지 말아야 합니다. 살아계신 그리스도, exalted Christ, 십자가를 지시고 영광받으신 그리스도, 부활하신 그리스도께서 영으로 오늘 우리 가운데 계셔서 교회는 교회되는 것입니다. 특별히 사도행전적 교회, 그 케뤼그마적 교회라는 것은 바로 여기에 있는 것입니다. 여러분, 다시한번 생각해봅시다. 예수님께서 세상에 계실 때 많은 말씀을 하시고 많은 병자를 고치시고 많은 이적을 나타내셨습니다. 그의 말씀하시는 바에 감동되고 그가 베푸시는 이적을 보면서 깜짝깜짝 놀라고… 그래서 결과가 어떻게 됩니까. 누가 병이 나았느냐, 누가 죽었다 살아났느냐… 그것은 그리 중요하지 않습니다. 중요한 것은 이 모든 사건 속에서 예수가 누구시냐 하는 것을 알기 시작하는 것입니다. 처음에는 병고치시는 의사로, 그 다음에는 능력을 나타내시는 분으로, 그 다음에는 귀한 하나님말씀의 해석자로, 이렇게이렇게 그리스도께 대한 이해가 점점 나아가다가 마침내 '주는 그리스도시요 살아계신 하나님의 아들이시니이다'하는 데까지 도달하는 것입니다. 그 말씀과 그 사역, 그 이적을 보면서, 그 표적을 보면서 그 표적의 본체가 되시는 예수 그리스도를 알아보게 됩니다. 그래서 'What'이 아니고 'Who'입니다. 무엇을 하였느냐가 아니라 그가 누구냐 하는데 초점을 맞추게 됩니다. 그리하여 '예수는 살아계신 그리스도시요 우리와 함께하시는 분이다, 만왕의 왕이시다, 만 주의 주가 되신다' 하는 고백을 하게 됩니다. 그것이 교회입니다

오늘본문은 그것의 연장선에서 말씀합니다. 뭐냐하면, 이제는 예수님께서 부활승천 하셨는데 영으로 오시어 역사하시게 될 때 사도들을 통해서 표적이 나타났습니다. 사도들이 말씀을 전할 때 권세가 있고, 사도들이 병자에게 손을 얹을 때 병이 나았습니다. 나면서부터 앉은뱅이된 사람을 벌떡 일으킵니다. 이런 사건들이 이루어집니다. 이같은 표적을 통하여 그들은 또 생각합니다. 그 이적이 희한하다든가 놀랍다든가 하는 것은 중요한 게 아닙니다. 저게 누구냐, 이것입니다. 저 사람이 베드로가 아니냐, 갈릴리어부가 아니냐, 이것입니다. '어떻게 저 사람이 저런 역사를 이룬단말이냐. 옳거니, 베드로 저분은 그리스도와 함께 계셨고 그리스도께서 선택하신 분이

요, 그리스도의 영이 함께하시는 분이요, 그리스도의 말씀이 그 입에 함께하고 있다'하는 것을 알게 됩니다. 그런고로 베드로, 그 인간적인 존재, 그 누구냐, 그 과거가 어떠냐, 상관없습니다. 전혀 상관없습니다. 여러분, 교회에 나와서 교역자를 볼 때 혹 교역자의 인물이 어떠냐, 키가 어떠냐, 학벌이 어떠냐… 그런 쓸데없는 생각 하지 마십시오. 그런 생각 하는 그 순간 거기는 교회가 아닙니다, 벌써. 어떤 사람은 참 짓궂게도 목사님한테 책을 하나 사다드렸다고 합니다. 그리고 다음 주일날 가만히 보았더니 그 책 안보았더랍니다. 이따위 생각이나 하고 있는 사람, 그 사람이 출입하는 곳은 교회가 아닙니다. 분명히 알아야 합니다. 그리스도의 영이 계셔서 말씀이 나타나고 성령이 나타납니다. 그리하게 될 때 교회가 교회되는 것입니다. 그리스도께서 함께하시고, 사도들과 함께하시고, 사도들을 통하여 역사하시고… 그때에 많은 사람들이 한마디로 말하면 그리스도의 말씀을 듣기 위하여, 그리스도의 영을 체험하기 위하여 교회로 모여들게 됩니다. 그래서 오늘본문에 보니 "사람마다 두려워하는데"라고 하였습니다. 이것은 심판을 두려워한 것도 아니고 벌을 두려워한 것도 아니고 저주를 두려워한 것이 아닙니다. "사람마다 두려워하는데"—무엇입니까. 교회는 우리가 찾아들 때 두려워하는 마음이 있어야 합니다. 경건이 있어야 합니다. 경건이 떠나면 교회가 아닙니다. 요새 어떤 교회 보면 난장판이 돼가지고 있습니다. 유흥장이지 교회인지 알 수가 없습니다. 잘못된 것입니다. 교회는 경건하여야 됩니다. 신령한 두려움이 있어야 됩니다. 여기는 주님 계신 곳입니다. 주님의 말씀이 있는 곳입니다. 주님을 만나는 곳입니다. 내 기도가 응답되는 곳입니다. 그런고로 경건한, 신령한 두려움이 있는 곳입니다. 동시에 사도들의 가르침을 받았다고 하였습니다. 배우는 곳입니다. 알고보면 사도라는 사람들이 갈릴리어부들입니다. 그로부터 무엇을 배운다는 것입니까. 그들에게 학벌이 있습니까, 지식이 있습니까, 과거실적이 있습니까. 다만 예수님과 3년 동안 동사동역 했다는 것뿐, 그밖에는 아무것도 없습니다. 그러나 오늘 분명히 그리스도께서 저 사도들과 함께하신다는 확증을 얻고 그들을 통해서 가르침을 받습니다. 계속적으로 가르침을 받습니다. 그 가르침을 받고는 바로 섬기게 됩니다. 봉사하게 됩니다. 초대교회에 현재 살아계신 그리스도의 영을 받아 그들은 섬김의 사람이 되었습니다. 그렇게 바꾸어졌습니다. 오랫동안 예언해오던 하나님의 말씀이 예수 그리스도의 사건 속에서 성취되고, 다시 예수 그리스도로 말미암아 약속해주신 재림의 날을 기다리면서 그들은 아무런 두려움도 없었습니다. 오직 사도들을 두려워했고 교회를 두려워했습니다. 신령한 역사를 두려워했습니다. 이 세상을 향해서는 아무것도 두려워하는 것이 없었습니다. 죽음도 문제가 아니고 핍박도 문제가 아니었습니다. 그 담력, 그 충만함, 이게 교회의 본체입니다. 감사와 찬양으로 충만했습니다. 더없이 감사, 찬양하는 동안에 생각이 확 바뀌어버렸습니다. 그것은 바로 자기이기심에 대한 극복이었습니다.

신학자 데이비드 그리핀(David R. Griffin)이 「God and Religion in Postmodernism」이라고 하는 저서에서 현대인을 가리켜 '상대주의에 노예가 된 사람들'이라 하였습니다. 절대규범이 없습니다. 또 '허무주의에 빠져 있는 사람들'이라 하였습니다. 최종적 의미가 없습니다. 또한 물질주의에 노예가 되어서 하나님 대신 물질을 따라가고 있더라, 합니다. 또하나는 '군국주의'입니다. 힘을 믿고 있습니다.

권력이 모든것에 우선한다고 착각을 하고 있습니다. 또하나는 '신부족주의'라고 하였습니다. 평등을 외치면서 당을 짓고 자유를 외치면서 속박하는 사람들입니다. 이것이 현대인이라고 하였습니다. 그렇습니다. 교회는 이로부터 탈출하여야 됩니다. 그리고 이웃에 대한 필요를 보기 시작합니다. 그래서 프랑스의 유명한 가톨릭신학자 데이야르 드 샤르뗑은 그리스도인의 3대 덕목을 이렇게 말합니다. '기독교인이냐 아니냐는 결과적으로 이것에 의하여 평가된다. purity, charity, self-denial이 그것이다.' purity, 순결입니다. 죄악세상에 살면서 죄악에 물들지 않고 악한 세상에 살면서 악해지지 않는 것입니다. 모든 사람의 미움을 받아도 나는 사랑하고 있습니다. 순수한 마음으로 자기정절을, 순결을 지켜가는 것입니다. 그리고 charity, 사랑입니다. 예수님 친히 말씀하십니다. '너희가 서로 사랑하면 너희가 내 제자인 줄 알리라.' 그리스도인의 표지는 사랑입니다. 여러분, 세상 복잡한 것같아도 딱 정리해보면 두 가지 세상이 있습니다. 하나는 빼앗는 세상이요 하나는 주는 세상입니다. 사람도 두 가지 사람밖에 없습니다. 하나는 소유지향적인 사람입니다. 가지고 또 가지고 또 가지고, 그저 가지고 가지다가 아무것도 못가지고 가는 이런 사람이 있는가하면 또하나의 부류는 주는 사람, 베푸는 사람입니다. 한 사람은 언제나 얻는 것을 기뻐하고 삽니다. 소유를 기뻐하고 삽니다. 그러나 한 사람은 베푸는 것을 생각하며 베푸는 기쁨으로 삽니다. 거기에 큰 차이가 있습니다. 공산당—빼앗는 사회입니다. 기독교인의 사회—베푸는 사회입니다. 간단합니다. 공산당이 뭐냐고요? 빼앗는 것이지요. 빼앗기 위해 혁명을 일으키는 것이지요. 못빼앗기 때문에 죽이는 것이지요. 그런 사회가 있습니다. 기독교라는 것은 베푸는 것입니다. 생명도 주고 물질도 줍니다. 뭐든지 줍니다. 여러분, 여러분은 얼마나 그리스도인이 되었습니까? 다시한번 물으십시오. 받는 것이 얼마고 주는 것이 얼마입니까? 교회도 그렇답니다. 주는 교회가 교회입니다. 우리교회는 전체예산의 75%를 밖으로 줍니다. 25%만 우리 교회에서 사용하고 나머지는 다 베풉니다. 다 주어버립니다. 교회에는 재고가 없는 것입니다. 다 주어버립니다. 우리교회가 세계적으로 유명한 교회인 이유는 바로 거기에 있는 것입니다. 그런데 어떤 교회들 보면 교회는 큰 것같은데 예산의 85%를 자기교회에서 사용합니다. 그것은 교회로서의 의미가 없는 것입니다. 얼마나 주느냐, 얼마나 베푸느냐에 따라서 인간도 사회도 교회도 평가되는 것입니다. 교회를 구약으로 돌아가보면 방주라 합니다. 무조건 방주에 들어가야 구원을 받는 것입니다. 교회의 존재적 위치는 절대로 절대성에 있다는 것을 잊지 말아야 합니다. 소망교회는 확실히 하나님의 경륜과 큰 은혜 속에서 세워집니다. 누구도 이 교회를 계획한 사람도 없고 생각한 사람도 없습니다. 다만 주께서 세우셨고 주께서 부흥케 하셨고 주께서 지켜가고 계십니다. 칼뱅은 이렇게 말했습니다. '하나님을 아버지라고 고백하는 사람은 교회를 어머니로 섬겨야 한다.' 교회를 어머니로—많은 의미가 있습니다. 교회를 어머니로 섬길 때 그에게 구원이 있는 것입니다. △

평강이 지키시리라

주 안에서 항상 기뻐하라 내가 다시 말하노니 기뻐하라 너희 관용을 모든 사람에게 알게 하라 주께서 가까우시니라 아무것도 염려하지 말고 오직 모든 일에 기도와 간구로 너희 구할 것을 감사함으로 하나님께 아뢰라 그리하면 모든 지각에 뛰어난 하나님의 평강이 그리스도 예수 안에서 너희 마음과 생각을 지키시리라

(빌립보서 4 : 4 - 7)

평강이 지키시리라

　정신과적인 용어에 '불안장애'라고 하는 말이 있습니다. anxiety disorders라고 하는 것입니다. '장애'라는 것과 '병'이라는 것은 다릅니다. disorders, disease, 이것은 개념이 다릅니다. 다같은 병증이지마는 병이란 지금 진행중에 있는 것입니다. 더 나빠질 수도 있고 호전되어 나을 수도 있습니다. 그 소망을 걸 수 있습니다. 그것이 바로 병이라고 하는 것입니다. 장애라고 하면 병이 멈춘 상태입니다. 병이 진행을 멈추어서 이제는 더 기대할 수가 없게 된 상태입니다. 그래서 우리가 장애자들을 특별하게 사랑하여야 하는 것입니다. 팔에 장애가 왔다―그 팔이, 없던 팔이 생기는 게 아닙니다. 시각에 장애가 왔다―다시 시력이 회복될 가능성이 없습니다. 이런 것이 장애라고 하는 것입니다. 그런데 여기서 지금 말하는 것은 불안장애증상입니다. '불안'이라고 하는 것은 정상적인 사람에게도 있습니다. 걱정되기도 하고, 불안하기도 하고, 스트레스에 시달리기도 하고… 이 많은 정신적 고통과 우리가 정면대결 하여 싸워나가는 것이 한평생의 삶이 아니겠습니까. 그러나 어느 순간에 그만 이 상황이 뒤집히면서 불안에 압도되고 맙니다. 그러면 이 불안에 저항할 수 있는 능력이 다 소실되어버린 상태입니다. 이러면 헤어나지 못합니다. 불안의 노예가 되고, 불안에 완전히 사로잡힌 그런 존재로 살아갑니다. 이것이 불안장애, anxiety disorders입니다. 현대인의 증후군입니다. 이제 또하나의 장애가 있습니다. 그것은 공포장애입니다. 위험이 없다는 것을 알고 있습니다. 생각으로 볼 때는 충분히 이해가 됩니다. 괜찮은 것입니다. 그것을 알면서도 억제할 수가 없습니다. 그러니까 생각과 마음이 따로따로 노는 것입니다. 이성과 감성이 서로 분리되는 시간입니다. 누가 물으면, 또 생각을 하면 아, 거 아무 일도 없는 것입니다. 그러나 불안합니다. 그래서 불안이란 원인을 알 수 없는 고통이라고 합니다. 그렇지 않습니까. 이게 도대체 생각으로 보면 그럴 이유가 하나도 없는데 생각은 생각대로 가슴은 가슴대로 불안에 떱니다. 이것이 공포장애입니다.

또한 공황장애라는 것이 있습니다. 극단적으로 말해서 죽을까 하는 걱정입니다. 모든 상황을 불리한 쪽으로만 생각합니다. 그러면 살길이 없습니다. 세상에 제일 미련한 사람이 죽을까 걱정하는 사람입니다. 이제 오늘저녁에 제가 미국갔다가 토요일날 돌아옵니다. 풀러신학대학에 강의가 있어서 해마다 이때쯤 가야 되는데 어떻게들 소문을 듣고 나한테 가지 말라 하는 전화가 많이 옵니다. "왜요?" 그랬더니 "죽으실까봐요." "아, 그래요? 나는 죽을까봐 걱정해본 적이 없습니다. 앞으로도 아니할 것입니다. 왜요? 죽을 것이니까. 아니, 죽을까 걱정해서 안죽는다면야 걱정해봅시다, 까짓거. 하지만 다 죽을 것이고 다만 시간문제인데 뭐 그렇게 그럴 게 있소?" 이렇게 대답을 했습니다. 그리고는 농담 겸 진담으로 말했습니다. "저는 장로교목사입니다. 예정론을 믿거든요. 그런고로 No problem." 미국에서까지 전화가 왔습니다. 정말로 올 거냐. "가고말고." 그랬습니다. 이런 얘기가 있습니다. 젊었을 때 제가 수필에서 읽은 것인데 너무나도 제게 많은 생각을 하게 해주어서 기억하고 있습니다. 어느 어촌, 어부가 바다에 나갔다가 풍랑이 심하게 일어서 죽었습니다. 그 아버지를 장례하고 다음날 그 아들이 그 배를 타고 또 바다로 나갑니다. 그걸 보고 동네사람들이 "이 사람아, 자네 아버지가 그 배를 타고 나갔다가 죽었는데 그 배를 또 타고 나가나?"하고 말했습니다. 그러니까 이 청년 반문합니다. "나 한 가지 물읍시다. 당신네 아버지는 어디서 죽었소?" "침대에서 죽었지." "그럼 당신 오늘도 침대에서 자우?" "그럼, 거기서 자지." 그런 것입니다, 생각하면. 여러분, 적어도 우리 믿는 사람이라면 죽을까 하는 걱정은 날려버리세요. 그것 없이 살아야 됩니다. 어떤 일을 하든지 그렇습니다. 아시는대로 제가 지금도 차를 직접 운전해서 경주도 가고 광주도 가고 다 다닙니다. 어떤 분들은 이런 저를 보고 놀라서 "목사님, 아직도 운전을 하십니까?" 합니다. 그래서 내가 말합니다. "그럼 누구를 시켜야 되나?" "운전기사를 쓰셔야지요." "그럼 하나만 묻지. 운전기사를 시키면 사고가 나지 않나? 내 편에서는 오히려 그쪽이 더 불안하구만. 차라리 내가 하는 게 낫지, 안그런가?" 여러분, 불안이라는 것은 끝도 없는 것입니다. 공황장애, 뚝 떼어버려야 됩니다.

또하나, 강박장애라는 것이 있습니다. 자신의 의지와 상관없이 자기자신을 못믿는 것입니다. 그래서 집에 가스불 잠갔나 안잠갔나, 여기 앉아서 걱정하는 사람들이 있습니다. 그래 나가서 전화걸고, 별짓 다합니다. '자물쇠를 잠갔나 안잠갔나?' 내려왔다가 다시 올라가서 만져보고 왔습니다. 또 내려와서는 '가만있자, 잠갔던 걸 내가 열고 내려오지는 않았나?' 또 올라가고… 오르락내리락합니다. 제가 이런 사람을 직접 만나봤습니다. 말해주었습니다. "까짓거 도둑맞고 맙시다." 그래야 헤어날 수 있지 내가 나를 의심하기 시작하면 끝도 없는 것입니다. 하루종일 오르락내리락해보세요, 되나. '까짓거 가져갈 테면 가져가라.' 그러고 말아야지요. 그렇지 않고는 거기서 절대로 자유할 수가 없습니다. 지금 내 이 말 듣고 웃는 사람들, 다 그

전과자들입니다. 한번씩 다 그래본 사람들입니다. 장애, 이건 못고치는 병입니다.

　오늘본문은 평강의 길로 인도하신다고 말씀합니다. 하나님의 평강이 우리의 마음과 생각을 지키시리라, 합니다. 결론부터 말씀하면 우리마음은 우리마음대로 못합니다. 하나님께서 우리에게 평강을 주셔야 평안할 수 있습니다. 하나님께서 우리 마음을 다스려주셔야 됩니다. 그가 우리를 다스리실 때 내가 평안할 수 있는 것이지 나 스스로 평안할 수 있는 것이 아닙니다. 여러분, 평강은 빼앗는 것이 아닙니다. 돈은 벌 수 있어도 평안을 벌 수는 없습니다. 출세를 얻어낼 수도 있지만 평안한 잠을 잘 수 있는 것은 은사입니다. 평강이라는 것은 탈취하거나 쟁취할 수 있는 것이 아닙니다. 싸워서 얻을 수 있는 것이 아닙니다. 전쟁을 가리켜서 불가항적 상황이라고 합니다. 누구나 전쟁은 싫어합니다. 전쟁해서는 안되는 것입니다. 다 죽으니까요. 그래도 그걸 할 수밖에 없습니다. 여기에 우리의 고민이 있습니다. 학자들은 말하기를 전쟁은 passion에서 시작된다고 합니다. 욕망, 끝없는 욕망이 전쟁을 불러일으키고 있다고 말합니다. 그래서 'P'자로 시작되는 몇 단어를 나열합니다. passion for pageantry, 과시욕입니다. 자기과시, 자기능력과시입니다. 우리는 큰 나라다, 우리는 힘이 있다, 우리는 great society다, 하고 나를 특별하게 생각하는 교만이 전쟁을 일으킵니다. 또한 passion for possession, 끝없는 소유욕입니다. 남이야 굶든말든 나는 더 가져야겠다, 해서 가지고 또 가지고 또 가지고… 바로 이 소유욕이 전쟁의 원인이 됩니다. 또 passion for protection — 이제는 빼앗기지 않으려고, 보호하려고 싸웁니다. 생명도 보호하고 재산도 보호하려고 싸웁니다. 또한 passion for profit, 보다 더 많은 이익을 얻기 위해서 싸웁니다. 이익을 위한 전쟁입니다. 또한 passion for patriotism, 애국심입니다. 애국심 위에 인도주의가 있고 인도주의 위에 신앙이 있는 것입니다. 애국심이 전능이 아니요 지존도 아닙니다. 이 집단적 이기주의가 세상을 어지럽히는 것입니다.

그런가하면 진정한 문제는 여기에 있습니다. passion for peace. 정말로 평화를 위해서냐, 다시 물어봐야 됩니다. 정말로 평화를 위해서 싸우느냐? 그 진실을 물어야 할 것입니다. 아우구스티누스는 이렇게 말합니다. '내가 하나님을 발견하기까지는 그 어디서도 참평안을 얻을 수 없었노라.' 하나님을 만나기까지는 절대로 평안은 없습니다. 불안이 환경과 물질과 관계없는 것처럼 평안도 무조건적입니다. 환경이 나쁘다고 불안하던가요? 환경이 좋다고 평안해지던가요? 돈이 있다고 평안하고 없다고 불안하던가요? 그러면 돈이 없으면 다 괴롭던가요? 그런 관계가 있는 것같아보이는데 사실은 관계가 없습니다. 예수님께서 조그만 배를 타고 바다를 건너시는데 풍랑이 일어나 배가 하늘로 올라갔다가 떨어집니다. 제자들이 어부출신들이지만 '아이고, 우리가 죽게 되었습니다'하고 소란을 떱니다. 예수님께서는 그 총중에도 고물에 누우신 채 평안하게 주무십니다. 풍랑속의 고요함입니다. 모두들 죽겠다고 떠드는데도 예수님께서는 편안하십니다. 이 평안은 절대적인 것입니다. 예수님께서는 십자가를 앞에 놓고도 말씀하십니다. '내 평안을 너희에게 주노라. 내가 주는 기쁨은 세상이 주는 것과 다르다.' 세상것과 다릅니다. 주님의 마음에는 바로 십자가를 몇시간 앞에 놓고도 평안함이 있었습니다. 이 절대적 평강, 이것은 하나님께로부터 주어지는 것입니다. 사도 바울은 지금

감옥에 있습니다. 언제 어떻게 죽을는지 모릅니다. 로마에 가면 사도 바울이 순교당한 그 자리에 작은 예배당을 지어놓고 그 유적을 모아놓은 것을 볼 수 있습니다. 다른 사람들은 십자가에 못박아 죽였지만 바울은 로마시민권이 있기 때문에 법적으로 그렇게 하지 못했습니다. 목을 쳐서 죽였습니다. 도마 위에 목을 걸쳐놓고 도끼로 내려찍었더라고요. 사도 바울은 이렇게 순교합니다. 그런 시간이 다 가오고 있습니다. 그러나 거기서 이 편지를 씁니다. '주 안에서 항상 기뻐하라.' 기뻐하라, 그리하면 주의 평강이 너희를 지킬 것이다, 합니다. 여러분, 기쁨이 우선이라는 것을 알아야 합니다. 세상을 보지 마십시오. 하나님과 나와의 관계, 주께서 내 죄를 사하신 것과 내게 약속하신 하나님나라를 보며, 구속받은 자기자신에 대한 축제의 마음이 있어야 됩니다. 이 절대적 기쁨을 얻어야 합니다. 세상이 어디로 가느냐고, 너무 심각하게 묻지 마십시오. 갈 데로 갈 것이니까요. 내 영혼, 구원받은 내 영혼에 대한 축제가 있어야 합니다. 주 안에서 기뻐합니다. 그런고로 그는 감옥에 있으면서도 마음은 기쁨으로 충만했습니다. 그러할 때 주의 평강이 함께합니다. 여러분, 손자손녀 사랑하시지요? 손자손녀들 다 예쁘지요? 그래서 아이들이 할아버지 할머니 사랑을 많이 받고 지냅니다마는 가끔 섭섭할 때가 있는 거 아십니까? 아이들이 제 몸 아프면 꼭 엄마만 찾습니다. 다른 때는 할아버지 할머니 최고라고 하다가 거들떠보시도 않습니다. 오로지 엄마—그렇습니다. 우리영혼은 오로지 그리스도뿐입니다. 그리스도와 만나고, 그리스도와 화평하고, 하나님과 화목된 그 관계, 그 기쁨 속에만이 진정한 평안이 있습니다.

    나아가서는 '관용하라' 하였습니다. 관용의 덕은 일방적인 것입니다. 이해와 인내와 용서를 넘어서서 상대방이 어떻게 하든 내 기쁨으로 저를 덮는 것입니다. 내 만족함으로 저를 덮는 것입니다. 내 충만함으로 저들을 사랑하는 것입니다. 이것이 관용입니다. 관용에는 이유가 없습니다. 내가 즐거우니까 잘해줄 수밖에 없습니다. 그래 내가 농담 겸 진담으로 '주일날은 집에 돌아가서 절대 아이들 나무라지 말라'합니다. 왜요? 내가 오늘 은혜 받았으니까. 좀 꾸중할만한 일이 있어도 '오늘은 주일이다. 내 마음이 이렇게 기쁜고로 너희들을 다 용서한다'합니다. 관용입니다. 그리스도인은 절대적 은혜에 살기 때문에 상대방과 관계가 없습니다. 관용하는 것입니다. 그런고로 원수도 사랑하는 것입니다. 내 만족으로 저들을 다 덮어버립니다.

그리고 세 번째로 바울이 주장하는 평강의 조건은 감사하라는 것입니다. 감사함으로 아뢰라, 기도하되 감사함으로 기도하라, 합니다. 제 목회생활에서 얻은 경험입니다마는 어떤 아주머니가 결혼생활 10년 동안에 참 많이도 고생을 했습니다. 남편이 술을 너무 좋아해서 하루도 맑은 정신으로 집에 돌아오는 날이 없습니다. 그리고 들어오면 또 가끔 행패도 부립니다. 그래 때로 얻어맞기도 합니다. 이걸 참고 살자니 얼마나 힘들겠습니까. 교회 잘나오고 봉사하는 그런 여집사님입니다. 그가 하는 간증입니다. 어느날 남편이 또 술을 먹고 들어와서 토하고 어지럽히는데, 다 정리하고 남편을 깨끗한 자리에 뉘고, 자기도 자기 위해서 옆에서 잠자리기도를 하는데, 기가 막히더랍니다. '어쩌다가 내 신세가 이 모양이 되었나? 내가 이런 짓 하려고 결혼했나? 어찌 내 팔자가 이 모양이냐!' 그리고 "주여, 어찌하여 나는 이 모양입니까?"하고 한참 눈물을 흘리며 기도를 했는데, 기도라기보다는 푸념을 했는데, 성령이 감동하면서 지난 주일날의 목사님설교가 생각나더랍니다. '감사함으로 아뢰라. 아무것도 걱정하지 말고, 감사함으로 아뢰라.' 그래 옳지, 오늘은 내가 감사할 것이다, 하는데, 아무리 생각해도 감사할 일이 없더랍니다. 그래 "하나님 아버지, 감사할 일은 없습니다마는 좌우지간 감사합니다"하고 기도드렸습니다. 일단 감사합니다, 라고 말한 것입니다. 그랬더니 이제 감동이 되는데, 들려옵니다. '그래도 과부보다야 낫지 않느냐.' 저런 거라도 남편이라고 있는 게 없는 것보다야 낫지. 그리고 어느 때에 가면 사람될는지 모르지 않습니까. 그래서 "감사합니다. 저렇게 술을 많이 먹고 다니는데도 제집 찾아 돌아오는 게 신통하고, 저렇게 허구헌날 술을 마시는데도 건강하니 감사하고, 나 예수믿는 거 방해하지 않으니 감사하고…" 한 가지 두 가지, 생각하니 감사할 일이 자꾸 생각나더랍니다. 이렇게 감사하고 기도하고 있는 동안에 얼굴이 환하게 피었습니다. 남편이 목이 말라 눈을 떠보니 아내가 히죽히죽 웃고 있는 것입니다. "술주정뱅이하고 살면서 무엇이 좋아서 웃나?" 남편이 그러더랍니다. "아니에요. 나는 너무나 행복하고 감사해서 웃고 있어요. 들어보세요"하고 그녀는 이래 감사하고 저래 감사하고 그래 감사하고… 죽 나열해나갑니다. 남편이 가만히 있더니 "걱정하지마, 예수믿어줄께" 그러더랍니다. 여러분, 감사함으로 아뢰라, 합니다. 우리가 답답하고 괴로운 거 많습니다. 잠깐 멈추세요. 그리고 감사할 것을 찾아보십시오. 이리 뒤지고 저리 뒤져서 감사할 여건을 찾아 감사함으로 아뢰세요. 감사와 더불어 기도하십시오. 평강의 하나님께서 지켜주실 것입니다. 마음과 생각, 감성과 지성, 지켜주신 것입니다. 생각할 수 없는 벅찬 감격으로 평강의 생활을 살아갈 것입니다. 평강은 환경의존적인 것이 아닙니다. 유명한 심리학자 에리히 프롬은 사람을 두 유형으로 나눕니다. 「The Heart of Man」이라고 하는 그의 저서에서 말합니다. 하나는 necrophilia이고 하나는 biophilia입니다. necrophilia는 죽음을 사랑하는, 죽음지향적 인간이요 biophilia는 생명을 사랑하는, 생명지향적 인간입니다. 여러분, 모든것은 죽음을 지향합니다. 죽음지향으로 생각하면 끝도 없습니다. 이걸 넘어서서 생명지향적으로 살 때, 보십시오. 환경이란 역설적입니다. 어려울수록 더 사랑합니다. 환경이 어려울수록 더 믿음의 사람이 됩니다. 환경을 거슬러서, paradoxically, 역설적으로 —그게 생명입니다.

성도 여러분, 이것을 알아야 합니다. 근심과 불안은 내 병일 뿐입니다. 그것은 장애입니다. 이제 중생함으로 이로부터 벗어나야 합니다. 환경을 묻지 마십시오. 세상의 문제가 아닙니다. 이건 내 마음, 내 영혼 상태의 문제입니다. 평강은 하나님께 있고, 하나님과 나와의 관계에 있고, 그리고 그가 내게 주시는 것입니다. 평강의 하나님께서 우리 마음과 생각을 지켜주실 때 우리는 어떤 형편에서도 그 평강으로 충만한 생을 살아가게 될 것입니다. △

이 좋은 편을 택한 여인

저희가 길 갈 때에 예수께서 한 촌에 들어가시매 마르다라 이름하는 한 여자가 자기 집으로 영접하더라 그에게 마리아라 하는 동생이 있어 주의 발 아래 앉아 그의 말씀을 듣더니 마르다는 준비하는 일이 많아 마음이 분주한지라 예수께 나아가 가로되 주여 내 동생이 나 혼자 일하게 두는 것을 생각지 아니하시나이까 저를 명하사 나를 도와 주라 하소서 주께서 대답하여 가라사대 마르다야 마르다야 네가 많은 일로 염려하고 근심하나 그러나 몇 가지만 하든지 혹 한가지만이라도 족하니라 마리아는 이 좋은 편을 택하였으니 빼앗기지 아니하리라 하시니라
(누가복음 10 : 38 - 42)

이 좋은 편을 택한 여인

　인생을 3등급으로 나누어볼 수 있다고 합니다. 이제 등급을 좀 나누어볼 터인데 여러분 자신은 몇 등급에 속하는지 스스로 판단하시기를 바랍니다. 그 결과나 성과, 업적에 따라서가 아니고 동기와 자세에 따라서 사람을 나누어 평가할 수 있겠습니다. 3등급부터 시작합니다. 과거에 매여 현재에 사는 사람을 말합니다. 이미 행한 자기의 행위에 대해 책임을 지기 위해서 만부득이 살고 싶지 않은 생을 살아야 하는 사람들입니다. 흔히 불가(佛家)에서는 이런 것을 업보(業報)라고 말합니다. 우리는 우리 생애 안에서 무엇인가 내가 한 일에 대한 책임을 내가 진다 생각하고 살지마는 불가에서는 숫제 전생에까지 올라갑니다. 그때의 행위에 의해서 오늘 그 값을 받고 살아간다 하는 것이 업보라는 것입니다. 어쨌든 과거에 의해서 삽니다. 과거에 잘못된 것을 뉘우치고 싶지요. 고치고 싶지요. 아예 그저 지우개로 박박 지우고 싶지요. 그렇다고 지워집니까. 호적을 바꿔도 안지워지는 게 과거입니다. 이 과거를 어찌하겠습니까. 그대로 이어가며 오늘을 살아야지요. 과거에 쫓기면서, 후회하며 뉘우치며 반성하며 만부득이 그렇게 살아가는 것입니다. 참으로 피곤한 생을 삽니다. 그렇게 한평생을 마치는, 참으로 유감된 사람들이 많습니다. 2등급은 미래에 매달려 사는 사람입니다. 오로지 미래만, 앞에 좋은 일이 있을 거라고, 미래를 위해서 현재를 투자하는 것입니다. 마치 무지개 좇는 것과 같은 것입니다. 확실하지도 않지만 그래도 미래를 놓고 거기에다 투자를 하는 것입니다. 미래가 없는 현재도 문제지만 현재가 없는 미래도 문제입니다. 그저 앞날을 위해서 오늘은 고생해야 한다, 고진감래(苦盡甘來)다, 와신상담(臥薪嘗膽)이다, 합니다. 앞에 좋은 일이 있을 거라고 전제해놓고 막연하게 불확실한 미래를 바라보며 오늘을, 아주 어려운 고난을 참고참고 견뎌나가는 그러한 것입니다. 이 또한 참 어지간히도 힘든 일이라고 생각합니다. 그러면 1등급은 뭐냐―현재에 만족하는 사람입니다. 예수님께서 어느날 변화산에 올라가셨습니다. 용모를 변화하시는 순간 세 제자는 예수님의 그 영광된 모습을 정면으로 대하게 됩니다. 그들은 이렇게 말하고 있습니다. '여기가 좋사오니 여기 머무르게 해주세요.' 이 사람들을 가만히 생각하니 과거도 없고 미래도 없습니다. '여기가 좋사오니 이대로, 이대로 살게 해주세요.' 심지어는 가족생각도 안하는 것 같습니다. '여기가 이대로 좋습니다'하고 만족해하는 순간을 봅니다. 이것이 바로 1등급 인간입니다.

여러분은 살아온 평생에서 오늘이 제일 행복하다고 생각하십니까? 오늘이 가장 만족스럽다고 생각하십니까? 어쩌면 오늘을 위하여 나는 살아왔다, 라고 생각하십니까? 그렇다면 당신은 1등급 인생입니다. 거기다 하나 더합시다. 이대로 죽어도 좋다, 한다면 특등급 인생입니다. 안그렇습니까. 더 바랄 것도 없고 더 기대할 것도 없습니다. 모든 소원, 아니 그보다 더 큰 것을 이루었기 때문에 이대로 좋습니다. 여기서 더 바랄 것이 없습니다. 이게 특등급 인생입니다. 자녀를 낳아서 키우는 거기에다 한번 비유해봅시다. 여기 지금 자녀 몇을 낳아 키우면서 학비를 대고 그들을 위해서 우리가 수고를 합니다. 이제 3등급 인간은 '낳았으니 키워야지 어떡하나. 그거 하나 안 태어났더면 좋았을 걸. 어쩌다 실수로 그것까지 태어나가지고…' 합니다. 이렇게 무거운 짐으로 지는 것입니다. '낳아놓았으니 키워야 한다. 그럴 수밖에 없다. 내게 준 십자가다'하면서 그 고난을 겪어 나가는 것입니다. 과거에 매인 사람입니다. 그런가하면 자녀를 낳으면서 너무 많은 것을 기대합니다. '이것이 자라서 그래도 내 소원을 이루어주겠지. 언젠가는 효자도 되겠지. 내 말년에 의지도 되겠지'하고 어쨌든 자녀에다가 인생을 걸고 오늘 많은 고생을 하면서 살아갑니다. 이것은 2등급 인간입니다. 그리고 이제 1등급 인간을 봅시다. 과거는 과거대로 좋고, 미래는 하나님께 있습니다. 현재, 너무나도 예쁩니다. 미칠 정도로 예쁩니다. 너무나도 아름답고 예쁩니다. 그들을 볼 때, 그와 이야기할 때, 또 그들을 위해 수고하는 것 그 자체가 행복입니다. 그런고로 감사합니다. 결혼생활도 그렇습니다. 그저 결혼했으니 사는 겁니까? '뭐, 기왕 살았으니 마저 살아야지.' 그것입니까? 그렇다면 그 얼마나 힘든 것입니까. 우스운 얘기입니다만 얼마전에 '아침마당'이라는 TV프로에 96세 할아버지가 나왔습니다. 그 부인은 92세, 결혼 70주년으로 해로하고 자녀가 40여 명인데 자기 앞에서 자녀가 세상 떠나는 것을 하나도 본 일이 없다고 합니다. 참 다복한 사람이지요. 그런데 아나운서가 짓궂게 물어보았습니다. "할아버지, 죽었다 다시 태어날 수 있다면 그때도 지금의 이 부인하고 사시겠습니까?" 그러면 선뜻 그렇다고 대답하면 좋겠는데 아니었습니다. 가만히 있더니 "신중히 생가해봐야겠는데요"합니다. 살기는 살았지만 아니더라고요. 여러분, 이걸 알아야 됩니다. 살았다고 산 것이라 할 수 없습니다. 오늘 당신을 만나도 나는 당신에게 프로포즈하겠습니다―그 마음이라야 됩니다. 사랑은 항상 현재적이어야 되는 것입니다. 과거 때문에 살고 미래 때문에 살고… 아닙니다. 오늘 이대로, 현재로입니다. 자, 오늘 집에 돌아가시거든 배우자 쳐다

보다가 한마디 하십시오. "나는 오늘의 당신을 사랑합니다"라고. 그
것이 아니면 비참한 것입니다. 2등, 3등으로 떨어집니다.

　　형벌 무서운 것이 동기가 되는가하면 보상을 바라는 것이 동기
가 되기도 하며, 존경과 사랑이 동기가 되는 삶이 있습니다. 여러분
은 그 무엇을 지향하고 살아가는 것입니까? 오늘본문에는 두 자매
이야기가 있습니다. 이 두 자매 마르다와 마리아에 대해서는 많은
이야기가 있습니다. 특별히 중세수도원에서는 이 두 인간상을 수도
생활의 모델로 삼았습니다. 그래서 수도원 벽화에는 마르다와 마리
아를 그린 것이 많이 있습니다. 어떻게 대표되는고하니 마리아는 기
도하는 사람입니다. 그래서 마치 백합화와 같이 생각하고, 마르다는
일하는 사람입니다. 그래서 개미와 같이, 개미로 상징하고 있습니
다. 기도와 노동, 이 두 이미지로 나누어 생각하면서 '기도 없는 노
동도 문제이고, 노동 없는 기도도 문제다'하였습니다. '기도만 하게
되면 태만하게 되고, 노동만 하게되면 교만하게 된다. 기도와 노동
을 함께 병행시켜야만 수도생활이 된다.' 그렇게 가르쳤습니다.
U.S.C대학에 샤론 코넬리(Sharon L. Connelly)라고 하는 교수가 있
습니다. 그는 자신이 쓴 책에서 직업정신에 대해서 말합니다. work
spirit, 직업적으로 바로선 사람들, 일과 기도를 바로하는 사람들의
이미지에 대해서 세 가지 특징을 말합니다. 첫째는 일에서 목적의식
이 분명하고 일의 의미를 확실히 알고 살아간다는 것입니다. 두 번
째는 일을 통해서 하나님과 하나가 되어 있음을 확인한다는 것입니
다. 내가 하나님의 일을 하고 하나님께서 나와 함께 역사하시고 나
를 통하여 역사하시는 것을 봅니다. 하나님과 내가 하나가 됨을 일
에서 확인하는 것입니다. 그래서 세 번째는, 소명의식을 통해서 흘

러나는 그 엄청난 에너지, 초인간적 에너지를 발산하며 사는 것이 직업이다, 하였습니다. 바로 현실적인 생활입니다. 현실을 통해서 계속해서 하나님의 사랑을 확인하고, 현재적으로 주신 은총에 감사하며 사는 것이 그리스도인의 모습입니다.

오늘본문의 두 여자, 이 자매가 분명 주님을 사랑했습니다. 주님을 영접했습니다. 그리고 주님의 거룩하신 은혜 앞에 보답하는 모습을 볼 수 있습니다. 신앙고백과 믿음의 자세가 여기서 반영되고 있습니다. 본문에서 보는대로 마르다라고 하는 언니는 예수님을 맞으면서 아마 때가 식사시간이어서 예수님과 그 일행을 위하여 분주하게 음식을 준비합니다. 물질로써 예수님께 대합니다. 그 동생은 예수님 앞에 떡 앉아서 예수님의 말씀을 듣고 있습니다. 존경과 사랑의 마음으로 예수님을 대하고 있습니다. 두 여인이 전혀 다른 각도에서 주님을 섬기고 있습니다. 여기서 문제가 됩니다. 평가기준이란 참으로 어려운 것입니다. 때때로 물질로 대하려고 하는 경우가 있습니다. 사랑을 물질로 표현합니다. 그리고 물질로 보답하려고 합니다. 그래서 눈에 나타나는 것으로, 보이는 것으로, 가시적으로 주님의 은혜 앞에 보답을 하려고 듭니다. 마르다는 예수님을 대접하려고 부지런히 일을 하고 있습니다. 그런가하면 마리아는 물질로 대접하는 것은 없습니다. 그러나 예수님 발치에 앉아서 조용히 예수님의 말씀을 경청합니다. 귀담아듣고 있습니다. 이제 누가 예수님을 더 기쁘게 했느냐입니다. 이것은 참 중요한 문제입니다. 또한 마르다는 예수님께 드리고 있습니다. 마리아는 받고 있습니다. 드리는 것과 받는 것, 어느 쪽이 사랑이냐, 그 말씀입니다. 우리가 초보적으로 생각하면 드리는 편이 사랑인 것같습니다. 그러나 깊이 생각하면 참사랑은 드리는 것이 아니라 감사함으로 받는 것입니다. 여러분, 부모에게 효도하고 싶습니까? 어떻게 하는 것이 효도입니까? 내 일평생 받은 물질이 있어서 거기다 이자를 더해서 드릴까요? 진정한 효자는 자기가 효자라고 생각하지를 않습니다. 내가 효도를 하고 있다는 순간 벌써 효자가 아닙니다. 효가 아닙니다. 그 많은 눈물과 기도와 정성을 어떻게 돈으로 평가할 수 있다는말입니까. 그런고로 갚을 수 있다고 생각하고, 심지어는 그만하면 됐다고 생각하고, 이만하면 효도하는 것이라고 생각합니다. 아니지요. 효를 다하는 사람은 생각합니다. '어찌 그 은혜를 갚을 수 있을까? 나는 항상 불효자다.' 그 마음이 효도인 것입니다. 그런데 사랑을 드리는 것이 아니라 오히려 받는 것이다, 받되 감사함으로 받는 것이다, 그 말씀입니다. 그리고 드리는 사람의 마음에는 꼭 불평이 있습니다. 오늘도 보니 마르다가 예수님을 위해서 음식을 만들면서 불평을 합니다. 왜 나만 일하나? 왜 마리아는 일을 안하는가? 왜 나만 봉사하나? 다른 사람은 왜 안하나? 이런 마음이 오늘도 있습니다. 교회봉사라는 것, 사실 이것은 물리적인 것이 아니거든요. 그러나 우리가 물질을 드리고 시간을 드리고 어느 순간에는 다른 사람을 비평하게 되더라고요. 왜 저 사람은 안하나? 저 사람은 왜 나와 같지 않은가? 여기에 문제가 있습니다. 다른 사람을 비판하는 교만으로 바꾸어지는 것을 볼 수 있는 것입니다.

    마르다는 너무 서둘렀습니다. 오늘본문에 분명히 서두르는 가운데서 자기 페이스를 잃어버리는 것을 볼 수 있습니다. 피에르 상소라고 하는 분이 쓴 「느리게 산다는 것의 의미」라고 하는 책이 꽤 유명한데 한번쯤 읽어볼만합니다. 특별히 성미가 급한 사람들은 더더욱 한번 보아야 됩니다. 오늘 이 세대는 신속한 동작이나 빠른 반응이나 아주 생동감있는, 속도감이 있는 생을 좋아하고 또 그렇게 나가고 있습니다. 그래가지고 엄청난 실책을 범하는 것입니다. 그래서 이 분은 생각합니다. 차라리 느리게 살겠다, 차라리 조용하게, 느리게 사는 것이 좋겠다, 시간의 재촉, 여기에 밀려서 정신없이 살기보다는 좀더 깊이 생각하며 느긋하게 인생을 살아가는 것이 오늘 이 세대에 꼭 필요한 일이다, 생각하는 것입니다. 마르다가 예수님을 위해서 음식을 만드느라고 서둘렀습니다. 서둘러 재촉하는 중에 소중한 것을 잃어버렸습니다. 또한 마르다는 분주하였고, 불만이 있습니다. 마리아는 예수님 앞에서 행복합니다. 듣는 자세로 임하기 때문입니다. 예수님의 마음을 아주 기쁘게 해드렸습니다. 여러분, 부모님께 좋은 옷을, 좋은 음식을, 좋은 여건을… 이렇게만 생각할 것이 아닙니다. 그 앞에 앉아서 듣는 시간이 필요합니다. 그것이 진정한 사랑이기 때문입니다. 그리고 부모님 앞에서 행복하여야 합니다. 저는 아버지로부터 한번 엄격한 교훈을 받았습니다. 밤에 자다가 아무 생각 없이 한숨을 쉬었습니다. 후우, 하고. 아버지께서 문을 땅땅 땅땅 두드리십니다. "왜 그러십니까?" 그랬더니 "무슨 일이 있어서 한숨을 쉬느냐?" 지금 중학생인 내게 무슨 일이 있겠습니까. 아무 일도 없는 것입니다. 아버지는 엄하게 말씀하셨습니다. "부모 앞에서 한숨을 쉬는 것이 막중한 불효인 것을 모르느냐?" 여러분, 부모 앞에서 한숨쉬어서는 안됩니다. 근심띤 빛을 보여서는 안됩니다. 부모님의 말씀을 들으면서 나는 행복하여야 됩니다. 「탈무드」에 보면 현명한 사람에게 있는 일곱 가지 특징을 말합니다. 그 첫째는, 현명한 사람을 만나면 될수있는대로 많은 말씀을 경청해서 듣는다, 합니다. 찾아가서 듣는 것입니다. 두 번째는, 남의 이야기를 가로채지 않는다, 합니다. 가로채서 말하는 사람, 어리석은 사람입니다. 셋째는, 대답하기 전에 깊이 생각한다, 합니다. 설사 부부 사이라도 깊이 생각하고 대답하여야 됩니다. 말 한마디가 아주 중요하니까요. 넷째는, 화제와 관계있는 질문을 하고 논리에 맞는 대답을 한다, 합니다. 다섯째는, 할일은 반드시 순서대로 한다, 합니다. 우선순위가 정해져야 한다는 것입니다. 여섯째는, (이 말이 매력있습니다) 모르는 것은 모른다고 한다, 합니다. 일곱 번째는, 진실을 존중한다, 라고 하였습니다. 이런 사람이 지혜로운 사람입니다. 간단한 말 같지만 그대로 실천해나가기가 어렵고, 이걸 실천할 때 지혜로운 사람이 될 것입니다.

마르다는 음식을 대접하느라고 예수님의 말씀을 들을 시간이 없습니다. 그러나 마리아는 다른 일을 뒤에 두고, 우선 예수님말씀을 듣는 것이 먼저입니다. 참사랑은 조용히 듣는 것이요 받은 바에 감사하는 것이요 이대로 만남의 관계를 통해서 최고의 행복을 확인하는 것입니다. 여기에는 비난도 있었습니다. 그러나 마리아는 이것을 다 극복하고 있습니다. 예수님께서 이렇게 말씀하십니다. "이 좋은 편을…" 마리아가 택한 '이 좋은 편'―말씀과 믿음과 존경과 사랑과 만남과 행복, 극치적인 행복의 순간입니다. "이 좋은 편을 택하였으니 빼앗기시 아니하리라." 전설에는 이런 이야기가 있습니다. 마르다가 예수님을 위해서 음식을 만드는데 마리아는 예수님 발치에서 듣기만 하므로 이 언니가 은근히 화가 났습니다. 오늘성경에는 안나타나지만 분명히 몇번 불렀을 것입니다. "마리아야, 마리아야…" 그러나 마리아는 끄떡도 하지 않습니다. 들은 척도 하지 않습니다. 마침내 마르다는 예수님께 항의합니다. 오늘성경에 있는대로입니다. '예수님, 저 마리아가 나 혼자 일하도록 내버려두는 것을 왜 보기만 하십니까?' 이렇게 된 것입니다. 그러면 예수님께서 "마리아야, 너 언니 좀 도와줘라" 하실 법한데 그러시지 않습니다. 오히려 "좋은 편을 택하였으니 빼앗기지 아니하리라" 하실 뿐입니다. 마리아편을 드신 것입니다. 마르다가 정말 화났습니다. 화가 나면 그릇 다루는 소리가 커집니다. 쟁그렁 쟁그렁… 부엌에서 그릇 몇개가 깨집니다. 막 이러고 돌아가는데 거지가 왔습니다. 문을 두드립니다. 똑똑 두드리므로 열어보니 남루한 거지가 배고프다며 먹을것을 좀 달라, 합니다. 마르다가 화가 난 터인데 지금 거지 동정하게 생겼습니까. 예수님 대접하느라고 음식준비 하는데 불결하게시리 이런 건 또 왜 찾아왔느냐고 한바탕 퍼부으면서 "못준다" 하였습니다. "그렇습니까?" 거지는 문을 닫고 돌아갑니다. 좀 마음에 이상히 생각되어서 다시 문을 열고 보아하니 저만치 가는 거지의 뒷모습이 예수님의 뒷모습이더라고 합니다. 순간 마르다는 땅에 엎드려 울면서 뉘우쳤다고 합니다. 전설입니다. "빼앗기지 아니하리라." 거기에 모든 문제의 해결이 있는 것입니다. 1등인생의 길이 거기에 있습니다. △

의롭다 하심을 얻은 믿음

　　이 후에 여호와의 말씀이 이상 중에 아브람에게 임하여 가라사대 아브람아 두려워 말라 나는 너의 방패요 너의 지극히 큰 상급이니라 아브람이 가로되 주 여호와여 무엇을 내게 주시려나이까 나는 무자하오니 나의 상속자는 이 다메섹 엘리에셀이니이다 아브람이 또 가로되 주께서 내게 씨를 아니주셨으니 내 집에서 길리운 자가 나의 후사가 될 것이니이다 여호와의 말씀이 그에게 임하여 가라사대 그 사람은 너의 후사가 아니라 네 몸에서 날 자가 네 후사가 되리라 하시고 그를 이끌고 밖으로 나가 가라사대 하늘을 우러러 뭇별을 셀 수 있나 보라 또 그에게 이르시되 네 자손이 이와 같으리라 아브람이 여호와를 믿으니 여호와께서 이를 그의 의로 여기시고 또 그에게 이르시되 나는 이땅을 네게 주어 업을 삼게 하려고 너를 갈대아 우르에서 이끌어 낸 여호와로라

(창세기 15 : 1 - 7)

의롭다 하심을 얻은 믿음

　　1973년 어느 주일에 미국 로스앤젤레스의 어느 한인교회에 초청을 받아 설교할 기회가 있었습니다. 그 당시만 해도 LA에 한인교회가 제 기억에 셋밖에 없었습니다. 그런 때에 그 한인교회에서 주일날 낮예배 설교초청을 받아 설교를 하게 되었습니다. 아시는대로 예배순서는 장로님이 기도를 하고 성가대찬양이 있고 그 다음에 설교를 하게 되는데, 그래서 이 설교 전에 있는 순서, 성가대찬양과 장로님의 기도가 매우 중요한 것입니다. 특별히 설교자에게 그렇습니다. 그날 장로님이 뭐라고 기도하는고하니 한국의 어려운 사정을 다 이야기하면서, 전쟁의 위험이 있고 먹을것도 없고 경제공황이 있고 공해가 심하고 뭐가 어떻고 하더니 "지옥같은 그 한국으로부터 우리와 우리가정을 가나안땅과 같은 지상낙원으로 옮겨주신 하나님께 감사합니다"하는 것입니다. 이런 소리 듣고나니 설교할 마음이 없어졌습니다. '도대체 내가 저런 사람을 위해서 설교하러 왔단말인가.' 어떻게나 화가 나는지요. 성가대가 찬양하는 동안 이 속을 삭이느라고 얼마나 애를 썼는지요. 주기도문을 몇번이나 외었습니다. '시험에 들지 않게 하옵소서, 시험에 들지…' 저 장로님 잊어버리고 다른 교인들을 생각하여 설교하게 해달라고 내 마음을 달래느라고 무척 애를 썼습니다. 그런 기억이 있는 터에 지난 주간 제가 그곳 신학대학에 강의가 있어서 월요일날 미국에 갔다가 토요일날 돌아왔는데 지금 미국은 아주 난리가 났습니다. 여러분 다 아시지마는 World Trade Center가 폭파되는 테러에 이어 탄저균—anthrax균, 그 밀가루같아 보이는 가루가 든 우편물 때문에 편지봉투 뜯는 게 겁이 난 것입니다. 이거 뜯다가 한번 코로 냄새를 맡으면 그냥 가는 것입니다. 이래저래 지금 미국은 난리가 났습니다. 그야말로 얼굴도 없는 전쟁을 치르고 있습니다. 전후방도 없는 전쟁을 치르고 있습니다. 그런 전쟁상황 속에 들어가 있는 미국을 피부로 느낄 수가 있었습니다. 이렇다보니 또 놀라운 일이 벌어졌습니다. 교회마다 교인들이 터지게 모이는 것입니다. 그동안 교회를 등한히했던 분들도 열심히 교회에 나옵니다. 보고서에 따르면 미국 LA에 있는 유명한 크리스탈 처치, 가든 글로브 처치 같은 데는 그 교회 건립 이래 최고로 많은 교인들이 나온다는 것입니다. 주일마다 교인들이 넘쳐납니다. 서점마다 성경이 불타나게 팔립니다. 너무 많이 팔려서 동이 났습니다. 이 두 가지가 달라진 것입니다. 이제, 아직도 미국이 지상낙원입니까? 아직도 이민가고 싶습니까? 무엇을 믿고 사는 것입니까? 경제입니까, 정치입니까, 기술입니까, 지식입니까, 넓은 땅덩이입니까? So what? 그게 무엇을 의미하는 것입니까. 저는 미국에 갈 때마다 제일 부러웠던 것은 땅덩이였습니다. 어디를 가나 얼마나 넓은지 '아, 이건 정말 하나님께서 불공평하시다'라고도 생각했었습니다. 그러나 요새 보니 그것도 아닙디다. 아니더라고요. 여러분, 무엇을 믿고 무엇에 근거하여 안정을 찾을 것입니까.

하나님께서 아브라함에게 말씀하십니다. '너는 갈대아 우르를 떠나라. 고향과 친척을 떠나라.' 내 고향 내 친척, 익숙한 바로 이곳이 제일 좋은 곳이 아니겠습니까마는 전혀 무슨 보장도 없는 이방땅으로 떠나라고 말씀하십니다. 고향과 친척, 평안한 곳, 안정된 곳을 떠나서 전혀 갈 바를 알지 못하는 곳으로 가라, 하십니다(창 12:1). 히브리서 11장 8절에 보면 분명히 갈 바를 알지 못하고 떠났다, 하였습니다. 오직 하나님의 말씀만 믿고 말입니다. 특별히 지명을 일러 주신 것도 아니고 방향을 제시하신 것도 아닙니다. 지시할 땅으로 가라, 떠나면 그때 그때 일러줄 것이다, 하십니다. 지시할 땅으로 가라, 그리고 지금은 없는 자식을 약속해주십니다. 내가 네게 후사를 주리라, 말씀하십니다. 우리가 다 아는 바와 같이 이 약속은 25년 후에 이루어졌습니다. 25년이라니, 그동안이야 얼마나 답답하게 살았겠습니까. 사도행전 7장 5절에서는 "발붙일 만큼도 유업을 주지 아니하시고…"하고 말씀합니다. 발붙일 만큼도 자기땅에 살아보지 못했습니다. 한평생을 남의 땅에 나그네로 살도록 하셨습니다. 그리고 말씀하십니다. "두려워 말라 나는 너의 방패요 너의 지극히 큰 상급이니라." 내가 있어 네가 평안한 것이지 네가 땅을 가져서 평안한 것도 아니고 자식이 많아서 평안한 것도 아니고 정치가 안정돼서 평안한 것이 아니다, 내가 너와 함께함이니라, 내가 한 말을 믿으라, 내 약속을 믿으라, 내 능력을 믿으라, 내가 너와 함께 함이니라—이렇게해서 아브라함은 한평생 나그네로 살았으나 그는 복의 근원이 되었습니다.

아브라함의 믿음은 대단한 것입니다. 그러나 그것은 일반적인 믿음이 아닙니다. 더 중요한 믿음을 가졌습니다. 오늘본문에 보면 6절에 "아브람이 여호와를 믿으니"라고 말씀합니다. "아브람이 여호와를 믿으니 이를 그의 의로 여기시고…" 이 한 요절은 우리신앙의 아주 중요한 핵심이요 복음의 뿌리가 되는 말씀입니다. 아브라함이 하나님을 믿으니 이를 그의 의로 여기시고… 먼저는 하나님의 의가 있습니다. 여러분, 자연과학을 연구하는 분들도 똑바로 알아야 됩니다. 이 세상에는 자연을 위해서 자연법칙이 있습니다. 우주적인 무궁무궁진한 법칙이 있어서 그 속에 삽니다. 그러나 이 세상에는 인격이 있습니다. 인격을 향한 하나님의 법칙이 도덕성입니다. 자유를 주셨으나 그 자유 안에 도덕성이 있습니다. 그래서 선하게 산 사람에게 복을 더하시고 악하게 산 사람에게 벌을 내리시고… 하나님의 도덕성, 하나님의 도덕적 법칙, 이것을 우리는 잠시도 잊어서는 안 됩니다. 두 번째는 사람의 의라고 하는 의가 있습니다. 그것은 그 하나님의 법에 얼마나 가까이 가는가, 얼마나 하나님의 법에 따라 사는가, 얼마나 양심에 따라서 살아가는가입니다. 그것이 바로 우리가 지니는 의입니다. 의! 세 번째 의가 있습니다. 그것은 하나님께서 의롭다 하시는 의입니다. 그것은 높은 차원의 것입니다. '칭의(稱義)'라고도 하고 '득의(得義)'라고도 합니다. 영어로 말하면 justification, justify입니다. 의로운 것이 아닙니다. becoming just가 아니고 justify, 의롭다 하시는 것입니다. 의로 인정해주시는 것입니다. 제가 젊었을 때 일입니다. 의롭다 하심, 의롭다 하심 ─ 이 말이 아무래도 좀 법적인 용어인지라 우리에게 익숙지 않아서 '이걸 어떻게 좀 쉬운 우리말로 바꿀 수 없을까?' 나름대로 연구해봤습니다. 연구해보니 이것은 '보아주신다' 그것입니다. 안예쁜 것도 예쁘게 보아주신다, 실수한 것도 그 중심을 보고 잘한 일로 보아주신다, 분명히 죄를 지었지만 하나님께서 사랑으로 덮어서 불쌍히 여기시고 그것을 의롭다 하신다, 의로 보아주신다, 하는 기가막힌 말씀입니다. 그 점이 중요한 것입니다.

그러면 봅시다. 이제 이 죄인을 보고 '내가 너를 의롭다 하노라' 하신다면 사람이 믿지를 않습니다. 믿음이 생기지를 않습니다. 아니, 내가 분명히 죄인인데 어떻게 복을 받는단말인가. 내가 분명히 죄를 지었는데 어떻게 용서하셨단말인가. 증거가 없어요, 증거가. 그래서 소 잡아들이고 양 잡아들이는 제사법이 나온 것입니다. 이제 순진한 양을 갖다가 그 머리에다 손을 얹고 죄를 전가하는 의식을 한 다음에 그걸 죽여서 제단에다가 불태우라, 하시고 그 지글지글 타는 것을 보면서 '자, 내가 너를 용서했다. 네 죄를 대신하여 양을 죽였으니까 죄값은 사망이지만 너는 살 것이다' 말씀하십니다. 이 맥락에서 십자가가 있습니다. 하나님의 아들이 우리를 위하여 십자가에 돌아가십니다. 그 희생을 치른 다음에 말씀하십니다. '십자가를 보라. 내가 너를 용서했느니라. 내가 너를 사랑하느니라.' 이제는 우리에게 과제가 있습니다. 그걸 믿어야 된다는 것입니다. 이 엄청난 사랑과 용서를, 이 속죄와 이 대속의 은혜를 믿어야 되는 것입니다. 나 자신은 불의하나 하나님께서 의롭다 하시면 그만입니다. 그럼 믿어야 되는 것입니다. 나는 죄인이지만 '내가 너를 의롭다 여기노라' 하시면 이제는 믿어야 되는 것입니다. 믿음으로 받아들여야 되는 것입니다. 미국 네브래스카의과대학 교수이자 심장의학 전문의인 로버트 엘리오트(Robert Eliot) 박사는 심장병을 많이 연구하면서 다음과 같은 몇 가지의 진리를 우리에게 말해줍니다. 사람의 병 중 가장 무서운 병이 심장병이요, 심장병의 근본은 스트레스인데 이 정신적인 스트레스가 문제라고 합니다. 이것이 모든 질병의 근본인고로 이를 벗어나야 하는데 자, 어떻게 하면 스트레스로부터 벗어날 수 있을까? 그의 긴 경험을 통하여 이렇게 정리하고 있습니다. 첫째로, 작은 일에 연연하지 마라, 하였습니다. 큰 일과 작은 일이 있지 않습니까. 언제든지 이 작은 일, 이 시시한 일, 이 별것도 아닌 일, 여기 너무 연연하지 마라, 하는 것입니다. 그 작은 일에 연연하면 병이 되는 것이므로 작은 일은 무시하라, 하는 것입니다. 두 번째가 더 재미있습니다. '모든 일은 다 작은 일이다' 하였습니다. 생각해보면 중요한 일이 아무것도 없는 것입니다. 무슨 일이든 뭐가 그렇게 대단합니까, 그게. 대단한 일이란 없습니다. 다 시시한 것입니다, 알고보면. 세상사가 다 시시하고 너절한 것입니다. 모든것은 작은 것입니다. 세 번째는, 싸울 수도 없고 또 되돌려받을 수도 없다면 있는 그대로를 용납하라, 하였습니다. 믿음으로 받아들이라, 하였습니다. 내가 그리스도 안에 있음을 받아들이고 하나님의 사랑이 그곳에 있었음을 믿고 받아들이는 것입니다. 이것만이 스트레스로부터 벗어날 수 있는 길이라고 충고하고 있습니다.

여러분, 믿음이라는 것이 무엇입니까. 우리는 죄인입니다. 그럼에도 불구하고 하나님께서 나를 사랑하시고, 벌써 사랑하셨습니다. 내 지은 죄대로 됐으면 벌써 망하고 죽고 지옥으로 떨어져야 할 텐데 이 살아 있는 것만도 기적입니다. 벌써 엄청난 사랑 가운데 내가 있음입니다. 그리고 십자가를 바라보면서 우리는 그 하나님의 사랑을 받아들입니다. 받아들이는 믿음—이것이 바로 의롭다 하심을 얻는 믿음입니다. 아브라함의 경우로 돌아가봅시다. 아브라함은 자신의 나약함을 알고 있습니다. 로마서 4장 19절은 유명한 말씀입니다. "죽은 것같음을 알고도…" 하나님께서 늘 말씀하시기를 내가 네게 아들을 준다 이들을 준다 하시는데 나이는 벌써 100세 가까워가거든요. 죽은 자와 같은 것입니다. 생리적으로 볼 때는 이미 죽은 것입니다. 아내는 단산했고 나는 늙었고… 다 끝난 것 아닙니까. 그럼에도 불구하고 자기논리로부터 그는 벗어납니다. 이게 중요한 것입니다. 나약함을 알면서도—그뿐만이 아닙니다. 여러 번 실패했습니다. 그의 실패한 과거를 그는 알고 있습니다. 그것이 하나님 앞에 의롭지 못함도 알고 있습니다. 언젠가 제가 성경의 인물들을 하나하나 열거하면서 강의해나가는 중에 아브라함 대목에 왔을 때 아브라함에 관해서는 얘기가 너무 기니까 한 시간에 다 하지를 못해서 하루는 아브라함의 잘한 이야기, 장점을 이야기하고 하루는 단점을 이야기했습니다. 아브라함이 실수한 것만 모조리 골라가지고 좌악 얘기했습니다. 그리고 집에 돌아갔는데 제 아내가 "여보, 여보"하고 부르더니 "믿음의 조상 아브라함을 그렇게 난도질해도 되는 거요?"하고 항의를 하는 것입니다. 그래 내가 반문했습니다. "내가 말한 것 가운데 잘못된 게 있느뇨?" "뭐, 그렇긴 하지만…" 아브라함, 실수가 많습니다. 자, 땅을 준다고 하셨는데 흉년들었다고 애굽으로 가질 않나 아들 준다 하시는데 좀 기다리는가 싶더니 또 첩을 얻지 않나… 실수가 보통 많은 게 아닙니다. 거듭거듭 엎치락뒤치락, 요샛말로 인간적이었습니다. 그러나 하나님께서는 말씀하십니다. 오늘도 말씀을 하십니다. '네 아내가 아들을 낳으리라.' 이것은 놀라운 얘기입니다. 그래서 창세기 18장에 보면 천사가 와서 이렇게 얘기합니다. 아들 낳기 일 년 전입니다. '내년에 아들을 낳으리라.' 사라가 저쪽 천막 뒤에서 픽 웃었습니다. '웃기누만. 내가 단산한 지가 언젠데, 부부생활 그만둔 지가 언젠데, 고목나무같은 난데, 뭘?' 저 얘기가 25년 전부터 들어온 얘기거든요. 웃어버렸습니다. 천사가 '네 아내가 어찌하여 웃느뇨'하니까 사라가 당황해서 '안웃었습니다. 안웃었어요'하고 발뺌합니다. 참 하나님, 좋은 분이십니다. '네가 웃었느니라.' 인정하십니다. '웃을 테지. 그러나 아들을 낳으리라.' 사라는 이 마지막말씀을 믿습니다. 사라의 위대함이 이것입니다. 그렇게 웃었다가도 내년에 아들을 낳으리라, 믿었습니다. 믿고 남편과의 잠자리를 다시 꾸린 것입니다. 믿는 것만이 아닙니다. 감성만이 아닙니다. 그냥 단순한 기적이 아닌 것입니다. 행동으로 옮긴 것입니다. 결국은 1년 후에 아들을 낳고 하도 좋아서 여기에 '기쁨이다' '웃음이다' 해서 그 아들 이름이 '이삭'입니다. 웃었다, 그것입니다. 웃을만하지요. 자, 여러분은 어떻게 생각하십니까? 나같았으면 '네가 아들을 낳으리라' 하였는데 픽 웃었으니 '취소한다'할 것입니다. 너 왜 웃었느냐, 너 믿음 없지 않느냐, 꾸짖고 말 것인데 그렇지 않았습니다. 웃었느니라, 하시고는 낳으리라, 하십니다. 얼마나 좋으신 하나님입니까. 이 하나님을 믿었습니다. 마지막믿음입니다. 이것이 바로 의롭다 하심을 얻은 믿음입니다. 또 있습니다. 아브라함이 조카 롯을 위해서 전쟁을 치렀습니다. 전쟁끝에 불안이 있습니다. 다행히 지금은 이겼지만 저들이 동맹해서 쳐들어오면 속수무책인 것입니다. 두려움에 떨고 있을 때 오늘본문에 보는대로 하나님께서 말씀하십니다. '내가 너의 방패가 됨이니라. 두려워 말라.' 또 믿었습니다.

창조신학자이자 영성치료자이기도 한 매튜 팍스(Mathew Fox)라고 하는 분이 「Original Blessing」이라고 하는 그의 저서에서 영성회복의 길을 이렇게 말합니다. 첫째는, 적극적 사고로 하나님의 형상을 입은 존재임을 인정하라 합니다. 여러분, 사람을 낮춰 평가하지 마세요. 나는 하나님의 형상으로 태어난 존재입니다. 하나님의 형상이 함께하는 존재라는 자기인식을 가져야 합니다. 둘째는, 자신을 비우라 합니다. 내 지식, 내 논리, 특별히 자기논리에서부터 벗어나야 됩니다. 다 버린 것입니다. 지식도 명예도 자식도 기회도 지혜도 할것없이 다 비워버려요. 깨끗하게 비워버려. 특별히 고집스러운 자기논리로부터 온전히 자유해야 됩니다. 세 번째는, 자신의 창조성을 인식하라, 합니다. 하나님께서는 아직도 나와 함께 계시고 나를 통해서 역사하고 계십니다. 창조성을 인정하고, 그리고 변형된 삶에서 살아가는 연습을 해야 됩니다. 하나님께는 아직도 내가 필요합니다. 그 사랑, 그 용서, 그 인내, 그 긍휼 속에 내가 있습니다. 하나님께는 아직도 내가 필요합니다. 나는 소중한 존재입니다. 이상의 세 가지가 나의 나됨을 회복할 수 있는 길이라고 그는 말합니다. 종교개혁자 마르틴 루터, 그의 신학은 철저하게 사도 바울의 신학으로부터 옵니다. 사도 바울의 신학은 다시 아브라함의 믿음으로부터 옵니다. 오늘본문에 나타난바 "아브람이 여호와를 믿으니"하는 말씀은 우리신앙의 핵심이요 중심입니다. 특별히 종교개혁자의 신앙의 중심입니다. 보십시오. 분명히 종입니다. 그러나 양자되어서 아들이 됩니다. 그러면 이제는 아들입니다. 그런고로 용서받은 죄인이요, 구속받은 의인입니다. 그것을 믿어야 되는 것입니다. 진노의 자녀가 이제는 하나님의 자녀입니다. 하나님의 자녀 된 자기정체의식을 분명히하여야 됩니다. 여러분, 삶의 힘은 믿음입니다. 물질이 아니고 지혜입니다. 지혜가 아니고 의입니다. 의가 아니고 의롭다 하심을 얻는 믿음입니다. 믿음으로 사는 것입니다.

지난 주간에 제가 미국에 있으면서 밤늦게 텔레비전에 나오는, 복음주의자들의 부흥회 하는 장면을 여러 곳 보았습니다. 복음주의자들이 지금의 엄청난 사건을 앞에 놓고 하나같이 외치는 메시지의 주제는 이것입니다. 'God still loves America.' 하나님께서는 지금도 미국을 사랑하신다, 미국을 사랑하시기 때문에 이런 일이 있는 것이다—이것이 주제입니다. 하나님께서 우리를 사랑하십니다. 우리민

족을 사랑하십니다. 하나님께서는 여러분과 나를 사랑하십니다. 모든 사건 하나하나를 면밀히, 깊이깊이 상고하고 명상해보십시오. 하나님께서 나를 사랑하십니다. 나를 사랑하시는 그 사랑, 그 의롭다 하시는 사랑을 내가 받아들여야 됩니다. 받아들이고 믿고 순종할 때에 엄청난 은혜의 사람이 될 수 있는 것입니다. 여기에 개혁적 신앙이 있습니다. △

계시의 영을 주소서

이를 인하여 주 예수 안에서 너희 믿음과 모든 성도를 향한 사랑을 나도 듣고 너희를 인하여 감사하기를 마지아니하고 내가 기도할 때에 너희를 말하노라 우리 주 예수 그리스도의 하나님, 영광의 아버지께서 지혜와 계시의 정신을 너희에게 주사 하나님을 알게 하시고 너희 마음눈을 밝히사 그의 부르심의 소망이 무엇이며 성도 안에서 그 기업의 영광의 풍성이 무엇이며 그의 힘의 강력으로 역사하심을 따라 믿는 우리에게 베푸신 능력의 지극히 크심이 어떤 것을 너희로 알게 하시기를 구하노라
(에베소서 1 : 15 - 19)

계시의 영을 주소서

　「기본으로 돌아가자」라는 이름의 책이 있습니다. 이 책은 요새 유행하는 말인 '탱크주의'로 유명한 MIT공대의 교수 배순훈 박사가 쓴 책입니다. 이 책에서 저자는 창의력 개발을 위한 다섯 가지 제안을 하고 있습니다. 여러분 아시는대로 현대를 살아가려면, 현대에 살아남으려면 결코 자본이나 지식이나 기술이나 흔히 말하는 정보, 이것 가지고는 안됩니다. 이제는 창의력이 있어야 삽니다. '정보시대'라는 말을 합니다. 그것도 과거에 속한 것입니다. 과거에 대한 지식이 정보입니다. 그러나 창의력은 미래로 향하는 것입니다. 미래로 향하는 지식이 아니면 결코 이 세대에 살아남을 수 없습니다. 여러분 잘 아시는대로 조그마한 사업을 하나 해도 남 하는대로 했다가는 결딴나는 것입니다. 남 그거 해서 돈벌었다, 하는 순간 벌써 그건 끝난 것입니다. 그걸 따라가다가는 아주 원자본까지 다 거덜냅니다. 결국은 작은 일도 창의적, 창조적인 일이 아니고는 절대로 살아남을 수도 없고 성공할 수도 없는 것입니다. 그런고로 창의력 계발이라는 것이 매우 중요한, 먼 얘기가 아니고 아주 현실적인, 절박한 이야기가 되고 있습니다.
　창의력을 계발하려면 첫째로 'problem definition' 곧 문제를 정의하라고 합니다. 문제가 뭔가? 도대체 내기 추구하는 문제가 뭔가? 적어도 세 번 이상 'Why?'하고 물으라는 것입니다. 왜? 왜? 왜? — 왜 이 일을 해야 되는가? 목적의식이 분명해야 됩니다. '내가 무엇을 추구하고 있는가? 왜 나는 이 일을 해야 되는가?' 이것이 분명해야 된다는 것입니다. 그것이 분명치 않은 채 허우적거리듯이 이섯도 한번 해보고 저것도 한번 해보고, 이 생각도 한번 해보고 저 생각도 한번 해보고… 이래가지고는 안되는 것입니다. 살아남을 수가 없습니다. 요컨대 문제의식을 분명히하여야 됩니다. 두 번째는 'preparation' 입니다. 철저하게 공부하라는 것입니다. 내가 정한 이 일, 이 사업, 이 아이디어에 대해서 집중적으로 연구를 해야 됩니다. 많이 연구를 해야 됩니다. 얼마나? 꿈을 꾸어도 그 꿈을 꿀 정도로입니다. 자나깨나 집중적으로 그 연구를 해야 됩니다. 그 다음에는 'incubation'입니다. 이 점이 중요합니다. 이미 연구했지마는 많이 연구하고는 까맣게 잊어버리라는 것입니다. 여기서 여유를 가져야 되는 것입니다. 이것이 중요한 시간입니다. incubate라고 하는 말은 원래가 '닭이 알을 품고 부화를 기다리는 과정'을 말합니다. 여러분이 아시는대로입니다. 닭이 알을 품고 있습니다. 뜨뜻하게 자기체온으로 알을 데우면서 계속 부시럭거리고 알을 굴립니다. 이래서 속으로부터 병아리가 되어 나오는데, 병아리가 되어나올 때까지는 여전히 계란입니다. 동그란 계란일 뿐입니다. 그러나 그 속에서는 지금 신비로운 생명의 역사가 이루어지는 과정에 있습니다. 이런 인큐베이션이 필요하다, 이것입니다. 공부한 그 마음, 이제 그 아이디어를 숙성시키는 과정이 필요합니다. 숙성시키는 과정입니다. 그렇기 때문에 이제는 그 일에 너무 몰두하면 안됩니다. 너무 집착하면 정신병자가 됩니다. 다른 아무 생각을 할 수가 없는, 더 귀한 생각을 할 수가 없는 사람이 됩니다. 그러므로 잠깐 까맣게 잊어버리는 시간이 필요합니다. 빙산이라는 것은 수면 위에 나타나는 것이 그 전체의 8.3%라고 합니다. 수면 아래에 있는 빙산이 91.7%입니다. 인간의 능력도 지금 생각하는 그것이 전부가 아닙니다. 내가 보이는 능력, 그것이 전부가 아닌 것입니다. 내 지금의 기억력, 그것이 전부가 아닌 것입니다. 인간은 비록 자기가 최대한도의 능력을 발휘하고 지식을 얻었다해도 자기가 가진 잠재력의 10분의 1밖에는 사용하지 못합니다. 이걸 알아야 됩니다. 특별한 계기가 올 때 자기가 가진 엄청난 능력이 작용하는 것입니다. 그런고로 그 큰 능력을 위해서 잠깐 우리는 까맣게 잊어버리고 조용하게 생각을 숙성시키는 그런 과정을 가져야 됩니다. 네 번째는 'illumination'입니다. 조명이라고 하는 과정이 있습니다. 순간적으로 번쩍 생각이 떠오르는데 그것을 포착하여야 됩니다. 여러분 스스로 가만히 생각해보십시오. 우리가 살아오는 여러 과정에도 번쩍번쩍 좋은 생각들이 있었습니다. 그런데 그만 놓쳤습니다. 번쩍번쩍 생각나는 것, 이것을 잘 붙잡아야 되는데, 백 가지를 붙잡으면 그 중의 하나가 진짜입니다. 아흔아홉 가지는 공상에 불과합니다. 그런 것들은 잘못된 것입니다. 기가막힌 아이디어가 번쩍할 때 우리는 그것을 영감이라고도 하고 성경에서는 계시라고도 하겠지만 어쨌든 번쩍하는 그 생각을 포착하여야 됩니다. 그리고 'follow-up'입니다. 이제는 거기에 계속 집중적으로 생각해서 그 붙잡은 생각을 완전히 성숙시켜야 됩니다. 거기서 성과를 맞아야 되는 것입니다. 그 책은 이렇게 과학적으로 주장합니다.

지식에는 두 가지가 있습니다. 하나는 계시적 지식이요, 하나는 실증적 지식입니다. 합리성과 귀납성, 이걸 따라서 '증명되지 않는' 경험이 있습니다. 우리는 '경험' 하면 꼭 몸으로 경험하는 것만 경험이라고 생각하기 쉽습니다. 그것은 아닙니다. 생각으로 경험하는 것도 경험입니다. 그런데 전혀 실증될 수 없는, 전에 생각지도 못했고 그런 이야기를 들어보지도 못했던 특별한 경험이 옵니다. 우리는 이것을 알아야 합니다. 그것을 잘 붙들어야 되는 것입니다. 그것을 잘 받아들여야 되고 잘 소화하여야 되는 것입니다. 또하나의 지식은 실증되는 지식입니다. 논리적으로 과학적으로, 우리 경험에서 검증될 수 있는 지식이 있습니다. 그런데 사막의 교부로서 영성의 대가이기도 했던 에바그리우스 폰티쿠스는 인간의 감정에서 잘못될 수 있는 방향, 그리고 극복해야 할, 잘못되기 쉬운 습성을 세 가지로 지적합니다. 이것이 있는 동안은 새로운 생각을 할 수가 없습니다. 다시말하면 계시적 지식을 받아들일 수 없다는 것입니다. 첫째가 비탄입니다. 나는 쓸모없다, 이미 과거에 실패했다, 그런고로 나는 쓸모없는 사람이다, 하고 자기자신에 대하여 지나치게 비탄하는 것입니다. 이미 자기자신을 포기해버렸습니다. 이러한 사람에게는 영감이 없습니다. 두 번째는 분노입니다. 몹시 억울하고 분한 일들이 있었습니다. 그 상태를 헤어나지 못합니다. 그래 미워하고, 시기하고, 질투하고, 하는 동안에 새로운 생각을 받아들일 수가 없습니다. 그 마음에는 번쩍 스치는 것도 없습니다. 「CEO가 되는 길」이라는 유명한 책이 있습니다. 「Lessons from the Top」이라고 하는 이 책에 보면 50명의 CEO를 연구해보니 공통점이 하나 있다고 합니다. 그것은 어렸을 때부터 지금까지 살아오면서 좋은 추억을 가지고 있다는 것입니다. 누구를 미워하고, 억울하고 분하고, 원수를 갚아야지, 하고… 이런 마음 가지고 있는 사람에게는 새로운 아이디어가, 창의력이 없다는 것입니다. 대단히 중요한 말입니다. 또하나는 '나태'입니다. 게을러빠진 사람에게는 영감이 없습니다. 부지런해야 됩니다. 신앙적으로나 인격적으로나 도덕적으로 아주 부지런한 성격의 사람에게 새로운, 번쩍하는 아이디어가 함께합니다. 다시 말씀을 드리면 지식이란, 아는 지식이 있고 알려지는 지식이 있습니다. 내가 내 생각, 내 경험을 통해서, 공부해서 얻는 지식이 있습니다. 그런 때는 내가 주체이고 내가 공부하는 내용이 객체가 됩니다. 그러나 그 객체가 인격인 경우에는 얘기가 달라집니다. 내가 아는 것이 아니라 그가 나에게 알려주는 것입니다. 이 점을 분명히 알아야 됩니다. 그가 내게 알게 하는 것입니다. 이게 물건이 아닙니다. 사람이요 혹은 때로 인격인 경우에는 이제는 그가 나에게 알게 해줄 때만 압니다. 그가 내게 알게 해주지 않으면 아무것도 알 수가 없습니다. 내가 물건인 때는 두드려보고 알고 들었다놓았다하면서 알 수 있지만, 이것은 물건이 아니고 사람입니다. 인격입니다. 울면 슬픈가보다, 웃으면 기쁜가보다, 할 것이지 내가 어떻게 압니까. 이거 두드려본다고 압니까. 이것은 저분이 나에게 자기자신을 알려줌으로만이 알 수 있는 것입니다. 그래서 이 두 가지 지식을 분명히하여야 됩니다. 우리는 하나님과의 관계에서 하나님께서 내게 알려주셔야만 내가 아는 것입니다. 그래서 오늘본문에 계시의 영, 계시의 지혜를 말씀합니다.

제가 '영'이라고 번역을 했습니다마는, 우리가 보는, 지금 읽는 성경책에는 '계시의 정신'이라 하고 그 밑에 '영'이라고 다시 번역을 고쳐놓았습니다. 왜냐하면 정신이라고도 할 수 있고 영이라고도 할 수 있는, 같은 것이기 때문입니다. 확실히 '프뉴마'라고 하는 것은 '영'이라는 뜻입니다. "진리와 계시의 성신" 곧 "프뉴마 소피아스 카이 아포칼루프세오스"라고 한 말씀의 '프뉴마'는 '영'을 말합니다. 그런데 여기에는 인식적으로 중요한, 인식론적 진리가 있습니다. 적어도 무엇을 아는 데는 절대3요소가 필요합니다. 하나는 대상이요 하나는 주체인 나요 하나는 빛입니다. 내가 무엇을 '본다' 할 때 보려고 하는 물체와 볼 수 있는 '눈'과 그리고 '빛'이 있어야 합니다. 객체와 주체와 조명이 있어야 하는 것입니다. 아무리 귀한 것이 여기 있어도 내가 눈을 감고 있으면 그것을 볼 수가 없습니다. 내 눈을 뜰 때만 볼 수 있습니다. 그런데 내가 눈을 떴고 보았다 하더라도 또 빛이 없으면 그것을 못봅니다. 지금 우리는 여기서 환하게 다 보고 있지마는 깜깜한 시간이 오면 앞에 무엇이 있건 그것을 알 수가 없습니다. 내 눈을 아무리 떴다 하더라도 내 눈은 헛것입니다. 그렇지 않습니까? 이것이 인식론의 근본입니다. 조명이 없으면 못보는 것입니다. 바로 몇주일 전에 제가 '요로결석'이 생겨가지고 참 되게 아픈 시간을 겪었습니다. 밑에서 진통제를 맞고 기다렸다가 또 맞고… 세 번을 맞고 올라와서 설교를 하는데, 몽롱합디다. 아무것도 안보입니다. 그야말로 모든것이 뿌옇게 보이는 가운데서 설교한 적이 있습니다. 지금은 이렇게 잘 보이니까 얼마나 좋은지 모르겠습니다. 아무리 내가 보려고 해도 내 눈이 흐려지면 못보는 것입니다. 내 눈이 아무리 밝아도 빛이 없으면 못봅니다. 빛이 주어지는 그만큼만 보는 것입니다. 이것을 잊지 말아야 합니다. 그런고로 오늘본문은 계시의 영을 주십사, 하고 말씀합니다. 계시의 영을 주십시오—아무리 똑똑하고, 지식이 있고, 능력이 있다 해도 계시의 영이 어두워지면 소용없습니다. 오늘 우리는 그런 것을 많이 봅니다. 많은 사람들이 시행착오를 합니다. 있을 수 없는 상식 이하의 실수를 범합니다. 왜요? 어두워졌습니다. 마음이 어두워졌습니다. 조명이 없습니다. 이 얼마나 불행한 일입니까. 그러면 우리가 가진 모든 능력이 다 소용없어지고 마는 것입니다. 마태복음 16장에 보면 베드로가 예수님 앞에 신앙을 고백합니다. "주는 그리스도시요 살아계신 하나님의 아들이

시니이다"하고 고백할 때 예수님께서 즉각적으로 해설을 하십니다. "이를 네게 알게 한 이는 혈육이 아니요 하늘에 계신 내 아버지시니라." '그런고로 너는 복되다'하십니다. 하나님께서 계시의 영을 주셔서 하나님을 알게 하시고 나 자신을 알게 하시고 세상을 알게 하시는 것이니 그 사람은 복된 사람입니다. 그런고로 오늘본문에 '계시의 영을 주사 하나님을 알게 해주십시오'하고 말씀하는 것입니다. 하나님을 알 때 나를 알고, 나를 알 때 세상을 알게 되는 것입니다.

또한 '부르심의 소망이 무엇인지를 알게 해주십시오'라고 말씀합니다. 주께서 우리를 부르셨습니다. 부르심받은 자의 미래, 소망에 대해서 알게 해주십시오—여러분, 과거가 문제가 아닙니다. 미래를 알아야 합니다. 우리 앞에 어떤 운명이 있는지, 이것을 똑바로 알고 오늘을 살아야 하는 것입니다. 계시의 영을 밝혀주실 때 비로소 미래를 내다볼 수가 있습니다. 또한 '성도의 기업이 어떠함을 알게 해주십시오'하고 말씀합니다. 궁극적으로 예수믿는 사람의 종착점, 마지막 기업, 그것이 무엇인지를 알게 해주십시오—여러분, 이 이스라엘백성이 애굽을 나와 광야를 통과할 때 많은 시련이 있었습니다마는 저 가나안땅에 대한 확신만 있었다면, 가나안땅 약속에 대한 확실한 믿음만 있었다면 아무런 문제도 없었습니다. 어떠한 고난이라도 다 이길 수 있었지 않겠습니까. 결국 마지막 성도의 기업에 대해서 당신은 얼마나 알고 있느냐, 이것이 문제입니다. 또한 베푸신 능력(19절). 이 귀한 약속에 대한 믿음이 내게 능력을 줍니다. 현재적 능력이 있습니다. 예수믿는 사람들, 죄를 이기고 사단을 이기고 허영을 이기고 방종함을 이기고 죽음을 이깁니다. 원수를 사랑합니다. 사랑의 능력, 엄청난 능력을 가졌습니다. 그 능력이 얼마나 위대하다는 것을 알게 해주십사, 하는 것입니다.

그리고 우리는 깊은 세계를 볼 수 있어야 합니다. 유명한 아인시타인 박사의 말입니다. 「What I Belive」라고 하는, 「나의 신념」이라고 하는 글에서 그는 이렇게 말합니다. '우리가 경험할 수 있는 가장 아름다운 것은 신비이다. 신비야말로 모든 과학과 예술의 진정한 원천이다.' 신비, 바로 계시의 영, 영감, 그것이 과학과 예술의 원천이라는 말입니다. 또한 우리는 신령한 세계를 볼 수 있어야 합니다. 모든 현상에서 하나님의 손길, 하나님의 섭리, 그것을 볼 수 있어야 됩니다. 보다 더 멀리 보아야 됩니다. 오늘이 아니라 멀리. 저는 오래 전에 읽은 어떤 글을 생각합니다. 우리정치가들을 생각할 때마다 그 생각이 납니다. 누가 처칠 경에게 물어보았습니다. "정치가가 절대적으로 갖추어야 할 자질은 무엇입니까?" 처칠은 딱 한마디로 대답합니다. "적어도 2년은 앞서 볼 수 있어야지. 좀더 멀리 볼 수 있어야지." 다른 사람보다 멀리, 적어도 2년 앞을 내다봐야 됩니다. 발등에 떨어진 것도 못본데서야 말이 되겠습니까. 백성들은 못보아도 지도자들은 보다 멀리를 보아야 됩니다. 요새 이런 재미있는 우스개가 있습니다. '평등 시리즈'라고 하는 것, 들어보았을 것입니다. 저도 며칠전에 들었는데 얼마나 재미있는지 모르겠습니다. 40대가 되면 지식의 평등이 온다는 것입니다. 뭐, 옛날에 공부한 거 다 말짱 헛것입니다. 알긴 뭘 압니까. 컴퓨터를 압니까, 뭘 압니까. 그래서 40이 되면 옛날에 대학을 나왔건 안나왔건 모조리 똑같습니다. 그래서 '지식의 평등화가 온다'하는 것입니다. 50대가 되면 외모의 평등화가 온다는 것입니다. 아, 거 맞습니다. 젊었을 때는 예쁜 사람도 있고 좀 덜 예쁜 사람도 있습니다, 확실히. 그러나 50이 넘으면 똑같습니다. 그것만은 잊지 마십시오. 우리 한국사람들은 두루 감자같이 생겨가지고 50이 되면 더욱 똑같습니다. 이제와서 두들기고 맞사지 해봐야 별것없습니다. 똑같습니다. 그리고 이제 60이 되면 성의 평등이 온다는 것입니다. 도대체 남녀가 다 섞여버려서 여자인지 남자인지 알 수가 없어집니다. 주책이 없다, 이거지요 뭐. 그리고 70이 되면 건강의 평등이 온다는 것입니다. 건강한 사람도 그만, 건강치 못한 사람도 그만, 어차피 다 고만고만하게 늙어가는 것입니다. 다 평등합니다. 80대가 되면 재물의 평등이 온다는 것입니다. 돈이 있으면 뭐해요, 먹지 못하는 거. 집이 좋으면 뭘하고 못하면 뭘해요. 재산이 아무 소용 없습니다. 그걸 알아야 됩니다. 평등입니다. 90이 넘으면 생사가 평등이라는 것입니다. 살았으나 사는 것이 아니지요. 죽으나 사나 그게 그것입니다. 그 참 재미있는 얘기입니다. 그러니 뭡니까. 내다봐야 됩니다. 여러분의 오늘나이가 그대로 있지 않습니다. 10년 후 20년 후 저 앞을 훤하게 보십시오. 평등한 것입니다. 잘난 것도 없고 못난 것도 없습니다. 이것을 알아야지요. 그리고 우리의 종말을 내다볼 수 있어야 됩니다. 종말이 어디입니까. 호세아 4장 6절은 말씀합니다. "내 백성이 지식이 없으므로 망하는도다." 그렇습니다. 참지식, 바른 지식이 없어서 망하는 것입니다. 왜 모르게 되었느냐고요? 죄가 있고 증오가 있고 시기가 있고 끝없는 욕심이 있기 때문입니다. 욕심 때문에 눈이 어두워졌습니다. 마음이 흐려졌습니다. 계시의 영이 떠났습니다. 그 마음에는 번쩍하는 것이 없습니다. 참의욕이 없습니다. 이래서 세상은 어지러워지는 것입니다. 그런고로 계시와 지혜의 영, 계시의 영을 주십시오, 기도하여야겠습니다. 경제의 문제도 정치의 문제도 아닙니다. 세상, 국제적인 문제도 아닙니다. 하나님이여, 계시의 영을 주십시오, 할 것입니다. 저 미래가 밝게 보일 때 현재를 알 수 있고 나의 나됨을 알 수 있기 때문입니다. '하나님이여, 계시의 영을 주십시오.' 기도하여야 하겠습니다. △

은혜를 맡은 청지기

만물의 마지막이 가까왔으니 그러므로 너희는 정신을 차리고 근신하여 기도하라 무엇보다도 열심으로 서로 사랑할지니 사랑은 허다한 죄를 덮느니라 서로 대접하기를 원망 없이 하고 각각 은사를 받은 대로 하나님의 각양 은혜를 맡은 선한 청지기같이 서로 봉사하라 만일 누가 말하려면 하나님의 말씀을 하는 것같이 하고 누가 봉사하려면 하나님의 공급하시는 힘으로 하는 것같이 하라 이는 범사에 예수 그리스도로 말미암아 하나님이 영광을 받으시게 하려 함이니 그에게 영광과 권능이 세세에 무궁토록 있느니라 아멘

(베드로전서 4 : 7 - 11)

은혜를 맡은 청지기

　의학을 공부하고 의사가 되려는 사람들에게는 잘 알려진 '히포크라테스 선서'라고 하는 것이 있습니다. 의사가 될 때 이 히포크라테스 선서를 다함께 하고 의사가 됩니다. 그 내용 중에 둘째 항에 보면 '나의 은사에 대하여 존경과 감사를 드립니다'라고 하는 말이 있습니다. 모름지기 의사라고 하는 직(職)이 이 세상에서 가장 존귀한 직이라고 생각을 하고, 환자를 돌보는 일보다 더 고귀한 일은 없다고 생각을 하고, 그 고귀한 일을 내게 맡겨주신 것에 대하여, 내가 맡게되는 데 대해서 감사하고, 존경과 감사를 항상 지니고 그렇게 살아가는 것이 의사입니다. 의사의 입장에서는 사람을 돌보고 병을 치료하는 일보다 더 소중한 일은 없습니다. 그러기에 나 또한 이런 일에 쓰여진다고 하는 것이 자랑스럽고 고귀하고 영광된 것입니다. 그것이 의사입니다. 만일에 의사가 환자를 돌보는 것 외의 일을 더 좋게 생각하고, 돈 많이 버는 직업을 좋게 생각하고, 권세를 누리는 것을 더 좋게 생각을 하고 여기저기 넘보고 있다면 그건 의사답지 못합니다. 아니, 그렇다면 그것은 의사가 아닙니다. 인간은 생일이 둘이라고 합니다. 하나는 생리학적 생일입니다. 여러분이 가지는 생년월일이라고 하는 것, 이 세상에 태어날 때 바로 그날 그 시가 여러분의 생일이 될 것입니다마는, 두 번째 생일은 나의 존재의 이유와 내게 생이 주어진 목적을 깨닫는 시간입니다. 나는 왜 세상에 존재하나, 나는 무엇을 위하여 이 땅에 보냄을 받았는가, 그 의미를 깨닫는 바로 그날이 두 번째 생일입니다. 유감스럽게도 이 두 번째 생일을 맞지 못하고, 엄격히 말하여 사람다운 생을 출발도 못하고 끝나는 그러한 유감된 사람들도 많습니다. 우리는 창조주 하나님의 능력과 그 섭리를 믿습니다. 그 거룩한 경륜 속에 내가 태어난 것입니다. 역사와 나의 개인적 관계를 믿습니다. 이 큰 역사 속에 나라고 하는 작은 존재가 꼭 필요합니다. 해야 할 일이 있습니다. 그래서 이 땅에 우리는 태어났습니다. 그런고로 여기에 사명이 있습니다. 여러분과 제가 여기까지 살아왔습니다. 뭐, 이런 고생도 하고 저런 일도 있었고 실패와 성공, 배신과 신뢰… 여러 가지 어려운 일들을 겪으며 여기까지 왔습니다. 여러분 어찌 생각하십니까? 그게 버려진 과거입니까? 잘못된 과거입니까? 적어도 소명을 아는 사람은 바로 이 시간을 위하여 지난날이 있었다는 것을 압니다. 모세가 주님의 음성을 듣습니다. 듣는 순간 그에게는 지난날의 80년 생이 새로운 의미를 가지게 됩니다. 왜 바로의 궁전에서 40년을 살았는가? 왜 광야에서 40년 목자생활을 했는가? 이 모든것이 합쳐서 오늘을 위하여, 오늘과 내일을 위해서 새로운 의미를 가지게 됩니다. 거기서부터 나라고 하는 존재의 새로운 생이 출발하는 것입니다.

오늘본문 10절에 보면 "각각 은사를 받은대로"라는 말씀이 있습니다. 우리의 생은 주어진 생입니다. 나의 생은 내가 선택한 것이 아닙니다. 하나님께서 세상에 나게 하심으로 내가 태어난 것일 뿐 내가 아버지 어머니를 선택한 것이 아닙니다. 그 시점도 그렇습니다. 그러나 나는 주어진 생을, 철학자의 밀 대로는 던져진 생을 살아갑니다. 그러나 우리에게 각각 주어진 은사가 있습니다. 여기 소명이 있고 사명이 있는 것입니다. 무엇인가 할 수 있도록, 무엇인가를 해야만 되도록 은혜의 선물을 주셨습니다. 그래서 오늘을 위하여 주께서는 많은 은사를, 은혜의 선물을 주셨던 것입니다. 오늘본문은 '은혜를 맡은 청지기'라는 말로 시작됩니다. 오이코노모스, 청지기라는 말은 옛날번역에는 집사라고 번역되었습니다. 집사란 어떤 사람이냐 하면 그에게는 타율성이 있고 자율성이 있습니다. 집사가 하는 모든 일은 다 주인을 위한 것입니다. 주인이 있어서 내가 있고 내가 주인을 위해서 존재하는 것입니다. 그러나 한편으로 주인이 맡겨준 것이 있습니다. 주어진 영역이 있습니다. 재산도, 심지어는 하인도, 혹은 어떤 권력을 맡겨주었습니다. 그 한계 안에서는 자율적입니다. 그는 자유입니다. 자기의 책임을 자율적으로 감당해야 됩니다. 곧 청지기입니다. 하나님께서 우리에게 은혜를 주셨습니다. 많은 은혜를 받았습니다. 은혜가 곧 이제는 사명이 되는 것입니다. 그런고로 은혜를 헛되이 받지 말아야 합니다. 내게 주신 은혜가 오늘은 소중한 결실을 보아야 합니다. 그래서 '은혜를 맡은 청지기'라고 말씀하고 있습니다.

특별히 오늘본문을 자세히 읽어보면 '서로'라고 하는 말이 세 번 있습니다. '서로서로'라는 말입니다. 요한복음 13장 34절에 보면 예수님께서 말씀하시기를 "내가 너희를 사랑한 것 같이 너희도 서로 사랑하라"하십니다. 우리 인간들이 생각하는 '서로'라고 하는 관계는 이것이 서로 하나의 어떤 계약적 관계요 인간적 관계요 횡적 관계가 아닙니다. 그리스도와의 수직적 관계의 결과로 오는 것입니다. 그래서 "내가 너희를 사랑한 것 같이"라고 말씀하십니다. 내가 너희를 사랑했노라, 그런고로 서로 사랑하라—바꾸어 말하면 이렇습니다. 우리는 그리스도로부터 사랑을 받았습니다. 엄청난 사랑을 받았습니다. 그런고로 우리 서로가 사랑해야 됩니다. 우리의 사랑은 원인이 아닙니다. 결과일 뿐입니다. 그 first causality, 첫번째 원인은 그에게 있습니다. 그가 우리를 사랑하셨고 우리가 그의 사랑을 받았습니다. 그가 우리를 위하여 죽으셨고 나를 구속하셨습니다. 그런고로 그 사랑에 근거해서 우리는 그 결과로 서로 사랑할 것입니다. '사랑받았다'하는 것은 은혜요, '사랑하라'하신 것은 바로 은사입니다. "서로 사랑하라."

오늘본문에는 또 이렇게 말씀합니다. '열심으로 서로 사랑하라.' 이 '열심히'라는 말을 헬라원문대로 조금 소개하고 싶습니다. '엑테네'라고 하는 말인데, 이 말은 '잡아늘인다' 하는 뜻입니다. 보통의 열심이 아닙니다. 고무줄이 있습니다. 끊어지지 않을 정도로 잡아늘입니다. 스프링을 잡아늘입니다. 이제 보십시오. 경마로 쓰여지는 말, 그 말이 가지고 있는 자기능력이 있습니다. 이것을 극대화 하려고 좋은 음식을 먹입니다. 잠을 재우고 훈련을 시키고 운동을 시키고… 잘했다가 경마장에 나가는 날 이걸 타고 나갈 때 그 잘달리는 말을 또 채찍질합니다. 계속 때리면서 그 능력을 극대화하는 것입니다. 그 능력을 잡아늘이는 것입니다. 여러분, 여러분의 사랑의 영역을 생각해봅시다. 내가 어느만큼까지 사랑할 수 있습니까? 사랑의 영역, 사랑의 힘을 잡아늘여! 그러면 어떻게 되느냐고요? "사랑은 허다한 죄를 덮느니라." 허다한 죄를 덮습니다, 죄가 보이지 않을 때까지. 허물이 보이지 않을 정도로 사랑해야 됩니다. 여러분도 생애에 한번은 이렇듯 화끈하게 사랑해본 적이 있지 않습니까? 한창 뜨겁게 사랑할 때, 정신없이 사랑할 때, 추운 것도 모르고 더운 것도 모르고, 뭐 작으면 작은대로 좋고 크면 큰대로 좋고, 실수하면 실수하는대로 예쁘고, 그냥 무턱대고 마냥 좋기만 하던 때가 있었지요? 없었습니까? 없었다면 불행한 일입니다. 그렇게 한번 미쳐본 내가 있을 것입니다. 바로 그런 사랑이 '잡아늘여진' 사랑이거든요. 그 순간에는 허물이란 없습니다. 실수도 없습니다. 죄도 보이지 않습니다. 그것이 바로 열심으로 사랑하는 것입니다. 열심으로 사랑하는 자는 피곤함이 없습니다. 그 눈에 허물이 보이지 않습니다. 아무것도 보이지 않습니다. 그저 예쁘기만 하고 아름답기만 하고 행복하기만 하고… 그렇습니다. 심리학자 에리히 프롬이 「사랑의 기술」이라는 유명한 책을 썼는데 많은 사람들이 다 읽고읽고 읽었으리라 생각합니다. 이 책 「The Art of Loving」에서 그는 사랑의 단계를 말하고 있습니다. 하나는 어린아이같은 사랑입니다. 어린아이는 사랑받기 때문에 사랑합니다. 사랑받고 사랑하고, 그게 어린아이의 마음입니다. 그래서 어린아이들 잘 위해주다가도 보면 곧잘 좋다고 하다가도 조금만 제 비위에 안맞으면 "아빠 미워!" "엄마 미워!" 하지 않습니까. 어느 순간에 막 그러지 않습니까. 왜요? 사랑받고 사랑해야겠는데 받는 게 마음에 안드는 것입니다. 이것이 유치한 사랑입니다. 어린아이들은 그런 것입니다. 유치한 사람은 그런 것입니다. 그런가하면 성숙한 사람은 사랑하기 때문에 사랑합니다. 자기사랑으로 상대방을 덮습니다. 이유 없습니다. 사랑하기 때문에 사랑하는 것입니다. 성숙하지 못한 사랑에는 '그대가 필요하기 때문에 사랑한다'하는 논리가 있습니다. 내게 필요하거든요. 혼자 살기 힘드니까 '저거 하나' 필요하거든요. 내가 혼자 살 수 없으니까 '저거 하나' 필요하거든요. 내가 필요로해서 남을 사랑하는, 극히 율법적이고 계약적인 것입니다. 아주 실리적입니다. 이런 사랑이 이제 문제가 되지요. 에로스라는 것이 그렇습니다. 그런가하면 성숙한 사람은 그대를 사랑하기 때문에 그대가 내게 필요하다, 합니다. 사랑의 대상으로 필요합니다. 그가 나를 어떻게 대하느냐는 상관이 없습니다. '나는 너를 사랑함으로만' 내 삶에 의미가 있기 때문입니다. 그런고로 '그대가 필요'합니다. 사랑의 대상이 없으면 내가 사랑하지 못하고 사랑하지 않으면 나는 내가 아니니까, 그래서 사랑합니다. 이게 성숙한 사랑입니다. 오늘성경은 말씀합니다. '열심으로 서로 사랑할지니…'

두 번째는 '서로 대접하라'하였습니다. 대접한다는 말, '필록세노이'라고 하는 헬라말을 조금 설명하고 싶습니다. 여기 '필로' 라는 말은 사랑이라고 하는 말이고 '세노이'라는 말은 행동을 말하는 것입니다. 그래서 이것을 번역할 때 hospitality라고 번역합니다. 말로 사랑하는 게 아니라 대접하는 것입니다. 음식도 대접하고 여러 가지로 잘, 내가 사랑하는 자에게 필요한 부분을 내가 채워주는 것입니다. 구체적으로 사랑하는 것입니다. 이게 바로 대접이라는 것입니다. 행동적 사랑을 말합니다. 12세기의 수도사였던 베르나르 드 끌레르보라고 하는 분의 저서 「The Love of God」에 보면 하나님의 사랑을 실천함에 있어서 우리가 시험에 빠지고 유혹에 빠지는 수가 있다, 라고 경고하고 있습니다. 네 가지 경우인데 그 첫째는 실망입니다. 여러분, 참사랑에는 실망이 없습니다. 어느 순간에라도 실망을 했다면 당신의 사랑은 거짓말이요, 그건 사랑이 아니었습니다. 사랑에는 실망이 없습니다. 무한하게 무한한 미래를 바라봅니다. 「대통령의 어머니들」이라고 하는 책이 있습니다. 미국의 열한 대통령의 경우 그들이 대통령되는 데 결정적인 역할을 한 것은 어머니들이었다는 것입니다. 그 어머니들은 누구들이냐, 그 어머니들의 특징이 뭐냐를 세 가지로 말하는 중에 이런 말을 합니다. 그 어머니들은 낙심한 일이 없습니다. 자식의 실수를 보고도 절대로 실망하지 않았습니다. 그리고 사랑의 실천을 현실로 보여주었습니다. 손님을 대접하고 불쌍한 사람들을 돌보고 자선사업을 하고, 그런 것들을 보여주었습니다. 실천했습니다. 그게 다른 점이었습니다. 사랑은 말이 아닙니다. 절대로 사랑에는 실망이 없습니다. 쉽게 실망하는 것은 그 사랑이 참사랑이 아니기 때문입니다. 사랑에는 절대로 절망이나 실망이 없는 것입니다. 또한 그 사랑은 사람들의 칭찬을 기다리지 않습니다. 사람에게 보이려고 하는 마음이 없습니다. 누가 뭐라고 하든, 알아주든말든, 칭찬하든말든 상관하지 않습니다. 칭찬받고자 하는 마음, 그게 병든 사랑입니다. 사랑의 시험입니다. 둘째는 위선입니다. 사랑의 형식만 남고 내용은 없습니다. 명예를 좋아하고 야망을 가졌을 때 사랑은 위선으로 빠집니다. 셋째는 핑계입니다. 사랑에는 핑계가 없습니다. 참사랑에는 핑계가 없습니다. 하지 말아야 될 이유, 사랑할 수 없는 이유만 생각합니다. 벌써 그것은 사랑이 아닙니다. 사랑할 수 없는 이유는 없습니다. 어떤 핑계도 없습니다. 전적으로 바치는 것입니다. 그게 행동으로 나타납니다. 그래서 "서로 대접하라"하였습니다. 특별히 "원망 없이"라고 하였습니다. 사랑의 행동에 무슨 원망이 있습니까. 대접하는 일에 무슨 원망이 있습니까. "서로 대접하기를 원망 없이 하고…" 요새는 모든것을 전부 과학적으로 한다해서 소위 지수라는 말을 많이 씁니다. 평가지수, 여러분 한번 스스로 생각해봅시다. IQ라고 하는 지능지수, EQ라고 하는 감성지수, HQ라고 하는 유머지수라는 것이 있습니다. 요새는 유머가 좋아야 출세합니다. HQ라고 합니다. JQ라고 하는 것도 있습니다. 잔재주지수, 이거 좋은 것이 아닙니다. 그런가하면 OQ, overcoming quotient, 아주 중요한 얘기입니다. 극복하는 지수, 어려운 일들을 넉넉히 극복하는 극복력지수, 이것은 높아야 됩니다. 여기까지인데, 저는 여기에 하나를 더 생각해보았습니다. 그것은 SQ입니다. 봉사지수. 당신은 얼마나 봉사하고 있습니까? 당신은 얼마나 봉사하는 수준을 가지고 있습니까? 얼마나 봉사하는 사람의 수준에 있느냐, 그 말씀입니다. 봉사지수─그렇습니다. 서로 대접하라─여러분, 요새 우리에게는 이 대접하는 일이 점점 없어져가고 있습니다. 내 한 몸밖에 모릅니다. 정성을 다하여 손님을 대접하고 낯선 분들을 대접하고 환자를 방문하고, 하는 행동적 사랑이 있어야 합니다.

그런가하면 "서로 봉사하라" 합니다. 봉사하라─디아코니아, 서비스를 말하는 것입니다. 요한복음 13장 14절에 보면 "내가… 너희 발을 씻겼으니 너희도 서로 발을 씻기는 것이 옳으니라" 하고 예수님께서 말씀하십니다. 그러는 것이 마땅하니라, 하십니다. 예수님께서 우리를 위하여 죽으셨습니다. 그는 세상에 오실 때부터 섬김을 받으려 함이 아니라 섬기려 하고 대속물로 주려고 오셨다고 말씀하셨습니다. 철저하게 그는 섬기는 자로 오셨고 섬김으로 끝을 내셨습니다. 그러니 우리는 섬김을 받은 자로서 마땅히 섬기는 자세로 살아갈 것입니다. 클라인 벨이라고 하는 상담학자가 쓴 「Well Being」이라고 하는 책에 보면 네 가지의 힘을 말하고 있습니다. power over 곧 지배력, power against 곧 공격력, power for 곧 베푸는 능력, 그리고 power with 곧 협력하는 능력이 그것들입니다. 협력하는 능력이 절대로 필요합니다. 모름지기 우리는 섬기는 마음이 있어야 합니다. 여기 문제가 있습니다. 잔잔한 감동을 일으킨 책 중에 「눈물이 나올 만큼 좋은 이야기」라고 하는 작은 책이 있습니다. 이것은 일본의 한 민간단체가 30년 동안 작은 친절 운동을 일으킨 이야기들을 써놓은 책입니다. 그 중에 있는 이야기입니다. 중소기업사장으로 있던 분이 사업에 실패했습니다. 그래 막막하게 되어서 57세나 된 사람이 이젠 막벌이, 막노동을 하게 됩니다. 집 가까이서 할 수도 없어서 타향에 가서 막노동을 하고 있었습니다. 어느날 일하던 중 점심시간이 되어 점심을 먹으려고 골목골목 돌아서 좀 작은 집을 찾아갔습니다. 싼 음식을 먹어야겠다, 하고 찾아갔는데 막 문을 열고 들어선 순간 그는 아차했습니다. '아차 잘못왔구나. 내가 비싼 집에 왔구나.' 그만큼 좋은 집이었습니다. 그러나 왕년에 사장을 지내던 양반이라 다시 문닫고 돌아가기는 자존심이 허락지를 않습니다. 그래 그냥 들어갔습니다. 보니 넥타이를 맨 점잖은 양반들이 앉아 있습니다. 자기주제가 초라하여 그 분위기에 도저히 어울리지 않습니다. 창피했습니다. 그래 구석진 데 가서 앉았습니다. 그리고 몸둘 바를 몰랐습니다. 그런데 어떤 회사 여직원 같은 예쁜 아가씨가 하나 가까이 다가오더니 물주전자로 물 한 컵을 따라주면서 "물 드세요"하고 따뜻하게 웃습니다. 이 사람은 그 순간 울컥 눈물이 솟는 것입니다. 그 고마움에 겨워 울고 말았습니다. 그야말로 눈물이 나올 만큼 좋은 얘기입니다. 여러분은 보니 지금 울지는 않는데, 그 사람 처지에서 생각해보십시오. 기가막힌 것입니다.

　우리의 선한 일들을 기다리는 사람들이 많습니다. 참으로 우리의 봉사를, 우리의 섬김을 기다리는 사람들 속에 우리가 살아갑니다. 인간의 성공은 은혜를 아는 데 있고 은혜를 베푸는 데 있습니다. 인간의 행복은 자기에게 주어진 은사를 아는 데 있고 은사를 따라 살아가는 데 있습니다. 여러분, 사랑하고 대접하고 섬기는 삶이 최상의 가치를 사는 길입니다. 이것을 잊어서는 안됩니다. 얼마나 가졌느냐가 아니라 얼마나 베풀었느냐, 당신은 얼마나 섬기고 살았느냐, 이걸 묻고 싶습니다. 오늘본문에는 특별히 이렇게 말씀합니다. "만물의 마지막이 가까웠으니 그러므로 너희는 정신을 차리고 근신하여 기도하라. 무엇보다도 열심으로 서로 사랑할지니…" 만물의 마지막이 가까웠습니다. 이제 할일이 무엇이겠습니까. 열심으로 서로 사랑하고, 구체적으로 대접하고, 서로서로 봉사하면 됩니다. 거기서 우리의 삶의 마지막을 가장 아름답게, 의미있게 꽃피워가야 할 것입니다. △

그 아홉은 어디 있느냐

예수께서 예루살렘으로 가실 때에 사마리아와 갈릴리 사이로 지나가시다가 한 촌에 들어가시니 문둥병자 열 명이 예수를 만나 멀리서서 소리를 높여 가로되 예수 선생님이여 우리를 긍휼히 여기소서 하거늘 보시고 가라사대 가서 제사장들에게 너희 몸을 보이라 하셨더니 저희가 가다가 깨끗함을 받은지라 그 중에 하나가 자기의 나은 것을 보고 큰 소리로 하나님께 영광을 돌리며 돌아와 예수의 발 아래 엎드리어 사례하니 저는 사마리아인이라 예수께서 대답하여 가라사대 열 사람이 다 깨끗함을 받지 아니하였느냐 그 아홉은 어디 있느냐 이 이방인 외에는 하나님께 영광을 돌리러 돌아온 자가 없느냐 하시고 그에게 이르시되 일어나 가라 네 믿음이 너를 구원하였느니라 하시더라

(누가복음 17 : 11 - 19)

그 아홉은 어디 있느냐

몇년 전 브라질의 유명한 아마존숲을 방문했을 때의 일입니다. 숙소인 호텔에는 40m나 되는 아주 큰 나무 꼭대기의 나뭇가지 사이에다 꼭 까치집처럼 지은 방이 있었습니다. 그 호텔에서 그 방이 제일 비싼 방이었습니다. 사다리를 타고 한참 올라가야 되는 그런 방인데, 또 역사적인 일이었기에 그 방에 들어가 며칠을 유숙하였습니다. 밤에 자는 동안에 지붕 위에 원숭이들이 모여가지고 얼마나 시끄럽게 하는지 정신이 없고, 아침에 문을 열고 나오면 문앞에 원숭이들이 모여 있다가 막 달려듭니다, 먹을것을 좀 달라고. 그런, 아주 짐승들 속에서 며칠을 지내는 좋은 경험을 했었습니다. 그 호텔의 사장되는 분과 제가 좀 사귀었는데, 이 분하고 같이 숲을 지나가는데 이 짐승들이 그 사장이 누구인지를 다 압니다. 바나나를 한 바구니 들고 가면서 특별히 어린 원숭이들이 올 때 하나씩 주는데, 이상한 것은 이것을 받아갈 때 녀석들이 탁 잡아채듯 빼앗아 달아나버리는 것입니다. 매일같이 그렇게 준다는데도 그것을 좀 공손하게 받지를 않고 이렇게 버릇없이 잡아채어 도망을 갑니다. '저것들이 왜 저럴까?' 그래 왜 저러느냐고 제가 물어보았습니다. 했더니 전문가인 그 사장은 "이것이 동물과 사람이 다른 점입니다"하고 아주 인생철학을 피력합니다. "동물은 내가 한평생 바나나를 이렇게 주어도 고마운 줄 모릅니다. 이게 특징입니다." "왜 저렇게 도망은 갑니까?" 그것은 불신 때문이라고 합니다. "내가 이것을 주고 제놈들 붙잡을까봐 그저 이것만 받아가지고는 도망을 가는 것입니다." 참 귀중한 진리를 들었습니다. 공산권을 방문해보면, 사람들이 하나같이 못삽니다. 못사는 이유가 어디 있느냐 하면 간단합니다. 공산세계에는 감사가 없습니다. 공산세계에서 많이 듣는 말이 혁명입니다. 혁명, 투쟁, 쟁취… 지금 북한에서는 식량이 모자라서 '남새채취 작전'을 펼칩니다. '혁명'입니다. 저들은 그것도 혁명이라고 부릅니다. 그래서 들판에고 산에고 일제히 나가서 먹을만한 풀은 다 뜯어오라는 것입니다. 그래 온시민이 다 나서서 지금 풀뜯기작전을 펼치고 있습니다. 참으로 비참한 얘기입니다. 혁명, 파업, 쟁취… 이런 것을 통해서 얻는 것에는 감사가 없습니다. 그것은 빼앗은 것이니까요. 그래서 붉은 띠를 두르고 나서서 '결사투쟁'이니뭐니 하는 것을 볼 때마다 참 마음이 서글퍼집니다. 저렇게 해서는 얻는 것도 별것 없지마는 얻어도 불행한 것입니다. 왜요? 감사가 없지 않습니까. 그리해서 얻은 것은 빼앗은 것이지 얻은 게 아니기 때문입니다. 그 세계에는 감사가 없습니다. 감사하지 않는다고 벌하는 형법은 이 세상 어디에도 없습니다. 그러나 「탈무드」에 정곡을 찌른 명언이 있습니다. '감사를 모르는 자를 벌하는 법을 하나님께서 만들지 아니한 것은 감사할 줄 모르는 자를 이미 불행으로 벌하셨기 때문이다.' 감사할 줄 모를 때 이미 그는 불행이라는 벌을 받고 있는 것입니다. 새삼 벌할 것도 없습니다. 감사하지 않는다고 감옥에 보내는 법은 없습니다. 그러나 그는 벌써 불행이라고 하는 심판을 받고 있더라, 그 말입니다.

오늘본문에 예수님께서 열 문둥병자를 만나셨다, 하는 이야기가 있습니다. 문둥병이라는 것은 언제 걸리는지도 모르게 걸려가지고 서서히서서히 죽어가는 것이 아닙니까. 참 비참한 병입니다. 손발이 떨어지고, 코가 떨어지고, 눈알이 빠지고… 이러면서 마지막에 비참하게 죽어가는 병인데, 그 당시 이것은 난치병이요 전염병이었습니다. 그런고로 이 병에 걸렸다하면 가정으로부터도 격리됩니다. 사회에서도 버림받습니다. 심지어는 성전에 들어갈 수도 없습니다. 어느 동굴같은 데 모여 살면 지나가는 사람들이 불쌍히 여겨 조금씩 식량을 보내주면 그걸 먹고 삽니다. 만일에 식량이 부족해지면 떼를 지어 동리에 돌아다니면서 소리를 질렀습니다. 그래서 얻어먹는 그런 집단입니다. 본문의 열 문둥이가 그런 사람들이었습니다. 이렇게 불쌍한 사람들이 떼를 지어 다니면서 소리를 지르고 있었다는 말씀입니다. 그런데 저주받았다고 자타가 인정하는 이 불쌍한 사람들을 예수님께서 긍휼히 여기시고 병고쳐주셨습니다. 오늘본문에 아주 중요한 말씀이 나옵니다. "가서 제사장들에게 너희 몸을 보이라." 예수님 말씀하십니다. 제사장이라면 당시에는 의사입니다. 그런고로 문둥병이 나았는지 문둥병이 아직 있는지는 제사장이 판단을 합니다. 제사장이 "너는 나았다"하고 인정을 하면 그때에야 집으로 돌아갈 수 있습니다. 그런데 이들은 아직 낫지도 않았습니다. 안수라도 받았거나 안찰받은 것도 아닙니다. 깨끗해진 것도 아닌 상태인데 그 몸들을 제사장들에게 가서 보이라, 하십니다. 이 말씀을 듣고 가야 합니까, 말아야 합니까? 그러나 이 사람들에게 이만큼의 믿음이 있었고 이만큼의 순종이 있었습니다. 말씀대로 제사장에게 보이려고 가는 길에 보니 나았습니다. 얼마나 희한합니까. 얼마나 감사합니까. 바로 그 순간 그 중 사마리아사람 하나는 발길을 돌려 예수님께로 왔고, 발 앞에 꿇어엎디고 사례하였다, 하는 것입니다. 그런데 나머지 아홉은 어디론가 가버렸습니다. 여기서 우리가 생각할 것이 있습니다. 감사가 조건은 아닙니다. 감사가 그들에게 주어진 강한 의무가 아니었던 것입니다. 그러나 오늘 예수님의 말씀을 가만히 들어보면 이렇게 와서 감사하는 자를 기쁘게 여기시되 돌아오라고 말씀하신 바 없습니다. 돌아와서 감사해야 된다고 말씀하시지 않았습니다. 그런데 "그 아홉은 어디 있느냐" 하십니다. 무슨 영문입니까. 섭섭해하시는 것입니다. "그 아홉은 어디 있느냐?" 감사는 의무가 아닌 것입니다. 감사는 조건인 것도 아닙니다. 그러나, 자발적으로 자원적으로 와서 감사하는 것을 기뻐하고 계십니다. '그래야 마땅하지 않느냐.' 어쩌면 그것이 오늘본문에 나타난 핵심진리이겠습니다. 뭐, 그 사람들 감사 안했다고해서 병이 재발했다고는 보지 않습니다. 너는 감사하지 않았으니 영원히 문둥병에서 벗어나지 못하리라—그렇게 말씀하실 예수님도 아니십니다. 그러나 "그 아홉은 어디 있느냐?" 하십니다. '이 은혜를 모르는 사람들…' 이렇게 서운함을 드러내십니다.

그 아홉에 대한 이야기가 늘 궁금합니다. 「그 아홉의 변명」이라고 하는 작자 미상의 글이 있습니다. 한번 생각해볼만한 글입니다. 한 사람은 '의사와 제사장에게 가서 정밀검사를 해야겠다'해서 갔다는 것입니다. '나은 것은 같지만… 정말 나았을까?' 아주 의심이 많은 사람입니다. '가서 정밀검사를 해보아야지.' 그래서 가버렸습니다. 두 번째 사람은 '혹 재발할는지도 몰라. 며칠 두고봐야겠다'합니다. 이거, 신중론입니다. 나은 것은 같으나 워낙 꿈같은 얘기라서 정말 나았는지 좀 두고봐야겠다는 것입니다. 세 번째 사람은 '내 병은 본래 문둥병이 아닌 좀 특이한 피부병 정도였던가보다'합니다. 이건 회의론자입니다. 또 그 다음 사람은 '내 병은 나을 때가 돼서 나았을 거야'합니다. 나은 것을 자연현상으로 보려고 합니다. 가만히 보면 그런 일들이 많지 않습니까. 어떤 병 걸렸다가 나았을 때 "어떻게 나았어?" 물으면 "그저 뭐, 약도 좀 쓰고 병원에도 가긴 했지만 나을 때가 되어서 나았겠지 뭐"하고 대답하고 그리 생각하는 사람들이 많은 것을 봅니다. 또 한 사람은 병걸리기 전에 가졌던 밭과 재산이 지금 어떻게 되었는지, 이게 궁금합니다. 이제 먹고살아야겠으니, 하고 그걸 빨리 알아보겠다고 가버렸습니다. 또 한 사람은 병걸리기 전에 같이 살던 가족과 가정, 특별히 아내가 수절하고 있는지, 그게 궁금합니다. 그래서 가버렸다는 것입니다. 또 한 사람은 '그리스도께서 특별히 해주신 것은 없잖아. 안수를 해주신 것도 아니고, 어루만져주신 것도 아니고, 안찰을 하신 것도 아니고, 약을 주신 것도 아니고… 그저 "가서 보이라" 한 말씀밖에 아니하셨지 않은가' 하는 어리석은 생각을 하는 사람도 있었을 거라는 말입니다. 또 다른 사람은 '다른 유명한 랍비들도 이런 일은 해낼 수 있을는지 몰라' 하고 예수님의 능력을 상대화해버렸습니다. 또 한 사람은 '이 모습 이대로 예수님께 갈 수는 없잖아. 가서 목욕을 하고 새 옷을 입고 예물을 가지고 돌아와 예수님께 가야지.' 그래서 가버렸는지도 모르겠다는 것입니다. 그런데 낫자마자 곧장 돌아와 감사를 드린 이 사마리아사람은 어떻습니까. 이 한 사람은 '이 모습 이대로'였습니다. 이게 중요한 것입니다. 문둥병자의 옷차림을 그대로 하고 있습니다. 그 더러워진 것, 붕대감고 있는 것, 그 모습 그대로였습니다. '예수님께서 벌써 우리를 환영해주시고 사랑해주셨는데 이 모습, 이 추한 모습이면 어떠냐.' 이것입니다. 그 모습 그대로 예수님 앞에 나아왔습니다. 그리고 사례드렸다는 것입니다. 여러분, 그 점이 아주 중요합니다. 그 한 사람은 우선 감사를 하였습니다. 최우선적으로 감사했습니다. 예수님께서 감사를 조건으로 말씀하고 계시지는 않습니다. 감사가 조건이 된다면 그 법은 율법입니다. 오직 은혜로 주시고 은혜로 빌을 뿐입니다. 은혜로 말씀하시고 은혜로 순종할 뿐입니다. 오직 은혜로 받아들이면서 감사하는 것입니다. 의무적으로 하는 것이면 감사가 아닙니다. 이 사마리아사람은 자발적으로 자원적으로, 그 추한 모습을 그대로 가지고 나와서 사례를 함으로 주님을 기쁘시게 하였습니다.

토래이(R. A. Toray)라고 하는 목사님이 쓴 책에 이런 기록이 있습니다. 미국 미시간호에서 승객을 잔뜩 태운 배 한 척이 침몰되었습니다. 그때 한 수영선수가 목숨을 걸고 뛰어들어가서 무려 스물세 사람이나 구조를 했습니다. 그 사실이 신문에도 났습니다. 그리고 오랜 세월이 지났습니다. 토래이 목사님이 어느 주일설교에 오래전 미시간호에서 있었던 일, 청년 하나가 23명의 목숨을 건졌다는 이야기를 하였습니다. 그랬더니 설교가 끝났을 때쯤 한 노인이 하는 말이 "제가 바로 그 청년입니다"하는 것이었습니다. 목사님은 이 노인을 목사님사무실에 들이고 차를 나누면서 담소를 하는 중에 "당신이 그때 겪었던 일 중에서 가장 깊은 인상을 받은 것은 무엇입니까?"하고 물었습니다. 했더니 이 노인은 "한 사람도 고맙다는 말을 한 일이 없다는 사실입니다. 크리스마스 카드 한 장도 온 일이 없습니다"하고 대답하는 것입니다. 여러분, 사람들이 이럴 수가 있습니까. 왜 이렇게 어려워지는 것입니까. 직선적으로 바로 그 시간에 감사하지 않으면 감사 못하게 됩니다. 하루만 지나도, 몇시간만 지나도 생각이 바뀝니다. 오늘 저 아홉 사람의 변명대로 말입니다. 시간이 지나면 감사 못할 이야기들이 자꾸만 생각납니다. 못하게 되고 맙니다. 바로 이 시간, 이 순간에 감사하지 않으면 영영 못하고 맙니다. 슬픈 얘기입니다마는 1980년의 '아웅산묘역사건'을 기억하실 것입니다.

한국의 유명한 정치인들, 대통령을 수행한 방문단 무려 17명이 희생 당한 테러사건이 있었습니다. 여기에 참가했던 한 분, 마침 그쪽으로 가는 중이었지만 길이 막혀서 조금 늦게 간 것 때문에 그 끔찍한 사건으로부터 살아남았습니다. 그리고 부랴부랴 대통령과 같이 비상비행기를 타고 돌아왔습니다. 너무나도 어려운 시간이라서 비행장에 새벽 4시에 내렸는데 다 서로 인사도 못챙기고 그냥 흩어지고 말았습니다. 이 분은 그 어두컴컴한 시간에 우선 택시를 잡아탔습니다. 택시기사가 물어봅니다. "어디로 갈까요?" 그때 그는 생각을 했답니다. '내가 어디로 가야 하나? 꼭 죽어야 할 사람인데 지금 살아 있다. 나는 어디로 가야 하나?' 그는 결연히 택시기사에게 말했습니다. "소망교회로 갑시다." 도저히 집으로 먼저 갈 수가 없더라는 것입니다. 그는 새벽기도회에 한 번도 안나와본 사람입니다. 택시가 교회 마당에 도착했습니다. 그런데 대통령 따라간 분이라서 수중에 돈이 한푼도 없었습니다. 택시비 줄 돈이 없었습니다. 그래서 "조금만 기다리십시오. 이제 새벽기도 나오는 분이 있을 테니까 아무나 붙들고 부탁을 해서 돈을 꾸어가지고 택시비를 드리겠습니다" 하였습니다. 그리고 잠시 기다리니까 아니나다를까 교인이 나타나더랍니다. 그에게 부탁해서 돈을 꾸어 택시비를 주었다고 합니다. 그리고 들어와서 감사의 기도를 드렸노라, 합니다. 여러분, 제가 길에 나가면 가끔 대낮에, weekday에 교회에 나오는 분들을 만납니다. 서로 인사하면서 "어떻게 이 시간에 교회에 나오십니까?" 묻습니다. 그러면 여러 번 같은 얘기를 듣습니다. "제가 지금 중한 수술을 받고 병원에서 퇴원하는 길입니다. 내가 생명을 다시 찾았습니다. 그래 집으로 바로 갈 수가 없어 지금 교회에 나왔습니다. 기도하고 가려고 오는 길입니다." 잘하는 일입니다. 바로 이 시간, 직선적으로 즉각적으로 감사하지 않으면 감사할 수 없게 되고 맙니다. 그걸 잊지 말아야 합니다. 여러분, 이런 전화 받아보았습니까? "가스가 나왔습니다." 저도 한 번 맹장수술을 급히 받아본 적이 있는데, 이런 수술을 받은 다음에는 의사와 환자가 같이 기다리는 것이 가스나오는 것입니다. 이게 만일 안나오면 재수술을 받아야 됩니다. 그래 초조하게 기다리다가 가스가 나오면 아, 살았다고, 서로 고맙다고 전화를 겁니다. 가스가 뭡니까. 방귀 아닙니까. 여러분, 허구헌날 방귀뀌지만 그게 그렇게 중요한 것인 줄은 몰랐지요? 이 시간에는 이게 기쁜 소식입니다. 환난과 고통, 역경, 그것이 사람의 생각을 깊게 만들고 깨달음을 줍니다. 깨달음이 있을 때 비로소 감사할 수 있습니다. 감사가 있을 때 행복이 따라오는 것입니다. 이상하게도 우리는 형통할 때, 평안할 때 감사할 줄을 모릅니다. 오히려 원망을 할 때, 절박한 어려움에 있을 때 감사할 뿐 아니라 미처 감사하지 못한 것까지 감사하게 됩니다. 우리나라에도 한번 방문에서 많은 사람에게 감명을 준, 세계가 갈채를 보내는 감동적인 인간승리의 주인공이 있습니다. 「발로 쓴 내 인생의 악보」라고 하는 책을 쓴 분입니다. 이 책은 천상의 목소리로 가스펠 송을 부르고 있는, 레나 마리아라고 하는 gospel singer의 수기입니다. 그는 날 때부터 두 발이 없는 장애자입니다. 다리도 한 다리가 짧습니다. 그러나 그는 하나님을 찬양합니다. 천사의 목소리로 하나님을 찬양합니다. 그는 말합니다. '내 장애는 오늘이 있게 한 본질적 요소였지 장애가 아닙니다.' 긍정적으로 생각하고 신앙적으로 받을 때 우리는 언제나 감사할 수 있습니다. 감사 자체가 레나 마리아의 삶을 태양보다도 더 밝게 만들어주었습니다.

여러분, 잘되고 평안한 데서 감사가 우러나오는 줄 알지마는 실제적으로 그렇지 않습니다. 오히려 가장 어려운 형편에서 우리는 감사하게 됩니다. 깨달음이 없이는 감사가 없습니다. 고통이 없이는 깨달음이 없습니다. 깨달음의 깊은 세계에서 감사하고 감사할 때 행복으로 이어집니다. 여러분, 절대적인 관계에 감사가 있고 직선적 이해에 감사가 있고 절대적 관계, 하나님과 나와의 신앙적 이해 속에서만이 진정한 감사를 할 수 있습니다. 감사는 사건의 결과가 아닙니다. 감사는 생의 동기입니다. 행복이 어디 있느냐고요? 행복해서 감사하는 게 아닙니다. 감사함으로 행복이 되는 것입니다. 감사함으로 행복해지는 것입니다. 종은 울려서 소리가 나야 종입니다. 감사가 없는 곳은 행복이 없는 곳입니다. 감사의 기도를 하나님께서 들으십니다. 감사하는 자에게 은혜를 베푸십니다. 오늘본문에 '네 믿는대로 되리라. 네 믿음이 너를 구원했으니, 평안히 가라'하고 예수님 말씀하십니다. 이 축복이 이 사람에게 주어집니다. 감사하는 은혜, 그리하여 은혜로 은혜되게 하는 은혜, 그리고 범사에 형통한 은혜, 그것은 바로 감사하는 자에게 있는 것입니다. △

이 사람이 선택한 성공

요셉이 이끌려 애굽에 내려가매 바로의 신하 시위대장 애굽 사람 보디발이 그를 그리로 데려간 이스마엘 사람의 손에서 그를 사니라 여호와께서 요셉과 함께 하시므로 그가 형통한 자가 되어 그 주인 애굽 사람의 집에 있으니 그 주인이 여호와께서 그와 함께 하심을 보며 또 여호와께서 그의 범사에 형통케 하심을 보았더라 요셉이 그 주인에게 은혜를 입어 섬기매 그가 요셉으로 가정 총무를 삼고 자기 소유를 다 그 손에 위임하니 그가 요셉에게 자기 집과 그 모든 소유물을 주관하게 한 때부터 여호와께서 요셉을 위하여 그 애굽 사람의 집에 복을 내리시므로 여호와의 복이 그의 집과 밭에 있는 모든 소유에 미친지라 주인이 그 소유를 다 요셉의 손에 위임하고 자기 식료 외에는 간섭하지 아니하였더라 요셉은 용모가 준수하고 아담하였더라

(창세기 39 : 1 - 6)

이 사람이 선택한 성공

문화방송 MBC의 대표적인 다큐멘터리 드라마에 '성공시대'라는 프로가 있었습니다. 1997년 11월 IMF의 한파가 밀어닥치는 그 어려운 때에 사람들에게 희망과 용기를 주기 위해서 만들어진 프로였습니다. 2001년 11월 4일 박세리선수 편을 끝으로 막을 내렸습니다. 여러 사람들의 이야기가 거기에 나타나고 있습니다마는 주제는 언제나 하나입니다. 성공의 원동력이 무엇일까? 어떻게 해서 성공을 했는가? 그것을 말해주는 의미깊은 테마였습니다. 그런데 거기에 나타나는 모든 사람들, 다시말해서 성공시대 프로그램의 주인공들, 성공했다고 보는 그런 사람들에게 공통점이 있습니다. 첫째는, 성실하고 열심히 살았다는 것입니다. 최선을 다해서 살았습니다. 그들은 운명을 탓하지 않았습니다. 내 처한 처지가 숙명적인 것이라고 생각하지 않았습니다. 있는 처지에서 최선을 다하여 열심히 살았습니다. 그것이 공통점입니다. 두 번째는, 자신의 재능을 살렸습니다. 희한한 어떤 다른 능력, 다른 환경을 구하지 않았습니다. 자신에게 주어진 바를 그대로 살렸습니다. 무슨 다른 천재적 능력이나 높은 기술적 능력을 바라지 않았습니다. 다만 작든크든 하나님께서 내게 주신 재능을 다 통해서 성실히 살았습니다. 또한 하고 싶은 일을 했습니다. 아니, 일하는 것을 즐겼습니다. 그 즐겼다는 데 문제가 있습니다. 예컨대 박세리 양으로 말해도 그렇습니다. 아버지가 그 딸을 골프선수로 키우기 위해서 피나는, 아주 엄하고 고된 훈련을 시켰습니다 담력을 키운다고해서 어린아이를 공동묘지에 갖다버리고 왔습니다. 모래주머니를 발목에 메고 산을 오르는 훈련을 시켰습니다. 15

층아파트를 아버지는 승강기타고 올라가면서 "너는 걸어 올라오라. 뛰어 올라오라. 세 번씩 뛰어 올라오라." 뛰어내리고 뛰어오르고… 이렇게 해서 힘을 키웠습니다. 또 그는 아주 엄한 아버지였습니다. 그래서 무섭게 책망을 했습니다. 호되게 훈련을 시켰지마는 중요한 것은 이 박세리 양이 골프를 즐겼다는 사실입니다. 그리고 아버지를 좋아했습니다. 내가 결혼을 한다면 아버지같은 사람하고 하겠다고 말했습니다. 그런가하면 그 박세리 양이 제일 무서워하는 말이 뭐냐 하면 "그따위로 하려면 골프 그만둬!"라는 말이었습니다. 그 말이 제일 무서웠다고 합니다. 왜요? 골프가 즐거우니까. 그렇게 무서운 훈련을 받으면서도 골프만은 스스로 즐겨서 했습니다. 그게 성공의 비결입니다. 즐겼습니다. 더욱 중요한 것이 있습니다. 남들은 이런 사람들을 보고 성공했다고 하지만 본인들은 성공했다고 생각한 적이 없다는 사실입니다. 남들이 성공했다고 축하해줄 뿐입니다. 자신들로서는 축하받을 것이 아니었습니다. 왜요? 아직도 아니니까. 좀더 두고봐야 할 것이니까. 이것이 복이 되는지 화가 되는지 Nobody knows. 그런고로 이 성공이라고 하는 과정 속에서 현재라고 하는 시점을 성공의 종착점으로 생각하지 않았다, 이것입니다. '나는 성공한 사람이 아닙니다.' 이렇게들 부정하고 있는 것입니다. 흔히 성공했다고 할 수 있는 많은 분들에게 방송국이 '성공시대'에 나와달라고 부탁을 했지마는 사양한 사람들도 많았다고 합니다. "남들은 뭐라고 하는지 몰라도 나는 부끄러운 사람입니다." 그러면서 거절했다, 하는 이야기입니다. 네 번째로, 이 사람들은 어려운 환경을 딛고 일어섰습니다. 그 어려운 환경을 오히려 기회로 삼았습니다. 기회가 따로 있는 것이 아니다, 내 처한 이 역경 이 자체가 기회다, 라고 생각했습니다. 그것이 다른 점입니다.

여러분, 성공이란 소유도 지식도 지위도 명예도 아닙니다. 성공이란 얼마나 가졌느냐가 아니고 어떤 지위에 올랐느냐가 아닙니다. 얼마나 알고 있느냐, 이것도 아닙니다. 성공이란 존재의 문제입니다. being입니다. being에서 becoming 으로 갑니다. 되어야 할 존재로 향해 가는 과정입니다. 되어져가는 것입니다. 성공이란 되어지는 과정일 뿐이지 성공이라는 어떤 상태가 따로 있는 것이 아닙니다. 문제는 성공한 자로 계속 되어져가는 것입니다. 어디까지 왔느냐가 문제입니다. 어떤 사람이 되느냐, 거기에 문제가 있습니다. 그리고 얼마나 스스로 행복하냐—그것이 성공의 잣대입니다. 남들이 이러쿵저러쿵하는 것 중요하지 않습니다. 스스로 행복하여야 그게 성공입니다. 나아가 많은 사람을 행복하게 해야 됩니다. 보다 더 많은 사람에게 기쁨을 주고 행복을 주어야 됩니다. 혼자만의 행복은 성공이 아닙니다. 삶의 가치란 오히려 다른 사람으로부터 얻어지는 법입니다. 얼마나 많은 사람을 기쁘게 하고 행복하게 했느냐—그것이 문제입니다. 그리고 또 문제 있습니다. 어떤 사람으로 남느냐입니다. 마지막에 어떤 사람으로 남느냐, 어떤 사람으로 기억되느냐—거기에 성공을 말할 수 있는 바로미터가 있습니다. 아메리칸 인디언 중에 아파치족이 있습니다. 우리는 그 역사를 잘 모르지만 영화에서 주로 볼 수 있는대로는 여러 인디인부족 중에서도 아파치족은 가장 강한 족속이었던 것같습니다. 어느 아파치족의 추장이 나이많아서 은퇴를 하게 됩니다. 그 후임을 정하기 위해서 많은 시험이 있었습니다. 체력, 지혜, 인품이 출중한 사람을 고르기 위해서 활쏘기도 시키고, 말달리기도 시키고, 씨름도 시키고, 여러 퀴스도 내고… 많은 시험을 보였습니다. 수많은 사람이 응시했지마는 다 떨어져나가고 세 사람이 남았습니다. 이 세 사람 중의 하나가 다음추장이 될 참입니다. 추장은 그들 보고 말합니다. "너희는 저 뽀얗게 보이는 높은 산정에 올라갔다가 내려오라." 길도 없는 험한 산을 죽기살기로 세 사람이 올라갔습니다. 그리고 내려왔는데 한 사람은 산정에만 있는 특별한 꽃 한 송이를 꺾어 가지고 왔습니다. "이것이 산꼭대기에 있는 꽃입니다." 한 사람은 매끈매끈한 돌을 하나 가지고 왔습니다. "이것이 산정에 있는 특별한 돌입니다." 산정까지 올라갔던 증거입니다. 이제 세 번째 사람에게 "너에게는 무슨 증거가 있느냐?" 물으니 "저는 아무것도 없습니다"하고 대답합니다. 추장은 대로(大怒), "산정에 올라가라고 했는데 어째서 넌 그냥 내려왔느냐?" 그는 대답했습니다. "저는 산 너머 저 먼곳을 보고 왔습니다. 거기에는 썩 아름다운 강이 흐르고 비옥한 땅이 있습니다. 이제 우리는 머지않아 저 산을 넘어 그쪽으로 거주지를 옮겨야 하겠습니다. 저는 아주 비옥한 그곳, 미래를 보고 왔습니다." 나이많은 추장은 즉석에서 선언합니다. "그대가 다음추장이다." 그렇습니다. 보다 멀리, 보다 먼 미래를 바라볼 줄 아는 거기에 성공이 있는 것입니다.

오늘성경에 나타난 요셉이라는 사람, 그는 성공한 사람의 표본입니다. 그가 총리대신이 되었다고해서가 아닙니다. 본문에서 보는 바와 같이 그는 신임받는 사람이었습니다. 그는 진실했습니다. 자신 앞에 신실한 사람입니다. 그리고 능력을 인정받았습니다. 다른 사람이 그를 믿어주었습니다. 그의 진실을 믿고 그 능력을 믿어주었습니다. 나아가 그는 empowering leadership을 가졌습니다. 다른 사람을 신나게, 신바람나게 하고, 다른 사람을 일하게 하고, 능력있게 하는,

empower leader였습니다. 많은 사람이 기쁨으로 힘차게 일할 수 있도록 만드는 그런 사람이었습니다. 모름지기 이런 지도자가 필요합니다. 비록 노예였지마는 그는 정신적으로는 주인이었습니다. 그것을 알아야 합니다. 어렸을 적에는 유별나게 아버지의 사랑을 많이 받았습니다. 그가 노예로 팔려간 다음에는 노예 중에서도 그는 인정을 받고, 많은 사람에게 신임과 존경을 받고, 오늘말씀대로 되었습니다. "그가 요셉으로 가정총무를 삼고 자기소유를 다 그에게 위임하니…" 아무것도 관계하지 않고 네 맘대로 하라, 하였습니다. 모든 것을 다 그에게 내맡겼습니다. 그만큼 신임을 받았습니다. 그런가하면 죄수가 되었을 때는 다른 죄수들로부터 존경을 받았습니다. 마침내 왕 앞에 섰을 때 그는 전적으로 왕의 은총을 입었습니다. 그것이 요셉입니다. 그러한 사람이었습니다. 그러한 인격이었습니다. 그러한 인품을 가졌습니다. 그것이 성공입니다. 그는 환경에 상관없이 살았습니다. 환경이 어떻게 바뀌든 그에게는 상관이 없었습니다. 언제나 진실했고 성실했고, 그리고 하나님의 사람으로 살았습니다. 더욱 중요한 것은, 그는 과거의 노예가 되지를 않았다는 것입니다. 그의 과거가 어떻습니까. 어찌 이런 일이 있을 수 있습니까. 형들이 동생을 팔아먹었습니다. 그것도 노예로 팔아먹었습니다. 노예로 한번 팔리면 일생 노예입니다. 그 자손도 노예입니다. 차라리 죽이는 게 낫지 그 비참한 노예라니요. 형들이 동생을 팔아먹었습니다. 친형들이 동생을 노예로 팔고, 이렇게 팔려간 요셉입니다. 억울하고 분하고… 그 한을 생각한다면 아마 정신병이 돼 죽었을 것입니다. 가슴이 터져서 죽었을 것입니다. 그러나 그는 과거로부터 완전히 벗어났습니다. 과거는 과거입니다. 그는 지난날을 깨끗이 잊었습니다. 하에 노예가 되지 않았습니다. 오늘 우리가 주변에서 많이 보는 바가 있습니다. 한이 있었던 것은 압니다. 어려운 고비를 넘었습니다. 그러나 한풀이에 남은 일생을 다 바쳐버리는 어리석은 사람이 있습니다. 한은 한입니다. 그것으로 지나가야지 이제 그 한을 풀어보겠다고 거기다가 운명을 걸어요? 또하나의 비참한 것입니다. 지난날의 억울한 것도 억울한데, 이제 또다시 소중한 현재와 미래를 그 과거에 바쳐버릴 것입니까. 과거 때문에 현재를 망쳐야 되는 것입니까. 요셉은 그런 점에서 훌륭합니다. 그 억울한 한을 품고도 자유했습니다. 전혀 소망이 없는 노예생활에서도 온전히 자유한 심정으로 살았습니다. 잘해도 노예고 못해도 노예고, 노예로 살다 노예로 죽을 것입니다. 진실할 건 뭐 있고 충성할 건 뭐 있습니까. 모든 노예가 그랬듯이 그는 그럴 필요가 없거든요. 그에게 도덕성을 물을 필요는 없는 것입니다. 옛날부터 그런 논리가 있지 않습니까. '가난은 무죄다. 피압박자는 무죄다. 나는 가난하기 때문에 도적질 할 수 있다. 나는 너무나 많은 것을 빼앗겼기 때문에 내가 좀 빼앗아도 죄가 안된다…' 너무나도 억울함을 당했기 때문에 그렇습니까? 요셉은 이 논리에서 벗어났습니다. 완전히 자유했습니다. 아무 소망도 없는 노예생활이지마는 그는 이 현실을 그대로 받아들이고, 진실하게 성실하게 열심히 살았습니다. 그리고 하나님의 사람 된 정체의식을 가지고 경건하게 살았습니다. 그걸 잊지 말아야 합니다. 그는 하나님 앞에서 성실했습니다. 그 누구를 위해서가 아닙니다. 전설에 보면 이런 이야기가 있습니다. 그는 용모가 준수하고 아담하였더라, 그래 보디발의 아내가 이 남자를 탐냈고, 어느 조용한 시간에 끌어들여가지고 '즐거운 시간을 가지자' 했는데 요셉이 '안됩니다. 나는 하나님을 믿기 때문에 안됩니다'하고 나오니 보디발의 아내가 생각하는 하나님은 우상이었고 그 옆에 우상이 있었으므로 그 우상에다 치마를 벗어서 갖다덮어놓고 보라, 못보지 않느냐, 괜찮다, 하고 덤빕니다. 이때 요셉이 유명한 말을 했다고 합니다. '당신이 믿는 저런 우상은 못보지만 내가 믿는 하나님께서는 나를 보고 계십니다. 그런고로 안됩니다.' 이때문에 그는 감옥에 갑니다. 그래도 그는 성실했습니다. 하나님 앞에서 그는 경건하게 신앙인의 정체의식을 분명히하고 거기에다 운명을 걸었습니다. 마땅히 이러해야 됩니다. 세상이 어떻게 돌아가든, 살든죽든 진실할 것이요 성실할 것입니다.

종교개혁자 칼뱅은 「Institutes of the Christian Religion(기독교강요)」라고 하는 불후의 명저에서 그리스도인의 삶을 간단하게 두 가지로 요약합니다. 첫째, 십자가 앞에서 계속적으로 자기를 부정하는 것이다, 합니다. 자기부정적인 생활입니다. 십자가 앞에서 욕심도 버리고 질투도 버리고 시기도 버리고 절망도 버리고 명예욕도 버리고 다 버리는 것입니다. 깨끗하게 버려가는 것이 그리스도인입니다. 어디까지 버렸느냐, 그것이 그의 경건입니다. 또한, 신앙인의 생활이란 순례적인 것이다, 합니다. 순례자를 보십시오. 그는 순례의 길을 떠납니다. 그렇다면 이 세상은 궁극적으로 종착지가 아니고 지나가는 곳입니다. 하나의 pilgrim, 순례자의 길을 가는 것입니다. 집이 있냐고 내가 거기 오래 살 것입니까. 돈이 있다고 오래 살 것입니까. 이 땅은 내가 머물 곳이 아닌 것입니다. 그건 분명합니다. 다 버리고 다 떠나야 합니다. 가끔 아들딸 시집장가 다 보내놓고 두 늙은이만 앉아 있자니 허전해서 못견디겠다며 찔찔우는 사람도 있습디다마는 울긴 뭘 울어요, 본래 그랬던 것인데. 앞으로도 그럴 것인데. 인생은 나그네길입니다. 한낱 순례자의 길을 가는 것입니다. 그런고로 절제라고 하는 것은 자연스런 것입니다. 그리스도인은 그래서 욕심을 부릴 것 하나도 없습니다. 마음 둘 것 없이 훌훌 털고 일어서는 그런 마음이 있어야 합니다. 순례의 길을 가고 있는 것입니다, 하늘나라를 향해서. 요셉은 그러했습니다. 그가 생각하는 먼 길을 바라보고 오늘을 살아왔습니다. 그리고 그는 신임을 받았습니다. 그리고 하나님의 이름을 높였습니다. 오늘본문에 자세히 보면 하나님께서 요셉을 보시고 보디발의 집에 복을 내리셨다, 합니다. 이 점이 참으로 아름답습니다. 요셉을 보시고 하나님께서 이 집에 복을 내리실 뿐만 아니라 보디발이 그것을 알고 있었습니다. '우리집에 복덩이가 들어왔다. 저 사람 때문에 우리집에 복을 주시는구나. 우리 농사가 저 사람 덕분에 잘되는구나. 내가 하는 일이 저 사람 덕분에 잘되는구나.' 요셉이 복의 근원이 된 것입니다. 그런 감동을 주었습니다. 그런 확신을 주었습니다. 그래서 하나님께 영광을 돌렸고. 특별히 창세기 45장에 가서 그는 유명한 간증을 합니다. 형님들을 만났을 때, 형님들이 벌벌떨고 두려워할 때 말합니다. '당신들이 나를 팔았다고 두려워하지 마시오. 당신들이 나를 팔아먹어서 내가 팔려온 것이 아니고 하나님께서 나를 이리로 보내신 것입니다.' Not sold but sent. ― 나는 사명을 띠어 보내심을 받은 것입니다, 하는 사명자의 의식을 가지고 있는 것입니다.

중국에서 예로부터 전해오는 교훈에 군자오치(君子五恥)라고 하는 것이 있습니다. 다섯 가지 수치가 있는데, 첫째는 예의를 갖추지 못하는 것입니다. 두 번째는 마음속에 성의가 없는 것입니다. 성의가 외양을 따르지 못하는 것입니다. 진실과 성의가 없는 그게 군자답지 못한 것입니다. 셋째는 내실이 없는 것입니다. 겉보기만 번드레하고 실속이 없는 것입니다. 그것은 군자답지 못한 부끄러운 것입니다. 넷째는 자신의 역량을 모르는 것이 군자의 부끄러움입니다. 내가 할 수 있는 일이 뭔지, 아무것도 없으면서 있는 척하는 것같은, 그건 참으로 부끄러운 일입니다. 군자는 자기자신을 정확하게 알아야 합니다. 다섯째는 행한 일을 끝까지 이루지 못하는 것입니다. 시작했으면 끝내야 합니다. 마지막을 잘 마치지 못한다면 그는 군자답지 못합니다. 그것이 군자의 부끄러움입니다. 요셉은 시작도 좋았고 과정도 좋았지만 마지막은 더더욱 좋았습니다. 그가 선택한 성공은 하나님의 사람으로서의 바른 길이었습니다. 그의 성공의 길은 오직 성실함이었습니다. 신임받는 인격이요 주도적 인격이었습니다. 그리고 결국 복의 근원이 되었습니다. 복의 근원이. △

겨울 전에 어서 오라

너는 어서 속히 내게로 오라 데마는 이 세상을 사랑하여 나를 버리고 데살로니가로 갔고 그레스게는 갈라디아로, 디도는 달마디아로 갔고 누가만 나와 함께 있느니라 네가 올 때에 마가를 데리고 오라 저가 나의 일에 유익하니라 두기고는 에베소로 보내었노라 네가 올 때에 내가 드로아 가보의 집에 둔 겉옷을 가지고 오고 또 책은 특별히 가죽 종이에 쓴 것을 가져 오라 구리 장색 알렉산더가 내게 해를 많이 보였으매 주께서 그 행한 대로 저에게 갚으시리니 너도 저를 주의하라 저가 우리 말을 심히 대적하였느니라 내가 처음 변명할 때에 나와 함께 한 자가 하나도 없고 다 나를 버렸으나 저희에게 허물을 돌리지 않기를 원하노라 주께서 나를 모든 악한 일에서 건져 내시고 또 그의 천국에 들어가도록 구원하시리니 그에게 영광이 세세 무궁토록 있을지어다 아멘
(디모데후서 4 : 9 - 18)

겨울 전에 어서 오라

　이러한 사람은 늘 불행합니다. 겨울에는 빨리 '여름이 왔으면' 하는 사람, 또 여름이 되면 빨리 '겨울이 왔으면' 하는 그런 사람 말입니다. 반대로 이러한 사람은 행복합니다. 겨울에는 겨울대로 좋고 여름은 여름이어서 좋은 바로 그런 사람 말입니다. 이러한 사람은 더욱더 지혜롭습니다. 겨울에 여름준비를 하고, 여름에 겨울준비를 해서 유비무환입니다. 겨울이 올 때 조금도 걱정이 없는 사람은 행복한 사람입니다. 딸이 선물로 여름에 사다준 밍크코트를 걸어놓고 '빨리 겨울이 되어서 저걸 입어봤으면 좋겠다' 하고 기다리는 어머니는 행복합니다. 그는 간절하게 겨울을 기다리고 있을 것입니다. 동물들의 겨울나기를 연구해보면 세 가지의 유형이 있습니다. 겨울이 되면 아주 따뜻한 곳으로 날아가버리는 철새가 있습니다. 또 동물 중에서도 사슴같은 것은 떼를 지어서 이동, 대이동을 합니다. 자기체질에 맞는 기후의 고장을 찾아서 말입니다. 또하나는 동면을 해버립니다. 동면이라고 하는 사건은 현대과학으로도 이해 못하는 것입니다. 그대로 신비에 싸여 있습니다. 땅속에 들어가서 한겨울동안 먹지도 않고, 어떤 동물은 심장맥박도 없이 한겨울을 잡니다. 그리고 봄에 툭툭털고 일어납니다. 세 번째 유형은 털갈이를 합니다. 여름에는 털이 다 빠져나갔다가 겨울이 되면 털이 다 생겨나서 푹신하게 넉넉하게 겨울을 나게되는 그러한 동물을 볼 수 있습니다. 사람은 어느 쪽입니까?
　시간이라는 것에는 두 가지의 개념이 있습니다. 우리말로는 그냥 '시간'이라고 부릅니다마는 헬라어에 '크로노스'라는 말과 '카이

로스'라는 말이 있습니다. 고급시계를 자세히 들여다보면 거기에 '크로노미터'라는 말이 새겨져 있습니다. '크로노미터'—크로노스를 가리키는 기계다, 그 말입니다. 크로노스라는 것은 하나님의 시간입니다. 우리가 변경할 수 없는 시간입니다. 우리가 움직일 수 없는 절대시간입니다. 그런 우주적인 시간이 있습니다. 그리고 또다른 시간이 있습니다. '카이로스'라고 하는, 우리에게 주어진 시간입니다. 얼마되지 않지마는 그러나 우리가 우리 나름대로 요리할 수 있고 요령껏 사용할 수 있는 얼마간의 주어진 시간, 이것이 '카이로스'입니다. 라인홀트 니버의 기도문을 좋아해서 아침마다 외어보곤 합니다. '하나님이여, 고칠 수 있는 것에 대해서는 그것을 고칠 수 있는 용기를 주시옵소서. 고칠 수 없는 것에 대해서는 그것을 받아들일 수 있는 냉정함을 주시옵소서. 그리고 고칠 수 있는 것과 고칠 수 없는 것을 식별하는 지혜를 주시옵소서.' 여러분, 고칠 수 없는 것이 있다는 것을 알아야 합니다. 내 마음대로 절대로 지체할 수도 없고 고칠 수도 없고 변형하지도 못하고 연기하지도 못하는 것이 있습니다. 절대, 그것이 바로 시간입니다. 미국의 대표적인 신학자인 조나단 에드워드는 한 세기 동안 많은 분들에게 존경을 받은 분입니다. 그는 일생을 살면서 다섯 가지의 생활지침을 세워놓고 살았다고 합니다. 평범한 얘기지만 다시한번 듣고 생각을 가다듬어보십시오. 첫째는 살아 있는 한 최대의 노력을 할 것이다, 할 수 있는 일은 다 하겠다, 최대, 극대화해서 살아갈 것이다, 능력을 극대화해서 살 것이다, 둘째는 한 순간도 시간을 낭비하지 말자, 셋째는 타인을 경멸하지 말자, 넷째는 결코 복수심이나 질투하는 마음에 사로잡히지 말자, 다섯째는 지금 곧 죽는다해도 마음에 거리끼는 일을 하지 말자,

하는 것입니다. 이 얼마나, 얼마나 실제적인 교훈입니까.

오늘본문에 나타난 사도 바울의 모습은 여느 다른 모습과는 다릅니다. 그는 지금 두 번째로 로마감옥에 투옥되었습니다. 그 당시 정황으로 보아서 그는 이제 머지않아 순교하게 될 것을 예감하고 있었던 것같습니다. 현재 나이도 칠십이 넘은 노인이지만, 병들어 죽어가고 있는 게 아니라 정황으로 보아 '내년 봄 어느 시간에는 내가 순교하게 될 것이다'라고 미리 생각하고 있었던 것같습니다. 그래서 그는 4장 6절에서 "관제와 같이 내가 벌써 부음이 되고 나의 떠날 기약이 가까왔도다"합니다. 나의 떠날 기약이 가까왔다—세상떠날 때가 가까이 왔음을, 죽음이 바로 앞에 있음을 예감하고 있습니다. 그는 달려갈 길을 다 가고 믿음을 지켰다고 하였습니다. 오랜동안의 경기, long race, 긴 경기를 끝내고 저 앞에 골인시점이 눈앞에 보입니다. 바로 그런 순간에 왔습니다. 오랜 순례자의 생활에 목적했던 종착지가 눈앞에 보입니다. 결승점이 보이는 바로 그 순간에 그는 감회가 깊었습니다. 여러 가지를 생각하고 있습니다. 그러면서 오늘 본문에 말씀합니다. '너는 겨울 전에 어서 오라' 하고 믿음의 아들 디모데에게 편지를 씁니다. "겨울 전에 너는 어서 오라(21절)." 그는 세상떠날 날이 가까웠다고 할 때 바로 사랑하는 믿음의 아들이 그리워집니다. 한번 더 그 얼굴을 보고 싶습니다. 그래서 '겨울 전에 속히 오라'합니다. 왜 겨울 전이냐? 지중해 연안은 겨울이 되면 업니다. 추울 때는 얼어버려서 그 당시 2000년 전에는 접안시설이 좋지 않으므로 배가 항구에 접안할 수가 없습니다. 그러므로 겨울에는 배가 운행히지 못합니다. 항해하지 못합니다. 다시말하면 비활동기가 온다는 말입니다. '활동할 수 없는 겨울이 온다. 그런고로 겨울 전에

어서 오라' 하고 아주 측은하게, 간절하게 부탁을 하고 있습니다. 그는 육체의 겨울을 맞았습니다. 여러분, 나이가 많으면 시린 것도 많고 추운 것도 많습니다. '바늘구멍으로 황소바람 들어온다'라는 말 들어보았습니까? 추울 때는 작은 구멍으로 들어오는 바람도 몸서리치게 차다는 말입니다. 작은 문구멍이라도 막지 못하면 그리로 황소바람이 들어온다는 말입니다. 춥다, 이 말입니다. 나이들면 춥습니다. 무릎이 시립니다. 뼈마디가 쑤십니다. 더구나 감옥입니다. 말도 못하게 춥습니다. 바울이 머물렀던 그 로마감옥은 지하실입니다. 지하실이니 더욱더 음산합니다. 13절의 한마디 말씀, 여러분, 다시한 번 새겨보십시오. 아무개의 집에 맡겨놓은 그 겉옷을 가지고 오라, 나는 몹시 춥다, 여행할 때 거추장스러워서 그 집에 맡겨놓은 것이다, 그 옷을 가져오너라— '나는 지금 춥다' 그 말씀이 아닙니까. 또 외로움의 겨울을 맞았습니다. 오늘본문, 자세히 몇번이고 읽어보십시오. 아주 처량합니다. "데마는 이 세상을 사랑하여 나를 버리고 데살로니가로 갔고…" 데마라고 하는 사람, 본래 제자였지마는 너무 핍박이 어렵고 힘들어서 바울과 같이 동행하지 못하고 세상을 사랑해서 그만 바울을 버리고 가버렸습니다. 배신입니다. 배신당하는 그런 아픔이 바울에게 있었습니다. 또한 "디도는 달마디아로 갔고…" 하였습니다. 자기 할일이 있으니 바울만 지켜보고 있을 수도 없지 않습니까. 또한 "두기고는 예배소로 보내었노라" 합니다. 심부름 할 일이 있어서입니다. 이렇게 떠난 사람, 간 사람, 보낸 사람… 다 갔습니다. 다 떠났습니다. 그런고로 외롭습니다. "누가만 나와 함께 있느니라.' 누가는 의사입니다. 누가가 그를 지켜보고 있는 중입니다. 제가 아는 분에 나이많은 목사님, 90세가 넘은 분이 있습니다. 그래도 아주 강건하십니다. "그래 요새 어떻게 지내십니까?" 물으면 "괜찮아" 하십니다. "그래 요새 지내기가 어떠세요?" 물어보면 "외로워" 하고 대답합니다. "몸은 괜찮은데, 외로워." "왜요?" "알고지내던 친구들이 하나씩하나씩 다 갔거든." 누구도 가고 누구도 가고 며칠전에도 가고… 지금 내 연배는 하나밖에 없어, 동창도 나 하나밖에 없고, 이젠 만나서 얘기할 사람이 없어, 그래서 더 사는 것이 별로 의미가 없네, 하고 말합니다. 어떻습니까? 고독이라고 하는 것입니다. 산다고 사는 것입니까. 알고지내던 사람 하나하나 다 떠나는데. 이래서 가고, 저래서 가고, 다 떠나버립니다. 고독합니다. 이것이 인생의 겨울입니다. 7절에 보면 "달려갈 길을 마치고 믿음을 지켰으니" 하고 말씀합니다. 경기장에서 뛰는 사람, 홀로 뛰는 것입니다. 남들과 같이 출발하지만 골인점에 들어갈 때는 혼자 들어가는 것입니다. 믿음의 생활에, 믿음의 경주에 마지막, 절실하게 고독한 시간이 왔습니다. 이것은 실존적입니다.

그리고 오늘 바울은 또 부탁을 합니다. "마가를 데리고 오라. 저가 나의 일에 유익하니라." 참 궁금해지는 얘기입니다. 왜 마가를 데려오라고 했을까? 왜 유익하다고 했을까? 마가는 바나바의 생질이고 우리가 흔히 마가의 다락방, 마가의 다락방, 하는 그 다락방의 주인입니다. 부잣집아들인 것같습니다. 사도 바울이 바나바와 함께 1차전도여행을 할 때 그가 따라나섰습니다. 비시디아 안디옥까지도 가고… 이렇게 수고를 많이 하는데 전설대로는 마가가 잠깐 병에 걸렸던 일이 있고는 비시디아 안디옥까지 간다고 하니까 "나, 안가겠습니다" 하고는 도중하차 해서 집으로 가버렸습니다. 바울이 전도여행을 마치고 예루살렘에 가서 보고를 할 때 마가는 '아, 내가 끝까지 따라갔더면 귀한 경험을 하는 건데…' 후회스러웠습니다. 다시 준비해가지고 2차전도여행을 떠날 때 마가가 따라나서겠다고 합니다. 사도 바울은 아주 박절하게 거절했습니다. 물론 '내가 다시는 도중하차 해서 돌아오는 일이 없겠습니다'라고 맹세했겠지만 바울은 '너같은 부잣집아들은 안된다'하고 딱 끊어버렸습니다. 그래서 바나바와 바울이 나누어서 바나바는 마가를 데리고 이쪽으로 가고 바울은 실라와 함께 저쪽으로 가고, 이렇게 된 것 아닙니까. 이런 사건이 있었습니다. 그후에 마가는 더 열심을 내고 충성을 다하여 베드로를 위해서도 일하고 우리가 보는 마가복음의 저자가 됩니다. 그리고 이제 사도 바울이 로마감옥에서 곧 세상을 떠나게 되는데 가만히 생각하니까 그때 섭섭해하던 마가의 얼굴이 떠오르는 것입니다. 자기는 당연히 해야 할 일을 한 것일 뿐이지만 '그때 마가가 얼마나 마음이 아팠을까. 얼마나 괴로웠을까. 이제 내가 저를 만나서 위로해줘야지.' 그때 많이 마음아팠지?—그 말을 꼭 하고 싶은 것입니다. 이 말을 하고 가야 되겠는 것입니다. 용서하고 화목하고 가야 되겠는 것입니다. 이게 마음에 걸리거든요. '꼭 이 말은 해야 되겠다' 생각을 한 것 같습니다. 그래 "마가를 데리고오라" 하는 것입니다.

그리고 "특별히 가죽종이에 쓴 것을 가져오라" 합니다. '가죽종이에 쓴 것'은 성경책입니다. 마지막시간에 즈음하여 이제는 또 성경만을 읽어야겠다, 가죽종이에 쓴 구약성경, 가져오라, 그것을 읽고 생을 마쳐야겠다, 생각을 합니다.

다시 또 그는 평소 자기를 괴롭혔던 사람에 대해서 말씀합니다. 마치 원수와도 같은 비난자들입니다. '알렉산더가 끈질기게 나를 괴롭혔느니라. 저를 주의하라'하고 말씀합니다. '처음에 나와 같이 일하던 사람 가운데 나를 괴롭힌 사람들 많이 있다'—그러나 바울의 마지막말씀을 들어봅시다. '그러나 허물을 저들에게 돌리지 마라' 합니다. 무슨 말씀입니까. '그들이 나를 괴롭혔다. 그러나 나는 이미 용서했노라'하는 말씀입니다. '저들은 나를 용서하지 않았지만 나는 일방적으로 저들을 용서하노라. 저들은 나를 끝까지 괴롭혔지만 나는 저들을 이미 다 용서했노라.' 일방적으로 화해해버렸습니다. 공자의 제자 자장(子張)이 공자에게 물었습니다. "인, 의, 예, 지를 말할 때 '인'이라는 게 무엇입니까?" 공자는 이렇게 대답합니다. "인이란 공손과 관대와 신의와 민첩과 은혜니라." 다섯 가지를 말합니다. "사람이 공손하면 남을 업신여기는 일이 없을 것이요, 사람이 관대하면 많은 사람이 저를 따르게 될 것이요, 신의를 지키면 많은 사람이 그를 믿어줄 것이요, 민첩하면 공적을 세울 것이요, 은혜를 베풀면 언젠가 많은 사람이 저를 도와주게 될 것이다. 이것이 '인'이다."

여러분, 겨울이 가까웠다면 무엇을 생각하십니까? 인생에도 사계절이 있습니다. 봄과 같이 희망에 찬 때가 있는가하면, 또 뜨거운 여름 속 많은 시련 속에서 일로 성장하는 그런 성장기가 있고, 또 한여름동안 성장한대로 거두어야 하는, 심은대로 거두는 가을이 있습니다. 그런가하면 이제 활동할 수 없게 얼어붙고마는 동결의 겨울이 있습니다. 겨울이 눈앞에 있을 때 우리는 무엇을 생각할 수 있겠습니까. 바울의 입장으로 돌아가봅시다. 바울은 사랑하는 믿음의 아들 디모데를 생각합니다. 저는 로마를 방문했을 때 제일 크게 인상받은 것이 있습니다. 사람들이 베드로성당은 많이 봅니다만 바울성당은 잘 안보는 편입니다. 작은 데다 한쪽켠에 있습니다. 그 바울성당을 가보았습니다. 그 성당 한가운데 사도 바울의 시신이 안치되어 있다고 합니다. 그 시신 바로밑에 디모데의 시신이 안치되어 있습니다. 이 얼마나 놀라운 얘기입니까. 디모데는 끝까지 바울을 위해 살았고 죽어서도 바울 밑에 묻혔습니다. 이제 생각해봅시다. 사도 바울은 가정이 없었습니다. 그러나 믿음의 아들들이 많았습니다. 그로 인하여 구원받은 사람, 그로 인하여 예수믿게 된 사람, 그로 인해서 생명의 길을 찾은 사람들이 많이 있었습니다. 그 중에도 특별히 믿음의 아들 디모데를 생각합니다. '믿음의 아들' 디모데. 여러분, 여러분은 오늘이 겨울이라고 한다면, 겨울을 앞두었다면 내가 생각할 수 있는 믿음의 아들이 몇이나 있습니까? 여러분으로 인해서 구원받은 사람, 여러분으로 인해서 새사람이 된 사람, 여러분을 믿음의 어머니, 아버지라고 부르는 바로 그 사람, 그런 믿음의 아들딸이 몇이나 있습니까? 바로 그 사람이 기억날 것입니다. 사도 바울은 외로웠습니다. 그러나 믿음의 아들이 있어서 외롭지 않았습니다. 그는 최종결승점에 왔습니다. 앞에 있는 상급을 바라보고 행복했습니다. 그는 용서와 화목을 이루었습니다. 화평을 이룸으로써 그 영혼이 자유했습니다. 오직 하나님의 말씀만을 읽어서 이제 소망의 세계를 환히 바라보게 되었습니다. 그리스도를 만날 생각을 하면서 기쁨과 감사로, 환희로 충만한 그러한 순간을 맞았습니다. 겨울이 오기 전에, 우리가 맞는 겨울 전에 우리는 지금 무엇을 생각하는 것입니까? △

말씀에 붙잡혀 사는 사람

실라와 디모데가 마게도냐로서 내려오매 바울이 하나님의 말씀에 붙잡혀 유대인들에게 예수는 그리스도라 밝히 증거하니 저희가 대적하여 훼방하거늘 바울이 옷을 떨어 가로되 너희 피가 너희 머리로 돌아갈 것이요 나는 깨끗하니라 이 후에는 이방인에게로 가리라 하고 거기서 옮겨 하나님을 공경하는 디도 유스도라 하는 사람의 집에 들어가니 그 집이 회당 옆이라 또 회당장 그리스보가 온 집으로 더불어 주를 믿으며 수다한 고린도 사람도 듣고 믿어 세례를 받더라 밤에 주께서 환상 가운데 바울에게 말씀하시되 두려워하지 말며 잠잠하지 말고 말하라 내가 너와 함께 있으매 아무 사람도 너를 대적하여 해롭게 할 자가 없을 것이니 이는 이 성중에 내 백성이 많음이라 하시더라 일 년 육 개월을 유하며 그들 가운데서 하나님의 말씀을 가르치니라

(사도행전 18 : 5 - 11)

말씀에 붙잡혀 사는 사람

 몇년 전 알래스카에 갔을 때 회귀성동물인 연어들이 태어난 곳을 떠나 태평양바다를 헤매다니면서 성장해가지고 3년만에 저희 고향으로 돌아오는 모습을 보았습니다. 그 많은 연어들이 무리를 지어 태어난 강으로 호수로 거슬러올라가는데, 강물을 거슬러가는 게 아니라 폭포를 거스르는 것입니다. 30m나 되는 높이의 폭포가 떨어지는데 이걸 거슬러올라가는 것입니다. 그 많은 것들이 그리로 올라가기 위해서 밑에서 빙빙돌고 있는데 마치 죽을 쑤는 것같더라고요. 거기서 많은 사람들이 또 낚시질을 합니다. 어쨌든 그 많은 물고기들이 이렇게 휘젓고 돌아가다가 그저 헤엄쳐서 올라가는데, 다시말하면 물이 떨어지는 것보다 더 빠르게 헤엄친다, 그 말입니다. 올라가서 저 위로 파닥파닥 뛰는데 저만치 뒤로는 또 곰들이 기다리고 있더라고요. 어쨌든 이것들은 이렇게 올라가서, 상류로 상류로 거슬러올라가서 저희 태어난 곳에 이르면 알을 낳고 죽습니다. 그런데 이렇게 고향을 찾아가는 그 연어들, 폭포를 거슬러올라가는 연어들을 보니 존경스럽기까지 합니다. 아, 대단합니다. 대단한 힘이요 대단한 열정이라고 생각했습니다. 이런 것을 우리가 흔히 말하기를 회귀성동물이라고 합니다. 몸속에 있는 나침반을 따라 태양을 이정표로 삼아 고향을 찾아가는 동물, 회귀성 동물입니다. 물고기만이 아닙니다. 포유류 가운데도 많은 짐승들이 죽을 때가 되면 반드시 저가 태어난 고향으로 돌아가 거기서 생을 마치는 것이 많습니다. 왜 존경스러웠느냐고요? 사람인 나도 못가는 고향을 저들은 가지 않습니까. 생각해보십시오. 참 신비로운 것입니다. 많은 과학자들이 나름대로 열심히 연구하지만 어림도 없습니다. 이것은 여전히 신비로 남아 있습니다. 무엇에 이끌려가는 것입니까. 이 물고기들이 무엇에 이끌려 3년 후에 고향으로 돌아오는 것입니까. 누구한테 배우고 누구한테 듣고 이와 같이 하는 것입니까. 사람은 무엇에 끌려 사는 것입니까. 이 회귀성동물을 비롯한 모든 동물은 instinct, 본능에 이끌려 삽니다. 배우고 듣고 보는 것은 별것 아닙니다. 기본적으로 원천적 본능 이것에 이끌려서 그 생을 살고 그렇게 돌아가는 것입니다. 사람은 하나님께서 주신 높은 차원의 본능을 가졌습니다. 그것이 바로 이성과 양심입니다. 누가 가르치든 안가르치든, 육법전서를 알든 모르든 상관없습니다. 우리 마음속에 있는 이성과, 그리고 그 양심이 그를 인도합니다. 흔히들 아무개는 법 없어도 살 사람이다, 하지요. 법 없어도 삽니다. 공연히 많은 법을 만들어가지고 골치아프게 하는 것입니다. 이성과 양심이 밝게 작용을 하면 법 없이도 얼마든지 아름답게, 평화롭게 살아갈 수 있습니다. 인간은 이성과 양심에 끌려 사는 것이, 또 그렇게 살아야 하는 것이 그 본래의 모습입니다.

 그리스도인은 말씀과 성령에 이끌려 삽니다. 주께서 주신 말씀, 성령으로 감동해주시는 그 역사에 따라 사는 것이 바로 그리스도인입니다. 우리가 처음 예수믿을 때는 내가 예수믿고 내가 깨닫고 내가 예수를 따라가는 줄로 알지만 얼마간 믿고보면 그게 아니지요. 우리는 다시 깨닫습니다. 내가 믿은 게 아니라 그가 나를 인도하신 것입니다. 그가 나로 믿게 하신 것입니다. 그가 나를 붙드시어 당신의 사람 되게 하시고 당신의 사람으로 만들어가시는 것입니다. 여기서 우리는 그 놀라운 주님의 능력과 섭리에 감격하게 되고 좀더 나아가서는 그의 뜻에 따라 그 크신 경륜 속에 내가 쓰임받고 있다, 라는 것을 깨닫습니다. 그래서 예수믿는다는 것은 그리스도 안에 있는 나 자신을 발견하는 것이요, 하나님의 사람은 그리스도의 손에 쓰임 받고 있다는 정체의식으로 한평생을 사는 것입니다. 이게 그리스도 인입니다. 심리학자 윌리엄 제임스(William James)는 자아를 크게 세 가지로 나누어 설명하고 있습니다. 첫번째자아는 물질적 자아, material self라고 하는 것입니다. 신체와 물질적 소유에 의해서 자기를 평가하고 사는 존재를 말합니다. 예컨대 골동품수집가의 기쁨은 얼마나 귀한 골동품을 많이 소장했느냐에 있습니다. 또 이 수집가들 끼리 모여서 토론을 합니다. 그 때에 누가 제일 잘났습니까. 인물이든 학벌이든 과거든 현재든 묻지 않습니다. 누가 더 가장 소중한 골동품을 많이 소장하고 있느냐입니다. 그 기쁨, 그 마음, 그 긍지로 살아가고, 오늘도 내일도 어디 골동품 좋은 거 없나, 찾아 헤맵니다. 왜요? 그것이 자기존재이기 때문입니다. 그런가하면 억만장자, 자기가 가진 돈을 자기존재로 동일시, identify하고 착각을 합니다. 잘생긴 사람은 제 외모에 스스로 도취됩니다. 요새 CF모델을 가리켜 좀 좋지않게 말하는 것을 보고 있습니다. 왜요? 어느 탤런트는 몸값이 얼마다, 그 사람을 한번 광고모델로 쓰려면 얼마를 내야 한다, 합니다. 그걸 '몸값'이라고 말합디다. 이거 듣기 불쾌한 말이지요. 그러나 본인도 다른 누구도 여기에 마음을 쓰지 않습니다. 그건 예쁜 동안에만 쓰이는 말이기 때문입니다. 얼굴에 주름이 깃든다하면 그만입니다. 몸값이 추락합니다. 사람을 이렇게 평가해서 되는 것입니까. 이런 것이 바로 물질적 자아입니다. 내가 나를 평가할 때 내 소유에 의해서 나를 평가해도 안되고, 내 외모에 의해서 나를 평가하고 또 평가받아도 안되는 것입니다. 또하나는 사회적 자아입니다.

social self입니다. 누구의 친구냐, 누구의 자녀냐, 어느 회사의 사장이냐, 그리고 어디 출신이냐, 어떤 박사학위를 가졌느냐, 하고 사회적 관계와 그 역할에 따라서 평가되는 것입니다. 이렇게 평가하며 사회적 자아를 따라가는 사람의 모습이란 중년이 되면 '빈 둥지 증후군'이 되고 맙니다. 내 소유가 없어질 때, 내 사회적 지위가 무너질 때 마치 둥지 속 새들이 알을 낳고 새끼를 까고 훌쩍 날아가버리면 빈 둥지만 남듯이 된다는 것입니다. 허망하고 허무하고, 절망합니다. 쓸모없는 사람이니까요. 그러므로 가장 비참한 것은 자기를 잊어버리는 것이요, 더 비참한 것은 자기를 도적맞는 것이요, 그보다 더 비참한 것은 자기자신을 빼앗기는 것이고, 그리고 자기자신을 빼앗겼다는 사실을 모르고 사는 것입니다. 그것이 가장 비참한 것입니다. 세 번째는 영적 자아입니다. spiritual self. 이것은 외적인 것을 보는 게 아닙니다. 사람을 외모로 평가할 것도 아니고 소유로 평가할 것도 아닙니다. 내면세계에서 평가됩니다. 그래서 하나님의 형상 된 인간을 생각합니다. 너에게는 얼마나 하나님의 형상이 살아 있느냐, 얼마나 깨끗한 하나님의 형상이 보존되었느냐, 그것이 그 사람을 평가하는 기준입니다. 하나님의 형상 된 인간, 이보다 영원한 가치의 것은 없는 것입니다.

    오늘본문말씀을 잘 보면 사도 바울이 그 나름의 인생관을 확실하게 고백하고 있습니다. 바울은 고린도교회를 세웠습니다. 그리고 지금 이 편지를 쓰고 있습니다. 그러나 그는 옛날일을 그 편지 속에서 회고하고 있습니다. 고린도전서 2장 3절에 이렇게 말씀합니다. "내가 너희 가운데 거할 때에 약하며 두려워하며 심히 떨었노라." 아무리 읽어도 너무나 솔직하고 처절한 시간입니다. 너희 가운데 있을 때에 약하며 두려워하며 심히 떨었노라—바울도 이런 때가 있었습니다. 그러나 그는 다시 십자가만을 알기로 작정하고 십자가의 은혜 안에서 재기합니다. 오늘성경말씀에는 바로 그 장면이 나옵니다. 그가 다시 일어나게 된 것은 그의 지식으로도 그의 능력으로도 그의 의지로도, 변화되는 환경에서 온 것도 아닙니다. 오로지 십자가의 복음을 재발견하는 데서였습니다.

그리고 오늘 말씀하기를 '말씀에 붙잡혔다'합니다. '쏘네케토'라고 하는 이 말은 영어로 occupied, 점령되었다는 말입니다. 완전히 포로되었다는, 점령되고 완전히 붙잡힌, 그런 상태를 말합니다. 이리될 때 생각도 의지도 운명도 이제는 다 그를 붙잡은 그리스도의 것이 되고 맙니다. 그래서 그는 말씀합니다. 내게는 자유가 없다, 라고. 강권적인 역사가 나와 함께하시기 때문이라고. 그래서 고린도전서 9장 16절에 보면 이렇게 말씀합니다. '내가 복음을 전하지 아니하면 내게 화가 있을 것이므로 부득불 복음을 전한다.' I have no choice, 내게 선택권이 없습니다. 이 길밖에 없는 것입니다. 내게 자유가 없다—자유를 그리스도께 반납하고 말았습니다. 바로 그 상태가 바울의 모습입니다. 저는 북한에 대한 질문을 자주 받습니다. 저렇게 북한이 어려운데 어떻게 북한이 그렇게 계속해서 체제와 함께 서 있는지 궁금하다고들 합니다. 그럴 때 제가 설명하는 말이 있습니다. 제가 북한에서 보고듣고 확증한 것입니다. 그것은 그 '김일성 수령'과 그 부자를 위해서 충성을 다하는 사람들에게 물어본 것입니다. "당신들은 어떻게 돼서 그렇게 충성을 다하고 있소?" 이제 대답합니다. "우리는 다같이 전쟁고아입니다." 6·25전쟁 때 많은 폭격을 당했습니다. 아주 다 융단폭격을 당해서 다 망하고 다 죽어버렸습니다. 고아들만, 어린아이들만 남았습니다. 이 우는 아이들을 데려다가 탁아소를 세웠습니다. 그래서 말하는 것입니다. 수령님께서 우리를 잘 키워주셔서 이렇게 컸고 또 그 중에서 우수한 사람들은 김일성대학을 나오게 했다, 최고의 대학을 나오고 그리고 나라를 위해서 일하게 해주었다, 우리는 아버지 어머니 얼굴도 모른다, 오로지 수령님만이 있을 뿐이다, 라고 말하는 것입니다. 그런고로 그 '어버이 수령'이라는 말이 절대로 과장된 말이 아닙니다. 진짜로 '어버이 수령'밖에 모릅니다. "그런고로 우리는 그 큰 은혜에 감사해서 가라면 가고 오라면 오고 죽으라면 죽습니다." 하도 기가막혀서 물었습니다. "당신같은 사람이 얼마나 있소?" "20만 명입니다." 그 20만 명이 있음으로 북한은 서 있는 것입니다. 이걸 잊지 말아야 합니다. 전적으로 헌신합니다. 그에게는 자유가 없습니다. 전혀 무슨 선택권이 없습니다. 오로지 '그 은혜'에 감사하고 있을 뿐입니다. 보십시오. 참으로 믿음의 사람은 선택권이 없습니다. 특별히 결과에 대해서 아무런 두려움이 없습니다. '가라'하신 분이 책임질 것입니다. 가라 하는 말씀을 듣고 가면 그에 대한 책임은 나에게 명령하신 그 명령자가 지는 것입니다. 그런고로 갈 때 아무런 두려움이 없습니다. 말씀대로 순종하고 사는 사람에게는 아무런 두려움이 없습니다. 잘될까 못될까 걱정 안합니다. 걱정할 필요가 없습니다. 이래도저래도 당신 마음대로입니다. 그가 아시니까요. 그에게 전직으로 책임을 전가합니다. 나는 그저 순종할 뿐입니다. 아무런 두려움이 없습니다. 여기에 긴정한 용기와 자유가 있는 것입니다.

또한 오늘본문을 자세히 읽어나가보면 "나는 깨끗하니라"라고 하는 말씀이 있습니다. 언제나 우리는 이것을 잊지 밀아아 합니다.

하나님께서 하실 일이 있고 내가 할 일이 있습니다. His part가 있고 my part가 있습니다. 나의 할일 내가 다한 다음에는 나머지 일을 하나님께서 하실 것입니다. 사도 바울은 고린도전서 3장 6절에 말씀합니다. '나는 심고 아볼로는 물주고, 우리가 다같이 순종하지마는 자라나게 하시는 이는 하나님이시니라.' 내가 할 일, 내가 다했습니다. 그런고로 나는 깨끗한 것입니다. 에스겔 3장 18절, 19절에 보면 유명한, 아주 엄격한 말씀이 있습니다. 전쟁상황 중에 나팔수가 있습니다. 파수꾼이 나팔을 붑니다. 자지 않고 기다렸다가 적이 올 때 나팔을 붑니다. 모두들 일어나라고. 나팔을 분 다음에 정황이 잘못돼서 전쟁에 이겼든 졌든 그것은 상관이 없습니다. 만일에 지더라도 그래도 나팔을 분 그 사람만은 깨끗합니다. 손이 깨끗합니다. 그러나 만일에 나팔수와 이 파수꾼이 졸아버려 불어야 할 나팔을 불지 않음으로해서 적이 쳐들어와서 포위하고 그만 이 부대가 전멸됐다하면 그 모든 책임은 파수꾼에게 있습니다. 나팔을 불지 아니한 것에 대한 책임입니다. 그런고로 성경은 엄하게 말씀합니다. 피값을 찾으리라, 하였습니다. 여러분, 내가 전해야 될 것은 내가 전해야 되고 내가 해야 될 일은 내가 해야 됩니다. 그 다음에 되는 일에 대해서는 하나님께 맡길 것입니다. 나는 손이 깨끗합니다. 내 할 도리를 다했습니다. 이 점을 잊지 말아야 합니다. 여기만이 진정한 용기와 자유가 있는 것입니다. 내가 모든 일을 다 하는 게 아닙니다. 내가 할 도리만 하면 됩니다. 내가 전할 복음을 전하고, 내가 치러야 할 희생을 치르고, 내가 하여야 할 사랑을 다하고 그 다음은 하나님께서 하실 일입니다. 그런고로 '나는 손이 깨끗하노라' 할 수 있는 것입니다. 특별히 바울은 그리스도의 관점에서 세상을 보고 있습니다. "이 성

중에 내 백성이 많음이라." 말씀하십니다. 또한 그는 최종승리를 믿고 있었습니다. 하나님께서 "너를 대적하여 해롭게 할 자가 없을 것이니" 그런고로 두려워하지 말고 말하라, 하십니다. 하나님의 말씀과 그 능력 자체를 믿고 열심히 그 복음을 전하라, 내가 너와 함께함이니라—이렇게 말씀하고 계십니다. 저는 토머스 에디슨의 이러한 말을 사랑합니다. 그는 한평생 발명가로 잠을 자지 못할 정도로 열심히 일한 사람입니다마는 이렇게 말합니다. '나는 하루라도 소위 노동이라는 것을 한 적이 없다. 왜냐하면 무슨 일을 하든지 재미가 있어서, 참을 수 없어서 한 일이니까.' 이 얼마나 아름다운 이야기입니까. 나는 노동을 한 일이 없다, 너무도 재미가 나서, 미쳐서 한 일이니까—놀라운 말입니다. 성공만 했었던 게 아닙니다. 전등 하나를 발명하는 데 600번 실패했습니다. 그리고 한 번 성공한 것입니다. 그래도 그는 그가 하는 일이 너무도 재미있다고 말합니다. 억지로, 할수없어서, 돈벌려고 그렇게 했던 것이 아닙니다. 신바람이 나서, 즐거운 마음으로 한평생 그리했노라고 말합니다. 미국 시카고에서 있은 기독교대회에서 '성서오류 유무'에 대하여 3일 동안을 토론을 벌였습니다. 러시아에서 온 대표 세 사람은 3일 동안 참석하면서 아무런 말이 없었습니다. 맨끝에 "당신들도 몇마디 하시구료" 했더니 이렇게 말하는 것입니다. "하나님의 말씀대로 살다보면 오류 없다는 것을 스스로 알게 될 텐데 뭘 토론하고 있노." 참석자들이 모두 숙연해졌습니다. R. A. 토레이 목사는 이렇게 말합니다. '가장 위대한 성경번역은 내 삶으로 성경을 번역하는 것이다.' 성경번역이라는 게 많습니다. 이런 version 저런 version, 하고많은 번역이 있습니다. 요새는 유머도 version이 있더라고요. 무슨무슨 버전이라고⋯ 그런데 토레이 목사는 말합니다. '가장 위대한 번역은 내 삶으로 성경을 번역하는 것이다. 내 생활 속에서 성경을 확증해나가는 것이다.'

나는 무엇에 붙잡혀 살아가는 것입니까? 나를 완전히 자유롭게 할 수 있는 길은 말씀밖에 없고, 말씀에 붙잡혀 사는 길 말고는 길이 없다는 것을 알아야 합니다. 말씀에 붙잡혀 자유할 때, 말씀을 사랑할 때, 말씀을 기뻐할 때, 그리고 충성을 다하여 순종했을 때 우리의 영혼은 기뻐합니다. 그 속에 능력이 있고 지혜가 있기 때문입니다. 종교개혁자 칼뱅이 임종을 맞았습니다. 세상떠나기 직전에 제자들은 될수있는대로 귀한 말씀을 한마디라도 더 들어두려고 모여앉았습니다. 그 의식이 아직은 분명할 때 제자들이 물어보았습니다. "선생님, 선생님께로부터 배운 예정론, double predestination, 이중예정이라는 문제는 아무리 들어도 좀처럼 납득이 가지 않는데, 선생님, 혹 그 문제에 대한 의심은 없습니까?" 이에 칼뱅은 유명한 대답을 했습니다. "Bible said so." 성경이 시작하는 데서 시작하고 성경이 가는대로 가고 성경이 멎은 데서 멎었노라, 성경이 그와 같이 말한다, 성경말씀에 충실할 뿐이다—이렇게 고백했습니다. 여러분, 얼마나 성경을 사랑했습니까? 얼마나 성경말씀대로 살았습니까? 말씀에 붙잡혀 사는 바로 그 사람에게 무한한 자유가 있는 것입니다. 그 사람에게 영광과 능력이 함께하는 것입니다. △

하나님됨을 알지어다

　한 시내가 있어 나뉘어 흘러 하나님의 성 곧 지극히 높으신 자의 장막의 성소를 기쁘게 하도다 하나님이 그 성중에 거하시매 성이 요동치 아니할 것이라 새벽에 하나님이 도우시리로다 이방이 훤화하며 왕국이 동하였더니 저가 소리를 발하시매 땅이 녹았도다 만군의 여호와께서 우리와 함께 하시니 야곱의 하나님은 우리의 피난처시로다(셀라) 와서 여호와의 행적을 볼지어다 땅을 황무케 하셨도다 저가 땅 끝까지 전쟁을 쉬게 하심이여 활을 꺾고 창을 끊으며 수레를 불사르시는도다 이르시기를 너희는 가만히 있어 내가 하나님 됨을 알지어다 내가 열방과 세계 중에서 높임을 받으리라 하시도다 만군의 여호와께서 우리와 함께 하시니 야곱의 하나님은 우리의 피난처시로다(셀라)

(시편 46 : 4 - 11)

하나님됨을 알지어다

안소니 드 멜로라고 하는 분이 쓴 「1분 지혜」라고 하는 책이 있습니다. 그 책에 나오는 이야기입니다. 한 젊은 수도사가 나이많은 스승을 찾아가서 이렇게 물어보았습니다. "제가 어디서 하나님을 찾을 수 있겠습니까? 벌써 많은 시간 명상도 하고, 고행도 하고, 수도도 하고, 기도도 했지만 하나님을 만나지 못했습니다. 어디서 하나님을 찾을 수 있겠습니까?" 가만히 듣던 노스승은 이렇게 대답했습니다. "바로 네 옆에 계시는구나." 두리번두리번 주위를 살피다가 젊은 수도사가 또 물었습니다. "그런데 저는 왜 그분을 못뵈옵는 것입니까?" 스승은 뜬금없이 이상한 이야기를 했습니다. 술취한 사람 이야기를 하는 것입니다. "자네는 왜 술취한 사람이 제집을 못찾고 헤매는지 아는가? 왜 술취한 사람이 사람을 똑바로 알아보지 못하고 비틀거리는지 아는가?" 젊은 수도사는 대답이 없었습니다. 스승은 다시 말했습니다. "무엇이 너를 취하게 만들었는지 알아내어라. 하나님을 뵙기 위해서는 취해 있지 아니하여야 하느니라. 취한 것으로부터 깨어야 하느니라. 그래야 하나님을 볼 수 있느니라." 현대인의 큰 병은 무엇이겠습니까. 깊이 취해 있고, 미쳐서 산다는 것입니다. 정신이 나갔습니다. 돈에 미쳤습니다. 돈이 좀 벌리고 못벌리고… 거기에 정신이 빠졌습니다. 증권회사 전광게시판 앞에 앉아 있는 사람들 보니 그저 얼굴이 피었다가 죽었다가 하더라고요. 미친 것입니다. 명예에 취해 있는 사람들, 출세욕에 사로잡힌 사람들, 성취욕에 끌린 사람들, 조급함과 자기집착에 미쳐가지고 정신을 못차리는 사람들이 있습니다. 하나님께서 주신 맑은 정신, 맑은 양심은 다 어디

가고 완전히 술취한 사람처럼 몽롱하게 비틀거리며 그렇게 하고한 날을 보내고 있습니다. 이것이 현대인의 모습입니다.

'성공하려면 세 가지의 요소가 갖추어져야 한다'라는 말이 있습니다. 그 첫째는 공부를 해야 된다는 것입니다. 공부가 먼저입니다. 경험이 먼저가 아닙니다. 철학이 먼저입니다. 실제가 먼저가 아닙니다. 이론이 먼저입니다. 먼저 공부부터 하여야 됩니다. 바둑 3단인 친구가 바둑 못두는 친구를 만날 때마다 면박을 줍니다, 바둑도 못 둔다고. 이 사람은 10년 바둑을 둬왔습니다. 번번이 면박당한 이 친구, 안되겠다, 생각을 해서 "1년 후에 보자"해놓고 1년이 지나 다시 3단친구를 만났습니다. 그리고 대국을 했는데 3단친구가 보기좋게 졌습니다. "거, 어떻게 자네가 이렇게까지 바둑을 두게 되었나?" 3단친구는 낯빛을 잃고 물었습니다. 면박당하던 이 친구는 1년 후에 보자, 해놓고 본격적으로 공부를 했던 것입니다. 책을 사다놓고 선생님을 모시고 공부를 해서 1년만에 남 10년 한 것보다 더 우수한 성적을 낼 수가 있었던 것입니다. 그렇습니다. 공부가 먼저입니다. 철학과 이론이 먼저입니다. 생각 없는 경험, 죽을 때까지 해도 소용없습니다. 공부를 하여야 됩니다. 둘째는, 실천을 해야 된다는 것입니다. 공부만 해서는 안됩니다. practice, 행동에 옮겨야 됩니다. 중국 고대격언에 이런 말이 있습니다. '너는 듣는다, 그러면 곧 잊어버릴 것이다. 너는 본다, 그러면 한동안 기억하기는 힐 것이다. 너는 행한다, 그러면 이제 이해하게 될 것이다.' 여러분, 많은 말을 들어도 그건 잊어버립니다. 많은 것을 봅니다. 기억은 됩니다. 지식으로 남지요. 그러나 이제 이것을 행하여야 됩니다. 경험 속에서만이 깨달음이 있습니다. 비로소 산 지식이 되고 산 지혜가 됩니다. 내가 경험하지 않은 것은 결코 내 지식이 될 수가 없습니다. 그런고로 '경험함으로만이, 실천함으로만이 이해된다'하는 것입니다. 사실입니다. 들은 바대로 깨달은 바대로 실천하여야 됩니다. 셋째는, 꾸준하게 인내하여야 된다는 것입니다. 무던히 때를 기다려야 됩니다. 이제 기회가 올 때를 말입니다. 기다림이 필요합니다. 그러고야 성공할 수 있다, 하는 것입니다.

현대인에게 결정적으로 부족한 것이 meditation이라고 합니다. 명상이 없습니다. 깊은, 집중적으로 생각하는 명상이 없습니다. 멀리 생각하는 명상이 없습니다. 찰나적이고 현재적인 것만 있습니다. 여러분, 생각을 해봅시다. 제가 결혼주례 할 때마다 늘 이런 얘기를 합니다. "지금은 신랑신부지만 머지않아 아버지 어머니다. 또 머지않아 할아버지 할머니다. 그때를 생각하고 오늘을 살아라." 당장의 순간을 위해서가 아니라 보다 먼 미래를 생각할 수 있는 그런 명상이 먼저 있어야 합니다. 영국작가 헉슬리라고 하는 사람의 일화가 있습니다. 어느날 무슨 협회에 참석하기 위해서 기차를 타고 가는데 기차가 연착이 되어 제시간에 도착할 수가 없게 되었습니다. 기차역에서 내리자마자, 지금같았으면 택시라도 타겠지만, 그때는 옛날이어서 마차를 탔습니다. "빨리 가세." 재촉을 하고 달리는 말을 향해서도 "더 빨리! 더 빨리!" 소리쳤습니다. 한참 가다가 마부가 물었습니다. "선생님, 어디로 갈까요?" 헉슬리는 그제야 깨닫습니다. "아하, 내 그걸 말하지 않았구나." 이 얼마나 어리석은 모습입니까. 빨리빨리가 문제입니까. 도대체 어디로 가는 것입니까. 이것이 우리의 모습이 아니냐, 그런 생각입니다. 오늘본문 시편 46편은 교회사적으로도 유명한 시입니다. 종교개혁자 마르틴 루터가 이 시편 46편을 읽다가 큰 은혜를 받아서 찬송 '내 주는 강한 성이요'를 작사, 작곡하게 됩니다. 독일사람들은 애국가보다 더 많이 부르는 anthem입니다. 루터가 바로 이 시에서 은혜를 받고 감격하는 중에 작사, 작곡하게 되었다는 것 아닙니까. 바로 그런 시입니다. 이 시의 주제가 무엇입니까. "너희는 가만히 있어 내가 하나님됨을 알지어다." 하나님께서 그렇게 말씀하십니다. 가만히 있으라— '라파'라고 하는 히브리말의 동사형, 명령형입니다. 가라앉히라는 말입니다. 조용히 하라, 마음을 편히 하라, 단순하게 하라, 마음을 비우라, 그런 뜻입니다. 동시에 '침묵하라' 하는 말입니다. 요새 심리학적 치유방법이 여러 가지입니다. 옛날에는 흔히 억울하고 분한 일 있으면 이걸 발산해버리라, 하였습니다. 화가 나면 한바탕 해버려라, 그래야 풀어지지 않겠느냐, 그것이 쌓이면 결국은 응어리져서 병이 된다고 쉽게들 얘기해왔습니다마는 요새는 학설이 바뀌었습니다. 가만히 있으라, 합니다. 왜요? 화풀이를 하려고들면 점점 화가 높아집니다. 액센트가 가해지는 것입니다. 안그렇습디까? 슬픈 마음이 있을 때 가만히 있으면 슬픈 마음 없어집니다. 그런데 울어보십시오. 게다가 중얼중얼해 보십시오. 점점 더 슬퍼집니다. 또 누가 옆에서 울지 말라고 위로할라치면 구체적으로 슬픈 이유를 말하기 시작하고, 이제 관념화합니다. 그래서 점점 더 슬퍼지고, 점점 더 화가 나는 것입니다. 그러므로 화난 사람은 그냥 내버려둘 일입니다. 옆에서 뭐라고 말하면 점점 더 문제가 복잡해집니다. 점점 더 화는 커집니다. 성경은 말씀합니다. "가만히 있으라…" 조용하라, 입다물라, 합니다. 조용히 있으면 됩니다. 요새 TV드라미 「여인천하」 보니 상대가 무슨 말만 하면 "그 입 다물라!" 합디다. 말 못하게 하는 것입니다. "그 입 다물라!"

오늘 그 말씀을 하시는 것입니다. '그 입 다물어라, 그리고 생각하라.' 출애굽기 14장에 볼 것같으면 모세가 이스라엘 60만백성을 이끌고 가나안을 향하여 이제 출애굽을 합니다. 홍해광야길로, 하나님 명령대로 갔는데 앞에 홍해가 가로막힙니다. 이 홍해를 어떻게 하라 시는 것입니까. 뒤에는 애굽군대, 분노한 애굽군대가 쫓아옵니다. 앞에는 홍해가 있습니다. '아이고, 이제는 죽었다.' 백성이 원망불평을 합니다. 불평하면서도 또 농담도 잘합디다. '애굽에 공동묘지가 모자라서냐? 왜 우리를 여기 갖다 죽이려 하느냐?' 이러더라고요. 원망 불평 하는데 여기에 중요한 문제가 있습니다. 애굽에서 하나님께서 역사하신 열 가지 재앙, 그 엄청난 능력을 저들은 다 잊어버렸습니다. 가나안땅에 대한 하나님의 약속도 잊어버렸습니다. 오직 원망이고 불평입니다. 모세를 죽이겠다고까지 합니다. 바로 그런 때에 하나님께서는 모세를 통하여 말씀하십니다(출 14:13). "두려워 말고 가만히 서서 여호와께서 오늘날 너희를 위하여 행하시는 구원을 보라." 가만히 있으라, 그리고 하나님의 행하시는 역사를 보라, 하고 말씀합니다.

오늘본문을 잘 보면 네 가지의 침묵을 말씀하고 있습니다. 말과 행실과 생각과 사고에 있어서 적어도 네 가지를 침묵하라, 합니다. 첫째, 원망과 증오, 시기와 질투, 시비와 비판, 멈추라는 것입니다. 조용히하라, 원망하지 마라, 미워하지 마라, 그런 말씀입니다. 제가 잘 아는 목사님 한 분이 당뇨병으로 20년을 고생했습니다. 아침마다 본인 스스로 인슐린을 주사하고야 일어납니다. 그런 분인데 그만 뭐 좀 실수를 해서 팔에 종기가 났습니다. 당뇨병환자들은 그런 거 잘 낫지를 않습니다. 아무리 약을 발라도 안나으니까 아무 생각 없이 동네병원, 작은 병원에 가서 종기가 낫지 않는다고 호소했습니다. 적어도 노인이고 하니 의사는 당연히 "혹 당뇨병은 없습니까?"라고 물어보아야 합니다. 그런데 실수할 때라 그런지 의사는 아무것도 물어보지 않고 항생제 페니실린을 주사했습니다. 이 유성주사를 놓으니까 주사맞으면서 심장이 멎었습니다. 주사맞다가 돌아가셨습니다. 이렇고보니 난리가 났지요. 의료사고임에는 분명합니다. 고소한다, 뭘 한다, 떠들 때 제가 장례식을 맞게 되었거든요. "왜들 떠듭니까. 조용합시다. 목사님이십니다. 어차피 돌아가셨습니다. 목사님이 남을 위해 사는데 마지막 가는 길에 젊은 의사 하나를 죽여야겠습니까, 살려야겠습니까? 어떡하겠습니까? 이런다고 목사님이 살아나기라도 합니까. 아, 20년 고생하고 갔으면 됐지, 생명은 하나님께 있는 것인데 거 왜들 불평하시는 거요?" 의료사고는 무슨 의료사고냐고, 조용하라고 했습니다. 그래가지고 장례식을 한 일이 있습니다. 여러분, 이제 우리가 얼마나 더 원망을 해야 됩니까. 누구의 책임을 물어야 합니까. 이 시비와 이 판단, 이 비판은 언제까지 가야 되는 것입니까. 여러분, 해결이 날 것같습니까. 점점 실망과 낙심과 증오, 이거밖에 없는 것입니다. 조용하라, 가만히 있으라, 말씀합니다. 또하나는 욕심과 정욕입니다. 부글부글 끓어오르는 욕심, 끝도없는 정욕. 갈라디아서 5장 24절에 보면 "정과 욕심을 십자가에 못박았느니라"하였습니다. 십자가에 못박아버립시다. 끝없는 욕심, 이제는 버립시다. 여러분, 출세하면 뭘하고 부자가 되면 어쩌자는 것입니까. 그것이 얼마나 무상한지, 아무 소용 없다는 것, 이제쯤은 알만하지 않습니까. 또하나는 과거입니다. 과거에 대한 미련, 과거에 대한 생각, 버려야 됩니다. 그저 후회하는 것, 그저 억울해하는 마음, 버릴 것입니다. '그때 그렇게 하지 말았어야 되는데, 그 사람 만나지 말았어야 되는데…' 결혼생활 20년 하고도 '그때 이 사람하고 결혼하지 말았어야 되는데…'합니다. 심지어는 주례한 사람까지 원망하더라고요. 주례 해달라고 하니까 해줬는데… 좌우간 지난날에 잘못된 것, 도대체 언제까지 불평하고 원망할 것입니까. 과거는 지나갔습니다. 그저 잊어버리세요. 또하나는 미래에 대한 근심과 두려움입니다. 도대체 장래가 어떻게 될 것인가, 이 불확실한 세대가 어디로 가고 있는 것인가—미래에 대해서 걱정근심이 많습니다. 정말 잠을 이룰 수가 없겠지요. 그러나 미래를 하나님께 맡깁시다. 본래 그러했듯이 그것은 하나님의 손에 있는 것입니다. 다 맡겨버리고 여러분은 조용하십시오. 그래서 하나님께서는 말씀하십니다. "Be still, and know that I am God. —너희는 가만히 있어 내가 하나님됨을 알지어다(10절)."

열왕기상 19장에 보면 엘리야가 하나님을 만나뵙습니다. 지진이 나고 천둥이 치고 그 무서운 벼락이 떨어질 때는 하나님이 계시지 않더라고요. 이런 시끄러운 일이 다 지나간 다음에 고요하고 세밀한 소리가 들렸습니다. 그 속에서 하나님의 음성을 들었습니다. 우리의 마음이 고요할 때만이 고요한 가운데 역사하시는 주님을 만날 수 있는 것입니다. 이러할 때 역사의 주인이 하나님이심을 알게 될 것입니다. 우연은 없습니다. 잘못되는 줄 알았는데 그게 잘되는 것이었습니다. 망하는 줄 알았는데 그게 사는 길이었습니다. 하나님의 시나리오가 어떻게 작용하고 있는가를 이제서 조금씩 알 것같습니다. 그런가하면 하나님께서는 나의 피난처가 되십니다(7절). 하나님께서는 나의 피난처십니다. 그가 나를 보호하셨고, 그가 우리를 보호하셨고, 앞으로도 그 피난처로 우리를 인도해주실 것입니다. 그런가 하면 "새벽에 하나님이 도우시리로다"하였습니다. 깜깜한 밤이지만 새벽이 가까워오고 있습니다. 밤이 깊고 낮이 가까웠습니다, 로마서 13장의 말씀과도 같이. 그런고로 어두움의 일을 벗어야 합니다(롬 13:12). 새벽이 가까우옵니다. 새벽을 의식하고 새벽을 바라보는 그 은혜를 주실 것입니다. 그런가하면 오늘본문에 가장 위대한 결론이 있습니다. 이 모든 환난과 전쟁과 이 모든 역사를 통하여 하나님께서는 본문에 보는 바와 같이 이 열방과 세계 중에서 높임을 받으실 것입니다. 반드시 높임을 받으실 것입니다. 그 아침을, 그 영광의 날을 우리는 바라보게 될 것이며 고요한 가운데서 주의 음성을 듣고, 주의 역사를 지켜보아야 할 것입니다. 4세기 그리스교회의 설교가요 성인인 요한 크리소스토무스는 유독시아라고 하는 황후로 인해서 정배되어가는 때에 유명한 설교를 남겼습니다. 그는 마음이 고요했습니다. '주님이 나와 함께하시니까' 죽음도 정배도 환난도 상관없습니다. '당신이 나를 쫓아내면 나는 엘리야같이 될 것이고, 나를 구덩이에 던지면 내가 예레미야같이 될 것이고, 나를 바다에 던지면 내가 요나같이 될 것이고, 나를 돌로 치면 내가 스데반같이 될 것이고, 내가 목베임을 당하면 내가 세례 요한처럼 될 것이고, 나를 매로 때리면 내가 사도 바울같이 될 것입니다.' 얼굴에 웃음을 띠고 여유만만하게 말하고 있습니다.

    성도 여러분, 우리는 듣는 자세로 전환합시다. 가만히 있어서, 조용히하여 비우고, 그리고 생각하면서 하나님의 하나님되심을 알 것입니다. 경쟁과 시기와 싸움, 끝없는 욕심, 다 묻어버리고, 현실 속에, 역사 속에, 이 사건들 속에 말씀하시는 주의 음성을 들어야 하겠습니다. '너는 조용하라. 내가 하나님됨을 알지어다. 내가 네 하나님 됨을 알지어다. 내가 너와 함께함을 알지어다.' 그 거룩한 음성이 가까이 들려올 때 우리는 새로운 아침을 바라볼 수 있을 것입니다. △

내 백성을 위로하라

너희 하나님이 가라사대 너희는 위로하라 내 백성을 위로하라 너희는 정다이 예루살렘에 말하며 그것에게 외쳐 고하라 그 복역의 때가 끝났고 그 죄악의 사함을 입었느니라 그 모든 죄를 인하여 여호와의 손에서 배나 받았느니라 할지니라 외치는 자의 소리여 가로되 너희는 광야에서 여호와의 길을 예비하라 사막에서 우리 하나님의 대로를 평탄케 하라 골짜기마다 돋우어지며 산마다, 작은 산마다 낮아지며 고르지 않은 곳이 평탄케 되며 험한 곳이 평지가 될 것이요 여호와의 영광이 나타나고 모든 육체가 그것을 함께 보리라 대저 여호와의 입이 말씀하셨느니라 말하는 자의 소리여 가로되 외치라 대답하되 내가 무엇이라 외치리이까 가로되 모든 육체는 풀이요 그 모든 아름다움은 들의 꽃 같으니 풀은 마르고 꽃은 시듦은 여호와의 기운이 그 위에 붊이라 이 백성은 실로 풀이로다 풀은 마르고 꽃은 시드나 우리 하나님의 말씀은 영영히 서리라 하라
(이사야 40 : 1 - 8)

내 백성을 위로하라

　1978년 로마교황 요한 바오로 1세가 서거하였습니다. 취임한 지 겨우 33일만의 죽음이었습니다. 온세계에 큰 충격을 안겨주었습니다. 장례절차를 준비하는 과정에서 교황이 이 짧은 임기 동안에, 특별히 임종 직전에 남긴 일기문이 공개되었습니다. 내용은 다음과 같습니다. '부자들이여, 가난한 자들을 기억해주십시오. 직장인들이여, 무직자들을 기억해주십시오. 건강한 자들이여, 병든 자를 기억해주십시오. 남을 위해서 슬퍼하는 사람은 복이 있습니다.' 이 일기문이 온세계에 공개되었을 때 제일 먼저 충격을 받은 것은 노벨평화상위원회였습니다. 저들은 곧 반응을 나타내어 심사숙고한 끝에 인도의 빈민굴에서 한평생을 바친 테레사 수녀에게 평화상을 수여하게 되었습니다. 본래는 중동문제의 해결을 위해 수고한 카터 대통령에게 주기로 내정되어 있던 것입니다. 테레사 수녀의 기록을 봅시다. '가장 큰 질병은 결핵이나 문둥병이 아닙니다. 아무도 돌아보지 않고 아무도 위로하지 않고 아무도 사랑하지 않고 아무도 필요로 하지 않는 것, 이것이 가장 무서운 질병입니다. 세상에는 빵이 없어서 죽어가는 사람도 많지만 작은 사랑이 없어서 죽어가는 사람이 더 많습니다.'
　우리는 해마다 성탄절을 맞습니다. 성탄의 의미를 여러분은 실제적으로 어떻게 마음에 되새기고 있습니까? 성탄을 맞는다면 성탄의 의미를 내 마음에 기리고 그 성탄의 의미로 향해서 내 마음과 인격과 생활이 변화할 때 거기서 성탄의 실존적 의미를 생각하게 될 것입니다. 오늘성경은 이렇게 말씀합니다. "내 백성을 위로하라." 외칩니다. 내 백성을 위로하라! 여러분 어떻게 위로하며, 어떻게 위로 받을 수 있는 것입니까. 그것이 빵입니까? 그것이 직장입니까? 아니면 건강입니까? 무엇으로 위로할 수 있으며, 무엇을 통해 위로받을 수 있다는 것입니까. 요새 저는 많은 생각을 해봅니다. 이 나라에 기업가도 있고 기술자도 있고 또 정치가도 있고 학자도 많은 것같습니다. 그러나 지도자가 없습니다. 우리에게 소망을 주고 용기를 주고 신바람을 넣어주고, 그리고 삶의 의미를 찾아주는 지도자가 없습니다. 기술자는 넘쳐납니다. 공부 많이 한 사람들 많습니다. 소위 정치가라는 사람들도 만원인데, 그런데 정말 우리국민 앞에 참으로 용기와 위로를 주고 소망을 주는 지도자가 보이지를 않습니다. 요컨대 소망의 문제입니다. 오늘성경은 말씀합니다. "여호와의 영광이 나타나고 모든 육체가 그것을 함께 보리라." Messianic expectation입니다. 메시야적 대망, 메시야의 나라, 메시야의 세대가 오기를 바라는 간절한 마음, 그 소원이 이루어지리라고 말씀합니다. 여러분, 이것은 미래의 문제요 메시지의 문제요 복음의 문제입니다. 메시야의 영광, 메시야의 세대를 간절히간절히 바라고 오늘도 기다리고 있습니다. 목말라 기다립니다. 우리는 과거와 현재로부터 논리적으로 추리하여 미래를 생각해봅니다. 이러한 것을 소위 futurology라고 합니다. 미래학이라고 합니다. 그러나 이 모든것과 관계없이 아주 비약을 해서 결정적 미래를 생각하고 그 미래로부터 현재를 생각하는 것을 eschatology, 종말론이라고 합니다. 성경은 항상 종말론을 말씀하고 있습니다. 종말론적 신앙을 말씀하고 있습니다. 그 종말론적 신앙의 핵심은 오늘본문에 보는대로 복음이요, 복음의 핵심은 사죄입니다. 죄사함을 선포하는 것입니다. 사랑 중에 가장 큰 사랑은 용서입니다. 오늘성경은 말씀합니다. 복역의 때가 끝났다, 하나님의 진노가 여기서 멈추고 은총의 해, 은혜의 해가 앞에 온다고 외쳐라, 하고 말씀합니다. 결정적 미래, 밝은 소망의 메시야 세대를 외치라고 말씀합니다. 그것은 바로 용서를 의미합니다. 메시야의 임함은 바로 용서를 말씀함입니다. 구제받을 수 없는 죄에 대한 용서입니다. 우리는 많은 문제를 놓고 잘했느냐 못했느냐 어디까지 사실이냐, 어지간히도 비판을 합니다마는 이런 시시비비를 통해서는 절대로 미래가 보이지 않습니다. 과거를 청산해야 미래가 보인다고 하나 과거 청산할 길이 없으니 미래도 안보입니다. 언제까지 이 시비 속에 이 절망 속에 살아가야 합니까. 우리는 저 미래를 바라보아야 합니다. 사죄의 은총입니다. 율법을 초월하여 죄인을 사랑함으로만이 다시 소생하는 길은 있는 것입니다. 헤밍웨이의 단편모음집에 이런 짤막한 이야기가 있습니다. 스페인에 어느 엄한 아버지가 있어 그의 아들과 건건사사 충돌합니다. 아버지의 시각으로 볼 때 그 아들 하는 일이 못마땅합니다. 아버지가 볼 때는 그건 말도 안되는 일이요 아들은 사람도 아닙니다. 계속 충돌하던 나머지 이 아들은 집을 나가버립니다. 가출을 해서 몇해동안 방황을 합니다. 아들을 내보내고나니 아버지는 괴롭습니다. 늘 가슴아파합니다. 잘못이 있어서, 내보낼 수 밖에 없어서, 사람답지 못해서, 소망도 없어서 내보냈지만 내보낸 아버지는 별수없이 괴롭고 가슴이 아팠습니다. 아들을 용서하지 못한 아버지, 절대로 편안할 수가 없었습니다. 마침내 용서하기로 굳게 결심하고 신문광고를 냈습니다. 짤막하게 광고했습니다. 그 아들의 이름이 파코입니다. '파코! 화요일 정오 몬타나호텔에서 만나자. 다 용서했다. 아빠.' 예정한 시간, 정오에 호텔에 가보았더니 이게 웬

일입니까. 물경 800명이나 되는 젊은이들이 모였지 않겠습니까. 파코라는 이름이 아주 흔한 이름이었고, 그 이름으로 집나간 아이들이 이렇게 많았다, 800명이나 되더라, 그런 얘기입니다. 이것이 복음입니다. '아빠는 너를 용서했다.' 여기 무슨 조건이 있겠습니까. 여기 무슨 시비가 있겠습니까. 무슨 이유가 있고… 아무 변론이 없습니다. 거저 용서했다, 내 사랑으로 너를 용서한다, 내가 너를 다 용서했다, 돌아오라, 이것입니다. 이것이 복음입니다.

문제는 이 복음에 대한 예비함이 있어야 한다는 것입니다. 그 복음을 맞아들이는 것, 그것은 믿음입니다. 여러분, 이 파코라는 청년이 아버지의 그 광고문을 보고 '아버지 웃기누만' 이렇게 생각했다면 어떻겠습니까. 이 아버지의 말은 믿을 수가 없어! 그랬다면 어떻겠습니까. 결국은 믿음입니다. 그도 함께 괴로워하던 중에 아버지가 다 용서했다고 하니 그 말 한마디를 전적으로 믿는 것입니다. 믿고 감격하여 가슴을 활짝 여는 것입니다. 내가 잘했느니 못했느니, 이거는 잘하고 저거는 못하고, 알 바가 아닙니다. 다 지워버리고 그대로 염치 제쳐놓고 아버지께 돌아오고 아버지의 품에 안기는 것입니다. 그것이 믿음이요 그것이 크리스마스의 의미입니다. 우리는 '탕자 비유'를 늘 봅니다. 탕자가 집을 나갔다가 돌아옵니다. 이 돌아오는 일은 중요한 신앙입니다. 그는 미래를 생각했습니다. 그는 미래에 대한 믿음을 가졌습니다. 그리고 아버지의 약속을 믿었습니다. 아버지의 넓은 마음을 믿고 있습니다. 그리고 찾아왔습니다. 아버지는 그의 과거를 묻지 않았습니다. 아들은 스스로 생각할 때 나는 아버지 앞에 죄를 지었기 때문에 아들된 자격이 없습니다, 아들이라고 부름받을 수도 없습니다, 머슴꾼의 하나로 생각해주시기 바랍니다,

합니다. 당연하지요. 머슴꾼의 하나만한 자격도 없지요. 그러나 아버지는 그 모든것을 불구합니다. '너는 내 아들이다. 이 내 아들은 죽었다 살았고 잃었다 얻었노라. 잔치를 하라.' 잔치를 배설합니다. 아들은 체면이 없습니다. 어떻게 이 잔치를 받아들일 수 있다는말입니까. 염치가 없습니다. 뻔뻔합니다. 그래도 아버지의 기뻐하는 마음을 절대로 무시할 수가 없고, 아버지의 마음을 다시 섭섭하게 할 수가 없어서 그는 부끄럽지마는 의젓하게, 형이 질투하는 것도 알면서 그 잔치자리에 임하고 받아먹습니다. 그것이 믿음입니다. 보아하니 가끔 똑똑한 분들이 이렇게 말합디다. "예수믿는 사람들은 좀 뻔뻔하고 체면이 없네요." "왜요?" 물으면 "아니, 죄지었다고 회개하고 또 죄짓고, 회개하고 또 죄짓고, 다신 안그러겠다 하고는 또 그러고… 평생 그러구 있으니 그 뻔뻔한 거 아니오?" 그렇습니다. 그리스도인이란 뻔뻔한 사람입니다. 제가 어찌 하나님의 딸이고 제가 어찌 하나님의 아들이란말입니까. 제가 어찌 하나님의 사랑을 독차지하는 그런 사람이라는 말입니까. 그러나 우리는 이 사랑을 믿습니다. 아우구스티누스가 말한대로 하나님께서는 나 하나만이 당신의 사랑하는 자인 것처럼 우리 모두를 사랑하십니다. 여기에 약속이 있습니다. 여기에 복음이 있습니다. 우리는 그대로 그 엄청난 사랑을 영접하되 보십시오. '내가 너를 사랑하노라. 내가 너를 용서하노라. 내가 너를 용서한 증거로 네 죄를 내가 대신 지노라.' 그래서 오시고 십자가에 돌아가신 것입니다.

이제 예비하라고 구체적으로 말씀하십니다. 산은 낮아져야 되겠다고, 골짜기는 높아져야 되겠다고, 첩경을 곧게 하라고 명령하십니다. 그렇습니다. 오시는 예수님, 그 복음을 영접하려면 산이 낮아져야 됩니다. 바리새주의적인 교만, 자기 의를 의지하는 교만, 저 잘났다고 하는 교만, 뭐를 자기가 이룬 것같이 생각하는 교만, 다 낮아져야 됩니다. 또 한번 또 한번 낮아지고 발바닥이 땅에 닿을 때까지 낮아져야 됩니다. 그렇지 않고는 오시는 주님을 바로 영접할 수가 없고 내가 네 죄를 사했느니라, 하시는 이 복음을 내가 수용할 수가 없는 것입니다. 복음을 믿고 받아들이는 데 있어서는 겸손해야 되고 끝까지 겸손해야 됩니다. 깨끗하게 마음을 비워야 됩니다. 그리고 골짜기는 높아져야 됩니다. 그 옛날 세리와 같고 창기와 같은 사람들, 천대받던 사람들, 그 신분을 높여야겠습니다. 나는 소망이 없다, 생각하지만 주님께서 나를 사랑하시면 소망이 있습니다. 그가 나를 하나님의 아들이라고 부르시면 나는 하나님의 아들입니다. 그가 나를 하나님의 사랑하는 딸이라고 부르시면 나는 하나님의 딸입니다. 누가 뭐라해도 나는 하나님의 사랑을 받는 확실한 주의 자녀입니다. 그런고로 내 천한 신분, 더러워진 과거, 씻을 수 없는 추한 것들, 툭툭털어버려야 됩니다. 그런 골짜기는 높아져야 됩니다. 주님과 만날 수 있을 만큼 나 자신을 소중히 여길 줄 알아야 합니다. 사랑받는 존재이기 때문입니다. 나아가 첩경을 곧게 하라, 하십니다. 구부러진 마음, 갈고리같은 마음, 편견, 오해, 이런 것 다 지워버리고 순진한 마음, 깨끗하게 주를 영접할 수 있는, 사랑을 영접하는 수용자세가 분명하여야 됩니다. acceptance가 필요합니다.

어느 중년남자가 일주일동안 해외출장을 갔습니다. 떠날 때는 '아침저녁으로 전화를 걸어서 마누라한테 문안을 해야겠다' 생각을 하긴 했지만 목적지에 도착하자마자 "잘왔소" 한마디 해놓고는 일도 바쁘고 이래저래 그만 전화를 한 번도 못했습니다. 이러나가 내일이면 돌아오게 되었습니다. 일주일이 지난 그제야 좀 미안한 마음도 있고해서 전화기를 손에 들었습니다. 다이알을 돌리기 전에 생각하기를 '당신이 보고 싶었소. 여보, 당신을 사랑합니다'라고 말하리라 하였습니다. 그러나 막상 통화가 되자 나오는 소리가 이랬습니다. "집에 아무 일도 없소? 애들은 다 잘 있소? 강아지도 잘 있고? 난초에 물은 주었소?" 여기까지 얘기를 했습니다. 잠시후 아내가 울먹울먹하면서 "당신, 해도 너무합니다"하고는 찰카닥 전화를 끊습니다. 자 여러분, 이 아내가 듣고 싶은 말이 무엇이겠습니까? 강아지 안부까지 챙기면서 제 아내는 챙기지 않은 것입니다. 뭐, 뭐, 다 챙기고는 정작 중요한 사랑은 잃어버렸습니다. 이 참 불행한 일입니다. 우리가 왜 힘듭니까. 왜 이렇게 어려운 것입니까. 하나님의 사랑을 잃어버렸음입니다. 또, 하나님께서 우리를 사랑할 것같지 않은 것입니다. 사랑받을만한 존재가 못된다는 것을 알고 있습니다. 그러나 참사랑은 모든 율법적 비판을 초월하는 것입니다. 이유 없습니다. 절대적으로 사랑하시면 우리는 절대적으로 받아들여야 됩니다. 무조건적으로 사랑하신다면 무조건적으로 수용하여야 합니다. 그것이 성탄의 의미입니다.

참위로는 오로지 죄사함에 있고 참사랑에 있고 그리고 만나주심에 있습니다. 그가 사람이 되시어 이 땅에 오십니다. 그리고 우리를 구체적으로 만나주십니다. 대신 십자가를 지십니다. 이제 이 위로를 받아들이는 길은 나 자신을 완전히 부정하고 겸손한 마음으로, 오직 믿음으로, 오직 새로운 소망으로, 오시는 그리스도를 영접하는 데 있습니다. 해마다 성탄절을 지키지만 금년은 새로운 의미의 성탄절이 될 수 있기를 바랍니다. △

일을 마치려 하는 자

바울이 밀레도에서 사람을 에베소로 보내어 교회 장로들을 청하니 오매 저희에게 말하되 아시아에 들어온 첫날부터 지금까지 내가 항상 너희 가운데서 어떻게 행한 것을 너희도 아는바니 곧 모든 겸손과 눈물이며 유대인의 간계를 인하여 당한 시험을 참고 주를 섬긴 것과 유익한 것은 무엇이든지 공중 앞에서나 각 집에서나 꺼림이 없이 너희에게 전하여 가르치고 유대인과 헬라인들에게 하나님께 대한 회개와 우리 주 예수 그리스도께 대한 믿음을 증거한 것이라 보라 이제 나는 심령에 매임을 받아 예루살렘으로 가는데 저기서 무슨 일을 만날는지 알지 못하노라 오직 성령이 각 성에서 내게 증거하여 결박과 환난이 나를 기다린다 하시나 나의 달려갈 길과 주 예수께 받은 사명 곧 하나님의 은혜의 복음 증거하는 일을 마치려 함에는 나의 생명을 조금도 귀한 것으로 여기지 아니하노라 보라 내가 너희 중에 왕래하며 하나님 나라를 전파하였으나 지금은 너희가 다 내 얼굴을 다시 보지 못할 줄 아노라

(사도행전 20 : 17 - 25)

일을 마치려 하는 자

'참새 시리즈'라고 하는 유머를 들어보았습니까? 전깃줄에 참새 한쌍이 앉아서 행복한 시간을 보내고 있는데 사냥꾼이 그들을 노리고 총을 쏘았습니다. 사냥꾼의 총에 맞아 아내참새가 떨어지면서 남편참새한테 유언을 하는데 이 유언이 시대마다 다르다고 합니다. 시사하는 바가 있어서입니다. 1950년대에는 뭐라고 유언했는고하니 "부디 몸조심하시오"하였습니다. 60년대에는 "먼저 가서 미안하오" 하였고, 70년대에는 "내 몫까지 살아주"하였고, 80년대에는 "날 두고 가지 마오"하였고, 90년대에는 "아무리 급해도 내 장례는 치러주고 장가드시오"하였습니다. 이제 IMF 이후에는 그 유언이 이렇다고 합니다. "혼자 욕 좀 봐요. 나 먼저 가요." 여기서 우리 한번 생각해 봅시다. 살아남은 사람이 복이 있습니까, 이미 죽은 사람이 복이 있습니까. 살아남은 사람, 욕보게 생겼습니다. 오히려 가는 사람이 살아남는 사람을 마음아파하는, 그런 세상이 되었다는 이야기입니다. 산다는 것이 자랑스럽지 않고, 요행히 살아 있다는 것이 복도 아니고, 이제 남은 생을 산다는 것이 난감하거든요. 그래 먼저 가면서 하는 말이 "안됐지만 혼자 남았으니 욕 좀 봐요. 나 먼저 갑니다"입니다. 인간에게는 어차피 시작이 있고 끝이 있습니다. 시작하는 시간이 있는가하면 끝내는 시간이 있습니다. 그것을 몰라서는 안됩니다.

오늘본문에 사도 바울은 말씀합니다. '내가 일을 마치려 함에는…' 일을 한 단계로 마치는 것입니다. 소아시아 일대에 복음을 열심히 전하고 그는 지금 예루살렘으로 갑니다. 예루살렘으로 가면 무슨 일을 만날지 모릅니다. 그 마음속은 로마로 가고자 하는 소원이 간절합니다마는 하나님께서 허락하실는지 모르겠고, 또 언제 어떤 모양으로 가게 될는지, 그것이 가능할는지 불가능할는지 모르겠는 것입니다. 다만 큰 핍박과 환난이 기다린다는 것은 분명하게 알고 있습니다. 그래서 '무슨 일을 만날는지 나는 알지 못하겠다. 그러나 나는 내 사명을 위한 달려갈 길을 마치려 함에 여기서 한 단계 매듭을 짓고 다음 단계로 시작하노라'하는 말씀입니다. 16세기에 자비에르(Francisco de Xavier)라고 하는 선교사가 있었습니다. 그는 본래 스페인사람이지만 포르투갈의 요한 3세 왕의 요청으로 파송을 받아 인도, 중국, 일본에까지 선교를 하였습니다. 그래서 동양선교의 선구자라고 불립니다. 그가 선교지 현장에서 임종을 맞이했을 때 자기를 파송한 그 왕에게 유언이라 할 중요한 편지를 씁니다. 그 편지 내용 중에 이런 말이 있습니다. '폐하께서는 어느날이건 하나님 앞에 서야 할 시간이 있음을 잊지 마십시오. 그 끝날의 결산을 위하여 겸손하게 살도록 힘쓰십시오. 주님 앞에 설 때 부끄러움없이 설 수 있도록 준비하고 오늘을 살기 바랍니다.' 이런 심각한 마지막말을 남겼습니다. 왕, 권세자라고 만능이 아닙니다. 그의 위에 전능의 권세가 있습니다. 나의 생을 내가 사는 것같아도 나를 지켜보시는 이가 있습니다. 하나님 앞에서 심판을 받아야 됩니다. 언젠가 그 앞에 반드시 서야 됩니다. 그 시간을 생각하고 오늘을 사시라는 말이었습니다.

바울은 지금 현시점에서 지난날을 생각하고 미래를 생각하고 또 현재를 생각합니다. 열심히 복음을 전했습니다. 이제 마지막때가 왔습니다. 마치 운동경기자인 것처럼 '달려갈 길을 마친다'하였습니다. 출발점에서부터 이 결승점을 향하여 열심히열심히 달려왔습니다. 이제 결승점이 눈앞에 보입니다. 달려갈 길을 마치려 합니다. 그러면 내가 이제 할 일은 무엇인가—그는 여기서 각오를 새롭게 하고 있습니다. 스스로 고백합니다. '내가 너희 가운데 있을 때 어떠했느냐. 겸손과 눈물과 인내와 섬김이었으며, 거리낌없이 복음을, 회개와 믿음의 복음을 열심히열심히 전하였노라. 그리고 오늘은 내가 이 일을 마감하려고 하는 시간이다.' 이렇게 심각하게, 현시점에서 그는 새로운 미래를 전망하고 있습니다. 미국에 교육자로 유명한 파커 팔머라고 하는 분이 있습니다. 그는 저서 「That Your Life Speak」에서 아주 중요한, 인간의 소명에 대한 말을 합니다. 그 한 구절이 충격적일 정도로 중요한 말씀이기에 소개합니다. '소명이란 의지에서 나오는 것이 아니다. 의지에서 나오지 않는다. 듣는 데서부터 출발한다. 소명이란 성취해야 할 목표가 아니라 이미 주어져 있는 선물이다.' 여러분, 깊이 생각하여야 합니다. 소명이란 내 욕망을 내가 이루고자 하는 게 아닙니다. 그가 이미 내게 주신 바가 있습니다. 주신 바 생애가 있고 주신 바 지혜가 있고 주신 바 물질이 있고 주신 바 건강이 있습니다. 그 속에 이미 소명이 있다는 말씀입니다. 그 소명을 들을 줄 알아야 된다, 듣는 데서부터 출발한다, 하고 말하는 것입니다. 좀더 나아가 그는 인생에 있어서 매우 중요한 것이 '내가 해야 할 일이 무엇인가?' 하는 문제는 '내가 누구인가?' 하는 본연적인 질문에서부터 출발하며, '나는 누구인가?' 하는 문제는 '나는 누구의 것인가?' 하는 질문으로 귀결되는 것이다, 라고 하였습니다. 여러분, 나는 '무엇을 하여야 합니까? 그보다 먼저 생각할 것은 내가 누구인가, 하는 것입니다. 내가 누구냐, 하는 문제는 나 스스로 선택할 문제가 아닙니다. 다만 내가 누구의 것이냐, 하는 것입니다. 여러분, 지난날을 가만히 생각해보십시오. 내 마음대로 살았습니까? 내 마음대로 태어났습니까? 내가 도대체 무엇을 할 수 있었습니까? 어찌 생각하면 나는 아무것도 할 수 없었습니다. 보이지 않는 그의 손길이 있고 그의 능력이 있고 나를 향한 그의 경륜과 시나리오가 따로 있었습니다. 나의 주인 되신 분께서 나를 당신 마음대로 이렇게저렇게 인도하심으로 오늘에 이르렀음을 깨달아야 합니다. 이제라도 깨달아야 합니다. 늦었지만 지금이라도 내가 누구의 것이냐, 누구의 손에 붙들리어 내가 여기에 왔느냐, 깨달아야 합니다.

러셀의 「행복론」에서는 행복할 수 있는 비결을 아주 간단하게 말합니다. '자신의 힘을 겸허하게 평가하는 것이 행복의 원천이다' 합니다. 겸손이 행복의 비결이다, 그 말입니다. 여러분, 혹 불만이 있습니까? 있다면 교만하기 때문입니다. 고민이 있습니까? 있다면 그것도 교만하기 때문입니다. 걱정거리가 있습니까? 있다면 그것도 교만하기 때문입니다. 한번 더 겸손하게 생각해보십시오. 걱정거리는 없습니다. 그걸 잊지 말아야 합니다. 그래서 겸손한 사람은 자신이 경험하고 있는 성공에 대해서 놀란다고 합니다. '나는 이런 사람이 못되는데 어이 이렇게… 나는 이럴 수가 없는 사람인데 어떻게 이런 일을 할 수가 있나?' 기적인 것입니다. 우리 교역자는 교인들의 고백을 통해서 많은 비밀을 알게 됩니다. 이름을 댈 수는 없지만 어떤 분이 처음으로 아기를 낳았습니다. 흔히들 바라는 아들도 아니고 딸이지만 이 아기를 낳아놓고 너무나도 좋아하는 것입니다. 내 사무실에까지 찾아와서 좋아합니다. 얼마나 감격하는지 아십니까. "요것이 얼마나 예쁜지 몰라요. 손가락 다섯 개가 분명하고요, 눈망울이 똘똘하네요. 이런 기적이 없습니다. 너무너무 감사합니다. 저는 이제 원이 없습니다." 이렇게 감격하는 것은 거기 behind story가 있기 때문이었습니다. "목사님, 저는 결혼 전 처녀 때 방종하게 살았거든요. 두 차례나 abortion, 중절수술을 한 경험이 있습니다. 그래서 이제 나는 결혼도 못할 것이고, 물론 아기를 못낳을 것이고, 만일에 낳는다면 병신을 낳을 것이다… 그렇게 믿고 암울한, 암담한 생을 저주스럽게 살았었습니다." 그가 이렇게 겸손해서 그랬는지, 그를 사랑하는 남자가 나타났습니다. 이 여인의 과거를 다 알고 결혼을 했습니다. 그리고 놀랍게도 이런 아기가 태어났다는 것입니다. "이건 기적입니다. 하나님께서 내 모든 죄를 사하셨다는 증거이며, 하나님께서 아직도 나를 사랑하신다는 뜻입니다. 이제 더는 아무것도 바랄 게 없습니다." 말할수없이 행복해하는 그 천사같은 얼굴을 보고 저도 감격했습니다. 여러분은 어떻게 생각하십니까? 오늘 우리는 축복을 누릴만한 자격이 있다고 생각하십니까? 이만큼 살 수 있는 의가 있다고 생각하십니까? 민족적으로나 개인적으로나 복받을 구석이 어디 있습니까. 무엇으로 불평을 할 것입니까. 죽어마땅한 사람들인데… 영원히 죽을 수밖에 없는 사람들인데… 우리는 불평할 자격이 하나도 없습니다. 그저 모든것이 은혜입니다. 은혜만도 아닙니다. 기적입니다. 저는 두 번을 미국에 소위 유학을 해서 공부한 사람입니다. 그러나 60년대초 유학을 떠날 때 저는 너무나도 감사했습니다. 혼자 북한에서 나왔고 영어를 공부한 일이 없거든요. 중학교, 고등학교… 이렇게 정규과정을 거친 게 아니라는 말씀입니다. 여기서 검정고시를 보고 유학시험을 보고 가는데, 내가 어떻게 토플시험 600점을 맞고 프린스턴을 간단말입니까. 저 프린스턴대학에 들어서는 순간의 제 감격은 이루 말로 못할 정도였습니다. '내가 어떻게 여기를 왔단말인가. 어떻게 나한테 이런 기적이 있단말인가.' 여러분,

하루하루 사는 것이, 오늘 내게 주어진 작은 성공이라도 이 자체가 기적입니다. 그대로가 기적인 것입니다. 그렇다면 이제 우리에게는 감사와 찬송이 있을 뿐입니다. 무슨 할말이 있겠습니까. 겸손한 사람이 자신의 성공에 놀라는 반면 교만한 사람은 자신의 실패에 놀란다고 합니다. 뭐가 잘못되면 '어찌 내게 이런 일이 있단말인가. 어찌 내가 이렇게 망할 수 있단말인가'합니다. 그것은 교만입니다. 주인의식을 버려야 합니다. 애시당초 내가 주인이 아닌 것입니다. 운명의 주인이 나 자신이 아니다, 라는 것을 알아야 합니다. 나는 그리스도의 것입니다. 바울은 빌립보서 3장 12절에서 말씀합니다. "그리스도 예수께 잡힌 바 된 그것을 잡으려고 좇아가노라." 나는 그리스도께 잡혔다, 그리스도께 포로가 되었다—그것이 자기정체의식입니다. 바울은 그렇게 한평생을 살았습니다. 이제 그 일을 마치려 합니다. 내게 일을 시작하게 하신 이가 이제는 그만하라시는 것입니다. '그러시다면 그러시지요.' 여기에 아무런 원망이 없습니다. 바울은 생각합니다. "나는 심었고 아볼로는 물을 주었으되 오직 하나님은 자라나게 하셨나니…(고전 3:6)" 나는 심는 것으로 족한 것입니다. 시작하는 것으로 족한 것입니다. 그 다음은 그 다음대로입니다. 하나님께서 나를 통하여 이루신 것처럼 다음은 또 다른 사람을 통하여 그 다음 단계를 이루시겠지요. 그것을 믿기에 그는 심는 자로서 심고 돌아서면서 유감이 없습니다. 여러분, 예수님의 말씀을 기억하시지요? 십자가 상에서 말씀하십니다(요 19:30). "다 이루었다." 아무리 생각해도 이해할 수 없는 말씀입니다. 뭘 다 이루셨습니까. 많지도 않은 열두 제자에도 그 하나가 가룟 유다입니다. 수제자라는 사람은 예수님 부인하고 줄행랑치고… 도대체 이 시원치 않은 업적을 놓고 어떻게 다 이루었다 하실 수 있는 것입니까. 그러나 그 "다 이루었다"하시는 말씀 그 깊이에는 엄청나고도 신비로운 의미가 담겨 있습니다. 예수님께서는 만백성을 위하여 오셨고 십자가에 돌아가십니다. 예수님으로서 하셔야 할 일, 예수님께 맡겨진 일, 다 이루셨습니다. 오늘 우리는 어디까지 가야 하는 것입니까. 무엇까지 보면 되겠습니까. 내게 맡겨진 일만 내가 다하는 것입니다. 여기에 새로운 각오가 필요합니다. 그래서 사명에 충실하고 또 미련이 없습니다. 사도 바울은 배우는 단계가 있었고 전도하는 단계가 있었고 그리고 오늘은 마감하는 단계에 왔습니다. 이 last stage, 마지막 단계에서 그는 하나님 앞에 또한번 겸손합니다. '주께서 이제는 나를 마지막으로 순교의 길로 인도하시는가보다. 전에도 몇번 죽을 뻔했지만 이번에는 과연 가는가보다.' 예, 그러시다면 그러시지요, 하는 자세입니다. 이제 일을 마치려 함에는 나의 생명을 조금도 귀한 것으로 여기지 아니하노라—마치 경주자와도 같이 일생을 달려왔지만 이제 저 앞에 결승점이 보입니다. 그런고로 나는 죽음을 두려워하지 아니하노라, 이대로 마지막 단계를 마무리하려 한다, 하는 고백입니다. 요한 웨슬리에게 누가 질문하기를 "오늘밤 열두 시에 죽을 것이 확실하다면 당신은 무엇을 하시겠습니까?" 하였습니다. 그는 대답합니다. "다른 날과 다름없이 설교준비 하고, 다른 날과 다름없이 심방할 것입니다. 그리고 다른 날보다 먼저, 다른 날보다 30분 일찍 잠에 들 것입니다." 무슨 말입니까. 전에 하던 일을 계속할 것입니다, 그리고 억지로 끌려가듯이 하지 않고 30분 먼저 잠들 것입니다—이 얼마나 아름다운, 마지막 단계를 생각하는 사람입니까.

한 해가 갑니다. 그만큼 우리는 죽음에 한 발 더 다가서고 있습니다. 한 해가 갔다는 것은 그만큼 주님 만날 시간이 가까워졌다는 것을 의미합니다. 내 일생 살아오던 길을 마치려 한다면 이제 나는 무엇을 생각하여야 하겠습니까. 아무 미련 없이 새로운 결단을 버리고 생을 마감하여야 되겠습니다. 근사하게 마쳐야 되겠습니다. 마지막 작품을 잘 그려야 되겠습니다. 사도 바울은 그래서 말씀합니다. '내가 예루살렘으로 가노라. 무슨 일을 만날는지 모르겠다. 환난과 핍박이 나를 기다린다고 하나 나의 달려갈 길을 마침에 있어서 나는 생명을 조금도 귀한 것으로 여기지 아니하노라. 생사간에 모든 문제를, 모든 욕망을, 모든 인간의 생각을 다 접고 오늘까지 나를 쓰신 주인께서 당신께서 원하시는대로, 당신께서 원하시는 시간에, 당신께서 원하시는 방법으로 부르시옵기를. 마지막까지 나는 내가 할 일을 할 것이다.' 이렇듯 귀한 고백입니다. △

심령을 새롭게

그러므로 내가 이것을 말하며 주 안에서 증거하노니 이제부터는 이방인이 그 마음의 허망한 것으로 행함같이 너희는 행하지 말라 저희 총명이 어두워지고 저희 가운데 있는 무지함과 저희 마음이 굳어짐으로 말미암아 하나님의 생명에서 떠나 있도다 저희가 감각 없는 자 되어 자신을 방탕에 방임하여 모든 더러운 것을 욕심으로 행하되 오직 너희는 그리스도를 이같이 배우지 아니하였느니라 진리가 예수 안에 있는 것같이 너희가 과연 그에게서 듣고 또한 그 안에서 가르침을 받았을 진대 너희는 유혹의 욕심을 따라 썩어져 가는 구습을 좇는 옛 사람을 벗어 버리고 오직 성령으로 새롭게 되어 하나님을 따라 의와 진리의 거룩함으로 지으심을 받은 새사람을 입으라

(에베소서 4 : 17 - 24)

심령을 새롭게

　현대심리학 용어에 '고착상태(fixation)'라고 하는 말이 있습니다. 과거의, 종래의 유치한 습관 혹은 부정적인 습관을 버리지 않고 계속 유지함으로써 심리적 안정을 얻으려고 하는 현상을 말하는 것입니다. 고착상태에 빠진 사람은 변화를 싫어합니다. 무조건 변화를 싫어합니다. 변화를 두려워합니다. 그리고 변화하지 않은 낡은 것에 매여서 거기서 안정을 누리려고 합니다. 그러나 여러분, 이것을 잊지 말아야 합니다. 이것이 가능한 것입니까. 모든것이 변하고 있습니다. 생명이라는 것에 정지상태란 없습니다. 그런데 계속 변화하고 있는 중에 나만 변하지 않고 있습니다. 그렇다면 내가 안변하고 있는 것입니까, 지금. 착각하지 말아야 됩니다. 나는 지금 퇴보라고 하는 변화를 하고 있는 것입니다. 그걸 잊지 말아야 합니다. 여러 대의 차가 속도를 내어 물밀듯이 밀려갑니다. 그런 길 한가운데 서 있어 보면 차들이 무지하게 빨리 달립니다. 나는 서 있습니다. 그러나 그게 내가 서 있는 것입니까. 상대적으로 비교해보면 내가 지금 뒤로 물러가고 있는 것이지 내가 서 있는 것이 아닙니다. 그러므로 생각의 속도가 중요합니다. 계속 변화하는 것과 속도를 맞추지 아니하면 그 순간 나는 지금 뒤로 물러서고 있는 결과가 되는 것입니다. 이걸 잊지 말아야 합니다. 그럼에도 불구하고 우리는 어리석게도 내가 고집을 부리고 있으면 정지상태가 유지된다고 생각합니다. 그러나 그게 아닙니다. 나는 지금 뒤로 물러가고 있는 것입니다. 차를 몰고 갈 때, 저 빨리 가는 차하고 내 차가 속도를 맞추면 내 차가 서 있는 듯한 착각에 빠집니다. 미국 캘리포니아 사막 그 넓은 곳을, 샴감힌 밤에, 아무 불빛도 없이 갈 때 그 사람들 보면 혼자 가는 게 싫어서 저 차에 누가 탔는지도 모르지만 그래도 같이 가길 원합니다. 그래서 하나의 집단을 이루고 한 열 대의 차가 같이 가게 됩니다. 그렇게 갈 때 보면 사방이 깜깜한데 차가 정지상태를 유지하는 것같습니다. 길이 내 앞으로 달려오는 것만 같아집니다. 내 차가 딱 서 있는 것같은 착각을 하게 됩니다. 이런 현상과도 같습니다. 변화하는 사회에 있어서 생각의 변화의 속도를 맞추면 정지상태가 이루어지고 거기에 안정이 있는 것입니다. 그런고로 생명적으로 사는 사람은 변화를 두려워하지 않습니다. 오히려 변화를 즐깁니다. 변화를 타고 넘으면서 거기서 창조적인 것을 생각합니다. 이것이 새로운 세계입니다. 그런데도 불구하고 저러한 고착상태에 빠져서 몸부림을 치다가 세상이 왜 이 모양이냐, 하고 심장이 터져서 죽습니다. 이것은 세상이 잘못되어서가 아닙니다. 당신이 잘못되고 있는 것입니다. 당신이 어리석게도 고착상태라고 하는 병에 빠져서 스스로 퇴보하고 거꾸로 변화한 것입니다. 그 상태임을 알아야 합니다. 요새와서 유독 담배의 해독에 대한 광고가 많이 나옵니다. 담배피우면 나쁘다고. 코미디언 이주일씨가 폐암으로 고생을 하면서 금연운동의 선두에 섰습니다. 나처럼 되지 않으려면 담배피우지 마라—아주 굉장한 증거를 댑니다. 어쨌든 담배피우는 사람은 보통사람보다 60배나 폐암걸릴 가능성이 많다, 합니다. 또 담배피우는 사람은 젊은사람도 정력이 50% 감퇴한다고도 합니다. 이 광고 효과있을 것같습니다. 그 말은 무서워하거든요. 자, 이렇게 멀쩡하게 압니다. 지금 담배가 유익하다는 사람은 아무도 없습니다. 그런 멍청한 사람은 없습니다. 그런데 왜 못끊는 것입니까. 옛날것에 안주하고 싶은 것입니다. 변화가 싫은 것입니다. 그게 문제입니다. 제가 요새 음식점같은 데서 광고하는 걸 보고도 좀 못마땅한 것이 있습니다. 뭐냐하면 어떤 음식이나 물건을 만들었을 때 '이건 새것입니다. 이건 21세기적인 아주 기발한 아이디어입니다' 하는 식으로 말하지를 않고 30년 전통이니 100년 전통이니 합니다. 이 전통이 망쳤다는 걸 모릅니다. 그렇게 낡은 걸 좋아하니 어떻게 새로운 세계가 오겠습니까. 입맛도 바꿔야지 30년 전통 음식만 좋아해서야 되겠습니까. 제가 음식점에 갈 때마다 제일 괴로운 게 뭐냐하면 방바닥에 앉으라, 하는 것입니다. 무릎이 아파 못견디겠던데… 의자에 앉았으면 좋으련만 굳이 퍼지게 앉아야만 좋다고 하니… 북한말로 한다면 '언제나 골통을 바꿀 수 있을꼬.'

고착상태에 빠지면 구제불능입니다. 더욱이 영적고착상태가 문제입니다. spiritual fixation, 그것이 문제입니다. 벌써 영적 주도권을 육체의 욕망에 빼앗긴 사람이 많습니다. 바울의 논조대로 알게모르게 믿음으로 시작했다가 율법으로 마치는 사람 많습니다. 처음에는 순수한, 아주 구원받은 은총에 감격하는 신앙으로 출발했는데 신앙생활 해가면서 자기나름으로 자기가 율법이 되어서 어느 사이에 율법주의자가 돼버렸습니다. 그걸 자신이 모르고 있습니다. 그 주제에 오히려 생생한 생명력 넘치는 영적 상태에 대한 비판을 가하고 있습니다. 이 또한 비참한 일입니다. 어떤 장로님이 말합디다. "목사님, 나는 신앙생활 하는 거 다 좋아요. 교회봉사 하는 것도 좋고 다 좋은데 딱 하나가 문제입니다. 새벽기도 꼭 나가야 됩니까? 아, 이거 장로라 안나갈 수도 없고 나갔다하면 정신이 하나도 없고… 이거 어떡하면 좋겠습니까? 좀 가르쳐주세요." 그래 내가 이렇게 말했습니다. "꼭 나갈라고 그러지 마세요. 그거 나가야 구원받는 것도 아니고, 그래야 꼭 잘믿는 것도 아닙니다." "아, 그래요? 그렇다면 나 소망교회 나가겠습니다." "그거 조심하세요. 소망교회 나오면 새벽기도 나오게 됩니다." 여러분 생각해보십시오. 이 분의 얘기는 이것입니다. 꼭 일어나야겠다, 생각을 했다가도 새벽만 되면 생각이 달라진다는 것입니다. 어떻게 달라지느냐. '아, 하루에 여덟 시간 자야 된다는데, 내가 오늘 이렇게 일찍 일어나면 건강상 좋지 않지 않을까?' 이런 생각을 한다는 것입니다. 거기서 또 생각을 합니다. '곽 목사님은 평생 새벽기도 인도하고도 건강한데… 내가 그분보다 건강한 것도 아닌데…" 갈등을 일으킵니다. 여덟 시간 자야 좋은지 다섯 시간 자야 좋은지, 그런 중에 새벽만 되면 어느 이론에 지는고하니 '여덟 시간 이상 자야 좋으니라' 하는 이론 앞에 그만 무릎을 꿇고 맙니다. 그렇게 하기를 한평생이라는 것입니다. 몸이 요구하는 바가 있습니다. 육체의 욕망을 그의 이성으로 합리화하면서 그의 영이 그 합리적 이론 앞에 굴복하고 맙니다. 아시겠습니까? 여기에 문제가 있는 것입니다. 이렇게될 때 성령은 탄식합니다. 로마서 8장 26절말씀대로 성령이 탄식합니다. '아, 쓰러지는구나.' 아시겠습니까?

　바울의 신학을 연구해보면 인간을 성전이라고 상징적으로 부릅니다. 성전이라고 하면 예루살렘성전을 생각해야 됩니다. 예루살렘성전은 뜨락을 말하는 것입니다. 큰 성전은 뜰입니다. 결코 건물이 아닙니다. 예배드릴 때 전부 마당에 서서 예배드리는 거지 성전 안에 들어가 예배드리는 게 아닙니다. 가끔 가톨릭에서 신년미사같은 거 할 때 봐도 마당에서 서 있지요. 마당에서 예배를 드립니다. 이게 성전입니다. 성전뜰이 성전입니다. 그 성전뜰 안에 성소라고 하는 곳이 있습니다. 거기에 제사드리는 기구가 있고 제사장들이 들어가

사역을 합니다. 그 성소 안에 또 지성소라고 하는 곳이 있습니다. 거룩한 중에 더 거룩한 곳이다, 하는 지성소가 있습니다. 거기에 하나님의 임재를 상징하는 법궤가 있습니다. 자, 이제 생각합시다. 성전 안에 성소, 성소 안에 지성소—문제는 여기에 있습니다. 사람의 몸도 몸이라는 것이 있고 혼이라는 것이 있고 혼 안에 다시 영이라는 것이 있다는 것입니다. 이게 바로 핵입니다. 성전이 성전되는 것은 지성소 때문입니다. 지성소가 없다면 성소도 없고, 그 넓은 뜰은 한낱 운동장일 뿐입니다. 아무 의미가 없습니다. 문제는 그 지성소 때문에 성전 전체가 거룩해진다는 것입니다. 이로써 생각을 하여야 됩니다. 이제 하나님을 만나는 곳은 프뉴마, 바로 영을 말하는 것이요, 지성소를 말하는 것입니다. 우리 영의 지성소에서 하나님을 만납니다. 그 다음에 우리의 이성이 있습니다. 이성이나 지성이나 양심이 뒤따릅니다. 이게 성소입니다. 그 다음에 그를 싸고 있는 몸이 있습니다. 육체입니다. 여기서 생각해야 될 것은 육체는 이성의 지배를 받아야 하고, 이성은 영의 주도하에 있어야 한다는 것입니다. 이것이 거꾸로 되면 그때에 멸망이 오는 것입니다. 요새 심령의학에서 하는 이야기입니다마는, 육체가 병들면 정신이 치료합니다. 우리생각에는 육체가 병든 줄 알지만 병은 정신에서 오는 것입니다. 정신력이 약해져서 생긴 것입니다. 그걸 잊지 말아야 합니다. 원인은 정신입니다. 여러분이 하룻밤만 고민하면서 잠을 못자보십시오. 다음 날 아침이면 콜록거립니다. 그거 잊지 말아야 됩니다. 암환자들도 내과의사의 기록대로 보면 한 3년 전에 큰 충격을 받은 적이 있습니다. 그 충격이 오늘에와서 cancer로 이어지는 것입니다. 그런고로 정신이 건강할 때 육체가 건강할 수 있습니다. 그리고 정신은 영이 건강할 때 건강할 수 있는 것입니다. 그렇다면—육체가 병들면 정신으로 치료합니다. 정신이 잘못되면 영으로 치료합니다. 영이 병들면 무엇으로 치료합니까. 이게 끝이라는 것입니다. 육신 혹은 육체의 정욕 주도적 인간과 또 이성이 병들고 영도 잠들어버린 상태에 있는 사람이 있습니다. 육체가 정신을 지배하고 있습니다. 그 병든 이성이 영을 지배할 때 영은 잠들어버립니다. 이러한 상태를 오늘본문에서는 "구습을 좇는 옛사람"이라고 묘사했습니다. 구습을 좇는 옛사람. 옛굴레에 속한 옛사람—오늘본문에 누누이 말씀합니다. 옛사람, 이것은 그 속성이 영 주도적 인간에서 떠나 육체 주도적 인간으로 타락한 인간을 말하는 것입니다. 여섯 가지로 말씀합니다. 첫째는 '허망하다' 하였습니다. 목적을 상실했습니다. 의미를 잃어버렸습니다. 아주 허무하고 허망한 세상, 허우적거리기만 했지 무엇 때문에 그러는지를 모르는 것입니다. 사업을 하나 결혼을 하나 목적이 없습니다. 의미가 없습니다. 그런 허망함에 빠져듭니다. 그 다음은 어두움이라 하였습니다. '디아노이아'라고 하는 이 말은 지성적 결여, 본문말씀대로 총명이 흐려졌다는 것입니다. 판단하는 능력, 총명이 흐려져서 어두워졌습니다. 이성의 능력이 어두워졌습니다. 그 다음은 무지함이라 하였습니다. '아그노이안'이라는 이 말은 도덕적 판단력을 잃어버리고 선악이 모호해진 것을 말합니다. 무엇이 선인지 무엇이 악인지 분간하지 못하는 그런 상태에 빠진 것입니다. 네 번째로, '마음이 굳어짐'이라 하였습니다. 강퍅해지는 것입니다. 고집만 남았습니다. 자기집착에서 헤어나지를 못합니다. 아, 참으로 불쌍합니다. 그 다음은 '무감각해진다' 하였습니다. "감각 없는 자 되어"라고 완료형으로 표현되어 있습니다. 감각능력 상실입니다. 무감각합니다. 이제는 어떤 자극에도 감각이 없습니다. 마지막으로 여섯 번째는 방임이라고 하였습니다. 방임, 이것은 영어로 말하면 give up, 포기상태입니다. 거기다 기대를 걸 수가 없습니다. 인간됨을 포기한 것입니다. 언젠가 이런 일이 있었습니다. 소위 지존파라고 하는, 많은 사람들을 무자비하게 죽인 사람들에게 사형을 언도하는 판결문의 마지막말을 제가 자세히 들었습니다. '인간됨을 포기하였으므로 사형한다' 하였습니다. 사람으로 살기를 포기한 인간들입니다. 자동차로 말하면 브레이크가 터져나갔습니다. 브레이크 터진 자동차, 이것은 좌충우돌입니다. 이런 방임상태에 빠져버린 것입니다. 그런고로 오늘성경은 '심령을 새롭게 하라' 합니다. '심령'으로 쓴 헬라말원문은 "프뉴마티 투 누스 휘몬"입니다. 프뉴마, 누스라고 하는 두 단어를 연결하고 있습니다. spirit of the mind 곧 '누스'의 '프뉴마'인 것입니다. 우리말로는 이거 둘을 합쳐서 심령이라고 하였습니다. 영이라고만 말하지 않고 심령이라고 말하였습니다. 다시말하면 '너희 마음의 영'을 새롭게 하라는 것입니다. 너희 마음 안에 있는 영을, 마음 안에 있는 영, 그 핵심을 새롭게 하라는 것입니다. 그것은 지성소를 말하는 것입니다. 성소 안에 있는 지성소를 새롭게 하라, 그런 뜻입니다. 중세기 신학자들은 심령을 새롭게 하는 길이 어디 있을까 하고 수도원적으로 이 문제를 풀이하려고 엄청난 노력을 기울였습니다. 그래서 얻은 결론이 첫째는 purgation, 청결입니다. 세속을 떠나야 한다, 아무래도 먹는 거 자는 거 문제가 다 있다, 이 세상에 문제 있다, 그런고로 세속된 것을 떠나야 하겠다, 하였습니다. 수도원적으로 풀이해보려고 한 것입니다. 또 한 가지는 illumination, 조명입니다. 세상을 떠나면서 마치 태양빛을 받아서 모든 생물이 소생함을 얻는 것처럼 하나님께서 주시는 빛을 받아야겠다, 영적인 빛을 받아들여야 되겠다, 한 것입니다. 그리고 세 번째가 union입니다. 하나님과 내가 하나가 되는, 하나님의 마음과 내 마음이, 하나님의 뜻과 내 뜻이 하나가 되는 가운데서 이것이 이웃사랑으로 이어질 때 거기에 영적인 온전함이 있다, 하였습니다.

    그러나 오늘성경은 다시 말씀합니다. 오직 심령으로 새롭게 되라, 합니다. 이것은 하나님과의 관계, 하나님과의 만남의 관계를 말합니다. 탕자가 집에 돌아올 때 자기자신을 두고 '나는 아들된 자격이 없다, 아버지의 마음을 너무 상하게 했고 너무 많이 타락돼서 나는 아들자격이 없다'하였습니다. 그래 '머슴꾼의 하나로 대접해주시기를 바랍니다. 그렇게 해서 굶지 않고 살게 해주세요'하는 초라한 마음으로 돌아옵니다. 그러나 아버지는 '너는 내 아들이라' 하고 만납니다. 그때 아들은 아버지의 얼굴을 봅니다. 아버지의 얼굴을 보며 아버지의 그 뜨거운 사랑에 감격하는 순간, 나의 더러운 과거, 부끄러운 모습은 다 잊어버리고 말았습니다. 그리고 영광된 잔치에 참여합니다. 오늘성경은 말씀합니다. '낡은 옷은 벗어버리고 새 옷을 입으라.' 아버지는 그에게 아들의 옷을 입혔습니다. 옷은 신분을 말합니다. 아들된 신분을 준 것입니다. '너는 내 아들이라.' 사랑으로 덮었습니다. 사랑으로 감쌉니다. 거기서 녹아져서 그는 아들의 정체의식을 가지면서 새사람이 됩니다. 아버지와 만나는 관계에서 새사람이 된 것입니다. 사람은 물질로 달라지지 않습니다. 물질로 사람을 바꾸지 못합니다. 환경으로 사람을 바꾸지 못합니다. 우리는 수없이 '구조조정'이라는 말을 들어왔습니다. 귀에 못이 박히도록 구조조정, 구조조정… 그것만이 살 길이라고 몸부림쳐왔습니다마는 구조조정을 하는 그 사람이 구조조정 안됐습니다. 사람이 달라지기 전에는 구조를 백번 바꿔도 안됩니다. 그걸 우리가 보았습니다. 또한 제도를 바꾸어서 문제를 해결하려고 합니다. 그것도 가치관이 바뀌기 전에는 안됩니다. 구조를 바꾸고 사회제도를 바꾸어서 문제를 해결하겠다고 했던 사람이 칼 마르크스입니다. 그는 실패했습니다. 외적 문제에서는 내적 문제로 변화를 일으키지 못합니다. 내적인 것은 내적으로, 영적인 것은 영으로만 가능합니다. 내적인 변화가 있을 때 비로소 사회도 인간도 변하는 것입니다. 중생은 말씀으로만 가능합니다. 사람이 떡으로만 사는 것이 아닙니다. 하나님을 만나고 하나님의 말씀을 먹을 때 사람이 사람됩니다. 근본은 영적 문제입니다. 그것은 하나님의 사랑의 문제요 하나님과의 만남의 문제입니다.

1990년에 노벨평화상 후보에 올랐던 엘리나라고 하는 분이 있습니다. 그분의 별명은 '노인의 어머니'입니다. 그는 세계적으로 가장 크고 훌륭한 양로원을 만들었습니다. 그래 많은 사람들에게 깊은 감명을 주고, 노벨상 후보에까지 올랐었습니다. 이 분은 본래 하나님께 헌신하고 중국으로 가서 중국선교사로 일했습니다. 힘써서 중국선교사로 일하려고 했는데 폐결핵에 걸렸습니다. 그 불결한 환경 속에서 폐결핵 걸려가지고 각혈을 하였습니다. 그러나 그는 '하나님이여, 어째서 내게 이런 병을 주십니까?'하는 원망을 하지 않았습니다. "하나님, 하나님은 제게 지금 무엇을 원하십니까?" 그리고 조용히 겸손한 기도를 하면서 고향으로 돌아왔습니다. 고향에는 아버지가 유산으로 물려준 넓은 불모지가 있습니다. 이걸 개간해서 농사를 했습니다. 기기서 수확한 것으로 중국선교사들의 선교비를 많이 보냈습니다. 자기 대신 일하고 있으니까. 그런데 농사하나가 추수하고 탈곡하던 중에 탈곡기에 손이 끼여들어가는 바람에 손이 부러져서 자르게 됐습니다. 오른손을 잘라버렸습니다. 그러나 그는 하나님을 원망하지 않았습니다. '하나님, 어찌해서 이런 일이 있는 겁니까?' 하지 않고 '하나님, 하나님은 지금 내게 무엇을 원하십니까?' 겸손하게 기도했습니다. 농사를 멈추고 그 땅에다가 양로원을 짓고 노인들을 위로하기 시작했습니다. 이것이 성공적으로 확장되어서 세계적인, 유명한 양로원이 되고 그는 '노인의 어머니'라고 하는 높은 칭호를, 사랑스러운 칭호를 받게 되었습니다. 그는 결코 여건을 탓하지 않았습니다. 여건을 원망하지 않았습니다. '주여, 주께서는 내게 지금 무엇을 원하십니까?' 하고 기도하였습니다. △

마음을 새롭게

이러하므로 내가 하늘과 땅에 있는 각 족속에게 이름을 주신 아버지 앞에 무릎을 꿇고 비노니 그 영광의 풍성을 따라 그의 성령으로 말미암아 너희 속 사람을 능력으로 강건하게 하옵시며 믿음으로 말미암아 그리스도께서 너희 마음에 계시게 하옵시고 너희가 사랑 가운데서 뿌리가 박히고 터가 굳어져서 능히 모든 성도와 함께 지식에 넘치는 그리스도의 사랑을 알아 그 넓이와 길이와 높이와 깊이가 어떠함을 깨달아 하나님의 모든 충만하신 것으로 너희에게 충만하게 하시기를 구하노라

(에베소서 3 : 14 - 19)

마음을 새롭게

우리 한국역사에 조선태조 이성계와 무학대사가 나눈 한토막의 너무나 유명한 대화가 전해지고 있어 다 잘 알고 있습니다. 어느날 이성계가 무학대사 보고 이렇게 농을 쳤습니다. "대사의 얼굴을 자세히 보니 돼지 상이오 그려." 그런데 무학대사는 이태조를 새삼 쳐다보고는 "임금님은 부처님 상입니다"라고 화답하는 것입니다. 이태조는 다시 말했습니다. "아니, 아무리 임금과 신하 사이의 농담이라 해도 그렇지 나는 대사가 돼지같다고 했는데 대사는 어째서 내가 부처님같다고 하는 거요?" 무학대사는 시치미를 뚝 떼고 대답합니다. "그야 사람이란 누구든지 자기마음 생긴대로 남의 얼굴 보는 법이니까요." 나는 내 마음이 부처님같으므로 다 부처님으로 보이고, 당신은 마음이 돼지같으니까 나를 돼지로 보는 거 아니겠느냐, 이것입니다.

사람이란 자기마음 생긴대로 생각합니다. 자기마음 생긴대로 남을 봅니다. 자기마음 생긴대로 행동합니다. 마음에 없으면 보아도 보지 못합니다. 들어도 들리는 것이 없습니다. 여러분이 이 자리에 다 같이 앉아 있지만 여러분의 마음이 어디 있느냐에 따라서 말씀이 들려지기도 하고 안들려지기도 하고, 이렇게도 듣고 저렇게도 듣고, 이렇게 깨닫기도 하고 정반대로 깨닫기도 합니다. 내 마음 생긴대로 입니다. 그런데 문제는 그 마음을 내가 내 마음대로 할 수 없다는 데 있습니다. 잠언 16장에 보면 "자기의 마음을 다스리는 자는 성을 빼앗는 자보다 나으니라"하였습니다(32절). 자기마음을 자기마음대로 할 수 있는 사람은 그 어떤 용사보다 더 낫다―그렇습니다. 문제는

mind control입니다. 내가 내 마음을 다스릴 수 있느냐입니다. Mind control by myself is impossible. ―내 마음을 내 마음대로 다스리지 못한다는 것을 인정하여야 됩니다. 이걸 인정하면서부터 사람이 사람답게 살 수 있습니다. '나는 내 마음대로 한다, 내 생각대로 한다'라고 자신만만하게 말하는 사람들을 가끔 보는데, 철없는 사람들입니다. 가장 소중한 이 내 마음 하나도 내 마음대로 못하더라고요. 그걸 인정하면서부터야 이제 그 생활이 시작됩니다. 그래서 윤리학에서는 생각과 마음이 함께하지 않는 행위를 행위라고 하지 않습니다. 몸만 움직인 것이니까요. 그 마음이 문제입니다. 브라이언 카바노프라고 하는 분이 쓴「마음의 정원」이라고 하는 책이 있습니다. 마음은 마치 정원과 같다, 하였습니다. 정원에는 잡초가 나기도 하고 좋은 곡식이 자라기도 하는데, 이상하게도 잡초는 심지 않아도 잘 나고 가꾸지 않아도 잘 자랍니다. 그런데 좋은 곡식은 좋은 종자를 심어도 잘 자라지를 않습니다. 그리고 잡초와 곡식이 함께 있으면 어느 사이에 잡초는 무성해지고 곡식은 시들시들 죽어버립니다. 그렇기 때문에 잡초를 제거하는 일 그게 가꾼다는 얘기 아닙니까. 김을 매주는 것입니다. 부지런히 김을 매서 잡초를 제거해주어야 땅에서 오는 좋은 기운을, 영양을 받아서 곡식이 잘 자랄 수 있는 것입니다. 우리마음의 정원도 그렇습니다. 알게모르게 못된 생각은 그저 무성하게 자랍니다. 별다른 노력 없이도 자라는 깃입니다. 그러나 좋은 생각, 착한 마음은 보전하려고 애를 써도 어느 사이에 그만 시들어버리고 맙니다. 나도모르게 그리됩니다. 그래서 불끈불끈 화를 내고 깜짝깜짝 놀랍니다. '내가 이런 사람이었던가? 어찌 내 마음속에 이런 악한 마음이 있단말인가.' 내 마음속에 무서운 생각이 들어올 때 이렇게 놀라는 것입니다. 놀랄 수밖에 없는 것입니다.

　육신의 건강을 잃어버리게도 하고 마음을 병들게 하는 것이 몇 가지 있다고 사회학적으로는 지적합니다. 하나는 social isolation입니다. 사회적으로 소외당할 때, 많은 사람이 나를 싫어하고 많은 사람에게 내가 필요치 않다고 느낄 때, 고독을 느끼면서, 뒤로 물러서면서 그 마음이 병들게 됩니다. 사람에게 인정을 받지 못할 때 그렇습니다. 그런가하면 major life change라고해서 중요한 사건에 부딪힐 때가 있습니다. 배우자가 죽었다든가 자녀가 죽었다든가 하는 엄청난 사건에 부딪힐 때, 그만 감당을 못합니다. 또한 자신감이 없고 자기만족이 없을 때, 그리고 일에 대해서 불만스러울 때입니다. 내가 무엇을 하고 있는지 모르겠는 것입니다. 내가 왜 이 일을 하고 살아야 하는지 모르겠는 것입니다. 생의 의미를 잃어버릴 때입니다. 그만 점점점점 마음이 어두워집니다. 그리고 정신적인 건강이 허약해질 때입니다. poor mental health, 심약해지기 시작하면 가속화하여 점점 무너져내려갑니다. 그리고 pessimism입니다. 염세주의입니다. 이런 잘못된 세계관, 비관주의가 내 마음을 차지하게 됩니다. 이렇게 되면 만사가 어둡습니다. 만사가 괴롭습니다. 만사에 짜증납니다. 도대체 살아야 할 이유가 없습니다. 정신적으로 벌써 자살을 하는 것입니다. 이런 만성자살이 문제입니다. 요새 술을 먹지 마라, 담배를 피우지 마라, 하는 얘기들 많이 합디다마는 아, 그래야 한다는 걸 누군 모릅니까. 그 사람, 건강을 위해서 술마시고 담배피우는 게 아닙니다. 죽을 테면 죽어라, 하고 술마시고 담배피우는 거지. 살고 싶지 않아서 피우고 마시는 것입니다. '폭탄주'를 마시는 사람이 살자는 사람입니까. 오늘밤 죽어라, 하고 마시는 것이지요. 불행하게도 다음날 아침에 살아나니까 걱정이지. 안그렇습니까. 그거 살자는 게 아니거든요. 왜 이래야 되느냐? 정신적으로 이미 죽었기 때문입니다. 정신적으로 죽었기에 죽음을 위한 행동을 과감하게 거침없이 행하는 것입니다. 더욱이 내가 살고 싶지 않으니 남의 생명까지도 해하는 것입니다. 너도 그만살자, 그것입니다.

이제 내 마음을 누가 다스릴 수 있습니까. 이같이 기울어진 마음에서 누가 나를 건져낼 것입니까. 예수님, 겟세마네동산에서 기도하실 때입니다. 깨어 기도해야 될 사람들이 쓰러지고 또 쓰러질 때, 졸고 있을 때, 예수님 말씀하십니다. "마음에는 원이로되 육신이 약하도다." 마음에는 원하면서 그것을 행동으로 옮기지를 못합니다. 마음과 의지가 서로 분리되어 있는 모습을 보고 긍휼히 여기시는 말씀입니다. 그러나 사실, 알고보면 정말로 마음이 원했을까, 의문입니다. 정말로 마음이 원하는 것이면 어떻게 잠이 오겠습니까. 정말로 간절한 마음이 있었다면 예수님 내일아침 십자가에 돌아가신다는데 어찌 잠이 오겠습니까. 어쩌다 돈 몇푼 잃어버려도 잠이 안오지만, 어쩌다 기분나쁜 전화 한 통만 받아도 잠이 안와서 걱정이지만, 그러나 그게 잠이 올 시간입니까. 그런데 저들은 잤습니다. 깨어 기도하지 못했습니다. 예수님께서 긍휼히 여기시고 말씀하십니다. "마음에는 원이로되 육신이 약하도다." 참으로 이는 자비와 긍휼로 충만하신 그런 판단이었다고 생각합니다. 이성과 마음은 별개라고 합니다. 지식과 감성이 다릅니다. 느끼는 것과 생각하는 것, 또 의지와 마음이 별개로 갑니다. 이 따로따로 노는 괴리를 인정하고 바로 터득해야 합니다. 감성이라고 하는 것, 감정, feeling이라고 하는 것은 이성과 의지보다 더 원초적입니다. 보십시오. 사랑해야 될 줄 알면서 사랑해지지를 않습니다. 어차피 저 사람하고 이제 한평생 살다가 갈 거라면 사랑해야 하지 않습니까. 마땅히 사랑해야 할 줄 알면서 만나기만 하면 미워합니다. 또, 용서해야 되겠다고 생각은 합니다. 그래서 잘못했다, 하고 내가 얘기해야겠다, 내가 잘못했다고 얘기를 해야겠다고 입으로 뇌다가도 딱 만나면 "용서 못해"하고 맙니다. 어쩌다가 이렇게 됐느냐? 마음이 이렇단말입니다. 정직해야겠다, 생각하면서 번번이 거짓말합니다. 부지런해야 되겠다, 생각하면서 오늘도 여전히 게으릅니다. 봉사해야 되겠다, 봉사하고 살아야겠다, 하면서도 어느 사이에 섬김받으려는 마음이 앞섭니다. 생각하면 감사해야 할 일이 너무도 많습니다. 국가적으로나 가정적으로나 개인적으로나, 정말 따져서 생각하면 감사할 일이 많은 것입니다. 그런고로 나는 범사에 감사해야겠다, 생각하면서도 어느 사이에 한숨이 나오고 원망소리가 나옵니다. 걱정근심에서 헤어나지를 못합니다. 이거 왜 이러는 것입니까. 내 마음 내 마음대로 못하는 것입니다. 마음은 별도더라고요. 속사람이라는 것은 모든것보다 더 깊은 세계, 더 원초적인 그런 속성입니다.

그래서 오늘성경은 이렇게 말씀합니다. 마음을 새롭게 하는 길은 오직 성령으로, 성령의 능력으로만 가능하다, 네 속사람을 성령의 능력으로—의지 이전의 일입니다. 내 생각이나 의지로 된다는 것이 아닙니다. 주의 영이 내게 함께하심으로, 하나님의 영이 내 마음을 주장해서 내 생각보다 훨씬 더 먼저 깊은 곳에서 변화를 일으키는 것입니다. 예수님께서 니고데모에게 가르치신 말씀이 있습니다. "바람이 임의로 불매 네가 그 소리를 들어도 어디서 오며 어디로 가는지 알지 못하나니 성령으로 난 사람은 다 이러하니라(요 3:8)."

나도모르게 성령이 내 마음을 주장할 때, 성령이 내 마음에 오실 때 내가 이 모든 악으로부터 자유하게 되고 내 심령이 거룩하게 되는 것입니다. 초대교회에서 베드로가 성령충만 할 때 그의 어두운 과거, 그의 나약함 다 이기고 오로지 그리스도의 사랑과 그 은혜에 충만하여 위대한 역사를 이룬 것을 볼 수 있지 않습니까. 「완덕에의 길」이라고 하는, 요한 타울러라고 하는 분이 쓴 책이 있습니다. 내용은 아주 수도사적인 글입니다마는 내적 생명을 고갈하게 하는 것이 무어냐를 이야기하고 있습니다. 간단히 말해서 '세속적 교만'이다, 하였습니다. 다시한번 생각해보아라, 무엇인가 교만했다, 이것입니다. 또하나는 감각적 만족이다, 하였습니다. 감각적 만족에는 반드시 죄책이 따릅니다. 육체를 따라간 일에는 반드시 후회가 있게 마련입니다. 또하나는 분노와 의심과 성급함이다, 하였습니다. 그런데 이런 것들을 무엇으로 물리칠 수 있습니까? 내가 이길 수 있는 겁니까? 여러분에게 묻습니다. 내가 겸손할 수 있습니까? 내가 스스로 내 마음을 비울 수 있습니까? 이 모든 악한 마음을 물리칠 수 있더냐고요. 그래서 말입니다. 오직 성령으로만 가능합니다. 주의 영이 내게 임할 때 중생하게 됩니다. 중생한 심령만이 이 모든, 이 어두운 마음을 물리치고 밝은 마음으로 돌이킬 수 있는 것입니다.

"그의 성령으로 말미암아 너희 속사람을 능력으로 강건하게 하옵시며" 그리고 두 번째는 "그리스도께서 너희 마음에 계시게 하옵시고"하였습니다. 믿음으로 그리스도께서 마음에 계시게 하옵시고 ―믿음으로 예수님을 영접해서 그리스도께서 나를 주장하시게 하는 것입니다. 요한복음 15장 7절에 보면 예수님 말씀하십니다. "내 말이 너희 안에 거하면…" 그렇습니다. 알게모르게 주님께서 나를 주장하시고 주님의 말씀이 내 안에 있어서 내 마음을 다스려주실 때 지식에 넘치는 역사를 경험하게 됩니다. 항상 우리마음을 지배하시도록 믿음으로 그를 영접하여야 합니다. 소위 크리스천이라는 것, 기독교인이라는 것이 누구입니까. 그리스도를 주로 고백하는 자입니다. 그리스도를 왕으로, 그리스도를 나의 주인으로 영접하는 것이, 그 믿음이 바로 믿는다는 뜻입니다. 교회다닌다는 것과 믿는다는 것은 다릅니다. 그리스도께서 내 마음의 주인이 되어주시는 것입니다. 그리고 그에게 내 마음을 바칩니다. 그리고 그가 나를 다스려주십니다. 이것은 희한한 능력입니다. 그때만이 자유할 수가 있습니다.

그리고 18절에 "지식에 넘치는 그리스도의 사랑을 알아"하였습니다. 새사람의 윤리성을 말씀하는 것입니다. 오직 사랑을 깨달아나가는 것입니다. 계속 사랑을 깨닫는 것입니다. 마음은 은혜로써 굳게 함이 아름답다, 하였습니다(히 13:9). 그렇습니다. 물질로 되는 것이 아닙니다. 환경으로 되는 것이 아닙니다. 집을 백번 이사가도 안됩니다. 중요한 것은 은혜로써입니다. 은혜로써만 마음은 깨끗해질 수 있고 은혜로써만 마음을 굳게 할 수 있는 것입니다. 십자가의 사랑, 넘치는 사랑을 깨닫게될 때, 그 사랑으로 충만하게될 때 새로운 세계가 전개되는 것입니다. 그리하여 성령으로 말미암아 내가 옛 사람으로부터 벗어나 겸손해질 수 있습니다. 내 힘으로 겸손할 수가 없습니다. 일백번 맹세해도 안됩니다. 오직 성령으로만이 나를 부정하고 내가 참으로 겸손할 수 있습니다. 겸손하게될 때 모든 문제가 해결됩니다. 그걸 잊지 말아야 합니다. 우리마음에 번민이 있는 것은 아직도 교만이 남아 있기 때문입니다. 또한 그리스도께서 내 마음을 다스리실 때 여유가 있습니다. 충만함이 있습니다. 두려움이 없습니다. 저 확실한 종말과 미래가 보장되고 있기 때문에 내 마음에는 여유가 있습니다. 그래서 이런 사람도 저런 사람도 사랑할 수 있고, 이런 여건에서도 저런 여건에서도 기뻐할 수 있는 것입니다.

데일 카네기의 「세 가지 유형의 인간」이라고 하는 비판이 있습니다. 하나가 방관자입니다. 대부분이 방관자인데 방관자이면서 막연한 두려움에서 헤어나지 못합니다. 성공해도 두렵고, 실패해도 두렵습니다. 또하나는 패배자입니다. 철저하게 패배의식으로 삽니다. 항상 실패한 의식에서 헤어나지 못합니다. 왜요? 다른 사람과 같지 못하기 때문입니다. 가진 것은 생각하지 않고 못가진 것만 생각합니다. 항상 패배의식에 삽니다. 그런가하면 참된 은혜의 사람은 승리의식으로 삽니다. 오늘 실패해도 이것은 다음에 성공하기 위한 과정이라고 생각합니다. 합동하여 선을 이루는 것을 압니다. 모든것이 하나님의 사랑의 스케쥴 속에서, 그 시나리오 속에서 된다고 믿습니다. 그런고로 그에게는 여유가 있습니다. 또한, 선한 마음을 가지게 됩니다. 사랑의 응답은 사랑이요 사랑의 결과는 선함입니다. 사랑받는 사람의 마음은 선해집니다. 여러분, 이걸 잊지 말아야 합니다. 정말로 사랑받는 사람은 세상을 어떻게 보는지 아십니까. 두 사람밖에 없습니다. 사랑하는 사람과 불쌍히 여기는 사람입니다. 그 외의 아무것도 보이지 않습니다. 여러분, 혹 사람들의 허물이 보입니까? 남 잘못하는 게 보입니까? 못마땅한 것이 있습니까? 당신은 아직도 그리스도의 사랑을 다 깨닫지 못한 사람입니다. 내 죄를 구속하신 주님의 엄청난 사랑을 깊이 감격하고 보면 두 가지밖에 안보입니다. 아무 허물도 보이지 않습니다. 잘못된 사람 보면 불쌍합니다. 이것도 불쌍하고 저것도 불쌍합니다. 나를 괴롭히는 그 누구도 불쌍하세만 보일 뿐입니다. 그 사람이 나쁘게 보이지를 않습니다. 사랑하는 사람과 불쌍히 여기는 사람밖에는 없습니다. 그리고 모든 사람의 장점을 보게됩니다. 단점이 보이지 않습니다. 세상이 아름답게 보입니다. 바로 그 사람이 그리스도의 사람입니다. 어떤 청년이 차사고로 인해서 큰 충격을 받아서 그만 두 눈, 안구를 다 잃어버리게 되었습니다. 수술을 받게 될 때 의사는 말했습니다. "자네가 너무 출혈이 심하기 때문에 수술을 하겠지만 어차피 안구가 다 빠져나가서 눈은 볼 수 없을 걸세." 이 청년은 소리소리 질렀습니다. 장님으로 살기보다는 죽는 것이 낫지, 나 수술하지 말아달라고, 이대로 죽을 것이라고 악을 썼습니다. 그러나 의사는 "이 사람아, 생명은 소중한 것이야. 이 어려움을 극복해야지"하고 강제로 붙들어 마취를 하고 수술을 했습니다. 수술 며칠 후 붕대를 풀게 될 때 의사는 말했습니다. "축하하네. 자네는 분명히 실명을 했지만 자네를 위해서 안구를 기증해주신 분이 있어 눈 하나는 볼 수 있을 것같네. 축하하네." 청년은 또 소리질렀습니다. "애꾸눈이로 사느니 죽는 게 낫지." 의사는 크게 책망을 했습니다. "자네를 위해서 멀쩡한 눈을 빼준 고마운 분이 있다는 것을 잊어서는 안되네. 그 무슨 망령된 발악인가?" 그리고 붕대를 풀어주었습니다. 청년, 눈앞이 뿌옇게 보이기 시작합니다. 점점점점 윤곽이 들어옵니다. 눈앞에 서 있는 어머니를 보았습니다. 어머니의 눈 한쪽이 없는 것을 보았습니다. 이 청년은 여기서 큰 감명을 받고 말합니다. "어머니, 저는 한평생 절대로 원망을 하지 않겠습니다. 오로지 감사한 이 감격으로 살아가겠습니다. 이 자랑스러운 마음으로 살겠습니다."

여러분, 여러분의 건강지수는 얼마입니까? 여러분의 마음에는 어느만큼의 건강이 있습니까? 내 마음은 내 마음대로 할 수가 없습니다. 내 마음을 주께 바쳐버리고 성령 안에서 그리스도의 역사로 말미암아 십자가의 사랑을 확인하십시오. 그 사람은 무슨 일을 당하든지 건강하면 건강한대로 사랑을 확인하고, 병들면 병드는대로 주님의 사랑을 확인합니다. 사랑 아닌 것이 없습니다. 그리하여 그 마음이 사랑으로 충만할 때, 은혜로 충만할 때, 삶 자체가 소중해지고 세상도 아름다워보일 것입니다. 정말로 새로운 세상을 살게 될 것입니다. △

생각을 새롭게

　이러므로 우리에게 구름같이 둘러싼 허다한 증인들이 있으니 모든 무거운 것과 얽매이기 쉬운 죄를 벗어 버리고 인내로써 우리 앞에 당한 경주를 경주하며 믿음의 주요 또 온전케 하시는 이인 예수를 바라보자 저는 그 앞에 있는 즐거움을 위하여 십자가를 참으사 부끄러움을 개의치 아니하시더니 하나님 보좌 우편에 앉으셨느니라 너희가 피곤하여 낙심치 않기 위하여 죄인들의 이같이 자기에게 거역한 일을 참으신 자를 생각하라
(히브리서 12 : 1 - 3)

생각을 새롭게

어느 가정주부가 시장에서 고등어 두 마리를 사서 집에 가지고 갔습니다. '내일아침은 이것으로 반찬을 하리라' 생각을 했습니다. 그런데 아침에 일어나 냉장고를 열어보니 고등어는 온데간데없고 그 자리에 자기구두가 들어 있는 것입니다. 신발장을 들여다보니 거기에 고등어가 놓여 있습니다. 이 여자가 정신이 있는 겁니까 없는 겁니까. 행동은 있는데 생각이 없었던 것입니다. 그 생각은 어디로 갔습니까. 반복되는 행위 속에서 어느 사이에 행동만 남고 생각은 빠져나갔습니다. 그것은 행위가 아닙니다. 행동이 먼저 가고, 때로는 욕망이 먼저 가고 생각이 뒤따르면 그 일에는 계속 후회가 있습니다. 끝없는 후회 속에 살아가야 합니다. 생각이 먼저 가고 그리고 행동이 가서 생각한 바를 사건 속에서, 행동 속에서 확증해나갈 때, 그래서 때로는 더 높은 의미의 생각을 할 수 있게 되는 것입니다. 생각과 행동이 따로따로 간다고 하면 그 사람은 정신병자입니다.

인간을 학술적 용어로 호모 사피엔스라 합니다. 호모 사피엔스(Homo sapiens)라는 말은 생각하는 인간이다, 라는 뜻입니다. 혹은 호모 에렉투스(Homo erectus)라고도 합니다. 그것은 직립보행 하는 사람이다, 두발로 서서 걸어다니는 사람이다, 하는 뜻입니다. 그런 존재라는 뜻입니다. 호모 파베르(Homo faber)라고도 합니다. 도구, 용기를 사용할 줄 아는 존재다, 하는 뜻입니다. 그러면 사람의 사람된 높은 가치는 어디 있느냐ー호모 사피엔스에 있습니다. 생각하는 인간이라는 데 있습니다. 생각이 없는 인간이라면 그건 동물일 뿐입니다. 생각하는 능력, 기능, 하나님께서 주신 소중한 선물이요 하나님의 형상 된 인간에게 있는 가장 귀중한 본질입니다. 생각하는 것, 하나님께서 주신 선물입니다. 그러므로 생각을 저버릴 때 '인간됨을 저버렸다'라고 말하게 되는 것입니다.

    생각은 두 가지 형태로 나타납니다. 하나는, 생각하면서 자꾸 의심으로 갑니다. 생각이 의심으로 발전합니다. 의심하는 쪽으로 계속 추리하게 됩니다. 가령 저녁에 남편이 늦게 들어온다고 하면 여러분의 생각이 어디로 갑니까? '아, 우리 식구를 위해서 그가 이렇게 밤 늦도록 수고하는구나. 지금 얼마나 추울까, 얼마나 배고플까?' 이런 생각을 하느냐, 아니면 '요것이 어디로 샜나. 오늘아침에 수상한 전화가 오는 거같던데…'하고 생각이 의심 쪽으로 가느냐입니다. 의심하다보면 계속 엉뚱한 생각까지 하게 됩니다. 이건 참으로 불행한 일입니다. 이렇게 생각이 의심으로 이어지는 유형을 아담 타입이라고 이릅니다. 에덴동산에 있었던 아담 유형입니다. 또하나의 생각은 생각하면서 믿어집니다. 이러니까 그렇다, 확실히 이건 믿을 수 있다… 믿음이 점점 깊어집니다. 생각하면서 믿음이 깊어집니다. 이러한 것을 아브라함 타입이라고 이릅니다. 아브라함은 믿음의 사람입니다. 그러나 아시는대로 처음부터 그렇게 훌륭한 믿음의 사람이었던 것은 아닙니다. 창세기 12장에 보면 하나님께서 아브라함에게 '고향을 떠나라' 하십니다. '약속한 땅으로 가라, 내가 네게 자손을 주마' 하십니다. 그는 이 약속을 믿고 갑니다. 믿고 가면서 사실은 여러 번 휘청거렸습니다. 그래서 그 땅을 주신다고 했는데도 흉년이 드니까 애굽으로 피난도 갔고, 자식을 주신다고 했는데 10년 20년 기다려보다가 편법으로 서자를 얻습니다. 그게 이스마엘입니다. 그렇게 휘청거렸지만 하나님께서는 '아니다. 내가 네게 말한 것은 그게 아니다. 내가 네게 약속한 것은 그게 아니다' 하시고 그럴 때마다 그는 생각을 고쳤습니다. 믿음을 더했습니다. 그리고 '과연 하나님의 약속은 믿을 수 있다. 과연 그 능력과 지혜는 놀라운 것이고 나를 선택하신 경륜은 위대한 것이다'하고 계속 믿음을 확증해나갑니다. 그리고 모리아 산에서 그 클라이막스를 이루게 됩니다. 생각이 그 믿음을 발전시켰습니다.

우리가 흔히 읽을 수 있는 교양서적 중에 「우리는 사소한 것에 목숨을 건다」라고 하는 책이 있습니다. 한 번쯤은 읽을만한 아주 유익한 교양서적입니다. 그 저자 리차드 칼슨은 다시 「생각의 집착을 버리면 당신은 행복해질 수 있다」라고 하는 책을 썼습니다. 이 책에서 그는 '관점의 선택은 아주 중요한 것이다'하였습니다. 똑같은 일을 놓고 어느 쪽을 생각하느냐에 달렸다는 것입니다. 행복은 소유의 문제도 아닙니다. 행복은 지위의 문제도 아닙니다. 행복은 지식의 문제도 아닙니다. 문제는 어느 쪽으로 생각하느냐입니다. 그에 따라서 행복해지기도 하고 불행해지기도 합니다. 아시는대로 인간의 행복 곧 인간적인 행복이란 생각의 문제입니다. 결코 소유의 문제가 아닙니다. 긍정적으로 생각하면 낙천주의자가 됩니다. 좋은 방향으로 좋게좋게 생각하고 밝게 생각하는 그런 성향을 가지면 범사에 행복합니다. 그러나 부정적으로 생각하기 시작하면 끝도 없습니다. 계속 부정적이고 의심하고, 부정하고 의심하고… 마지막에는 우울증에 빠지고 절망하게 됩니다. 정신적으로 죽어지고 맙니다. 이 사람은 영영 구제받을 수 없는 불행한 사람이 됩니다. 「탈무드」에 이런 말이 있습니다. '가장 강한 사람은 자기자신을 이기는 사람이다. 그보다 더 강한 사람은 적을 친구로 만드는 사람이다. 가장 풍족한 사람은 자기가 처한 처지에서 만족하는 사람이다.' 요컨대 생각입니다. '나는 만족스럽다. 아, 나는 넉넉하다. 나는 넘치도록 행복하다.' 그렇게 생각하는 사람이 제일 큰 부자입니다. 또한 '칭찬을 받아야 할 사람은 남을 칭찬하는 사람이다' 하였습니다. 칭찬하지 않고 칭찬받는 사람 없습니다. 여러분은 칭찬받기를 원합니까? 칭찬하는 쪽으로 계속 생각이 발전해야 됩니다. 그래야 칭찬받는 사람이 될 수 있겠다, 하는 말입니다.

　생각이라는 것이 뭡니까. 몇 가지를 생각해야 합니다. 먼저는 무엇을 생각하느냐, 하는 것입니다. 그걸 깊이 생각할 줄 알아야 됩니다. 또 멀리 생각할 줄 알아야 됩니다. 그 마지막, 궁극은, 종말은 어디이냐, 그걸 생각할 줄 알아야 합니다. 우리는 현재에 살지만 미래를 생각하고, 오늘에 살지만 끝을 생각해야 됩니다. 나는 지금 무엇을 생각하고 있느냐입니다. 두 번째는, 어떤 방향으로 생각하느냐입니다. 흔히 말하는대로 과거지향적이냐 미래지향적이냐입니다. 항상 과거를 생각합니까, 아니면 밝은 미래를 내다봅니까? 어느 쪽으로 생각을 하고 있습니까? 또하나는 집중력입니다. concentration, 집중해야 됩니다. 생각이 건성으로 돌아가서는 안됩니다. 깊이 생각하고 집중적으로 생각합시다. 공부하는 아이들을 보십시오. 공부할 때 놀 생각을 하는 아이들이 있습니다. 밖에 나가 놀 생각밖에 없습니다. 여기 앉아 있긴 하지만 생각은 지금 저기 가 있습니다. 그러니 공부가 안되지요. 그런가하면 나가 놀 때는 또 공부걱정을 합니다. 숙제 안해가서 내일 얻어맞을 생각을 하고 있습니다. 걱정이 되는 것입니다. 놀 때는 놀기만 하고 공부할 때는 공부만 해야 됩니다. 집중해야 됩니다. 집중력이 부족하면 되는 일이 하나도 없습니다. 뿐만아니라 자기가 가진 생각의 능력, 창조적 능력을 다 잃어버립니다. 집중, 결국은 집중력 훈련입니다. 집중이 인격이요 집중이 그 사람의 운명입니다. 얼마나 집중적으로 생각하느냐, 하는 것입니다. 또하나는 지속성입니다. 한두 번 생각하는 것이 아니고 어쩌면 중요한 문제에 대해서는 한평생, 계속 생각합니다. 이 집중, 그리고 지속적 생각이 마지막에 구멍을 뚫습니다. 저 미래를 향하여 큰 소망의 길을 열어 놓습니다. 또하나는 우리가 다 알 수는 없고 다 알 필요도 없고 다 가질 필요도 없고 또 다 생각할 필요도 없기 때문에 우선순위를 정해야 된다는 것입니다. 무엇이 우선인가. priority number one, 최우선, 절대우선적인 것을 생각해야 됩니다. 생각하나마나한 거, 쓸데없는 거, 그 복잡한 거, 그거 생각할 필요 없습니다. 집중적으로 생각하되 최우선적인 것을 생각할 것입니다. 또하나는 유치한 생각을 버려야 한다는 것입니다. 고린도전서 13장 11절에 사도 바울은 말씀합니다. '어렸을 때에는 생각하는 것이 어린아이와 같고 행하는 것이 어린아이와 같다가 장성해서는 어린아이의 일을 버렸노라.' 이제 그 유치한 생각 제발 좀 그만하고 이제는 성숙한 인격, 성숙한 그리스도인 된 생각을 해야 되겠다, 하는 말씀입니다. 그리고 그보다 더 중요한 문제가 여기 있습니다. 가장 중요한 문제는 생각 자체를 생각해야 된다는 것입니다. 다시말하면 생각의 기능인 이성, 그 이성이 건강하냐 병들었느냐, 하는 것입니다. 생각 자체를 생각해야 됩니다. 저는 여러 모임에 설교나 강연을 하러 다닐 때가 많습니다. 그러면 나는 강사로 갔고 사회하는 분은 따로 있지요. 그런데 사회하는 분이 초조하게 내기하고 있다가 강단에 올라가서 하는 말이 대체로 이렇습디다. "시간이 됐으므로…" 그래 내 시간을 보면 아직도 5

분 전입니다. 이 사람은 자기시계에 준해서 "시간이 됐으므로…"한 것입니다. 아무리 좋은 시계를 가졌더라도 그 시간은 표준시간에 맞춰놔야 합니다. 틀린 내 시계에 시간을 맞추어서는 아무 소용이 없는 것입니다. 내 생각이, 병든 내 이성이 사고의 기준이 된다고 한다면 그처럼 멍청한 일이 어디 있겠습니까. 어디로 가겠습니까, 그 인격이. 이게 바로 이데올로기라고 하는 것입니다. 이념의 중심을 말하는 것입니다. 타락한 이성, 타락한 생각, 타락한 기준, 병든 이성에서 무엇이 나오겠습니까. 내 생각이, 내 이성이 근본적으로 병들었다는 것을 내가 모르고 있습니다. 이것을 어떻게 개선해보려고, 어떻게 고쳐보려고, 어떻게 따라가보려고 아무리 몸부림을 쳐봐도 거기서는 밝을 미래를 창출할 수가 없습니다. 그런고로 가장 핵심적인 말씀은 중생한 이성이어야 한다는 것입니다. 그 이성이 중생하여야 됩니다. 이성이 거듭나야 됩니다. 그리고야 합리적인 세계를 볼 수 있습니다. 그리고야 밝게 볼 수가 있습니다. 그리고야 추리능력, 비판능력이 바른 궤도에 설 수가 있는 것입니다. 어떤 사람이 차운전을 하고 다니다가 집에 들어가서 아이들 앞에서 큰소리로 호통쳤답니다. "왜 불을 안켜고 이렇게 컴컴하게들 앉아가지고 있어? 뭘 하는 거야?" 그런데 아이들이 "불켰는데요"합니다. 그제야 자기가 선글라스 쓴 것을 알았다고 합니다. 밖에서 끼고 있던 선글라스를 그대로 끼고 '왜 방이 어두우냐' 한 것입니다. 방이 어두운 겁니까, 제 눈이 문제지. 내 생각의 척도가 빗나간 것입니다, 벌써. 근본적으로 잘못됐습니다. 이걸 어떻게 합니까. 거기다 의지해가지고 무엇을 생각하고 무엇을 판단할 수 있다는 것입니까. 중생하지 못한 인간이 아무리 공부를 하면 뭐합니까. 한다해야 사기꾼이지. 요새 머리좋은 사람들 많습디다. 증권이 어떻고, 뭐가 어떻고… 아무리 들어도 나는 모르겠습니다. 좌우간 머리좋은 사람들입니다. 그러나 멍청한 사람들입니다. 저도 망하고 남도 망하고. 이 무슨 짓입니까. 나라를 망치고 말입니다. 똑똑해서, 공부 많이 해서 그 짓 하자는 것입니까. 왜요? 이성이 병들었습니다.

그런고로 오늘성경은 우리에게 두 가지로 명령을 합니다. 이성을 구원하기 위하여, 중생케 하기 위해서는 예수를 바라보자, 예수를 생각하라, 예수를 바라보자, 예수를 생각하라—생각의 초점을 예수께 맞춥니다. 마치 경기자가 푯대를 향해 달리는 것처럼 말입니다. 여러분, 나를 보고 세상을 보아서는 세상을 모릅니다. 나를 보고 예수를 보아도 예수를 알 수 없습니다. 예수를 보고 나를 보아야 됩니다. 탕자가 집에 돌아옵니다. 나를 보고 아버지를 보면 부끄럽고 두렵기만 합니다. 그런데 아버지를 보고 나를 보니 세상이 다릅니다. 그 기뻐하는 아버지, 정신없이 기뻐하는 그 아버지 얼굴을 보고 나를 보니 나는 소중한 존재가 됩니다. 이제 복잡한 과거, 생각할 것 없습니다. 다시 기억할 필요도 없습니다. 아버지를 보고 나를 봅니다. 예수를 보고 나를 보십시오. 그래 오늘성경은 구체적으로 말씀합니다. 십자가를 참으신 자를 생각하라, 합니다. "믿음의 주요 또 온전케 하시는 이인 예수를 바라보자 저는 그 앞에 있는 즐거움을 위하여 십자가를 참으사 부끄러움을 개의치 아니하시더니 하나님 보좌 우편에 앉으셨느니라." 십자가를 참으신 예수, 그는 능력이 많습니다. 지혜도 있습니다. 기회도 있습니다. 얼마든지 십자가를 안지실 수도 있습니다. 죽은 자를 살리시는 분이 왜 십자가를 지셔야 합니까. 그러나 예수님 말씀하십니다. '아버지께서 내게 주신 잔을 내가 마시지 않겠느냐.' 빌라도 앞에 서신 예수님의 모습을 보십시오. 침묵하고 서 계신 예수님을 보십시오. 십자가를 참으신 예수님, 그를 생각하면 그 순간 세상에 억울한 것이 뭐 있겠습니까. 여러분, 억울하고 분하고 어떻고… 말도 안되는 소리입니다. 십자가를 보십시오. 참지 못할 것이 뭐 있겠습니까. 무슨 변명이 그렇게 많습니까. 무엇을 못참겠다는 것입니까. 십자가를 참으신 예수 그리스도, 빌라도 앞에 서신 예수님의 모습에 우리의 생각의 초점을 맞추어야 합니다. 오늘본문은 다시 말씀합니다. "죄인들의 이같이 자기에게 거역한 일을 참으신 자를 생각하라." 죄인들이 하나님을 거역했습니다. 아니, 내가 하나님을 거역했습니다. 사도 바울이 말씀합니다. '내가 하나님과 원수되었을 때 그가 나를 위하여 죽으셨고 나를 사랑하셨다'라고. 여러분, 하나님을 거역한 것이 한두 번입니까. 얼마나 많은 동안 하나님을 거역했습니까. 양심을 거역했습니까. 불의의 길로 행했습니까. 하나님께서는 오래오래 참아주셨습니다. 무던히도 참아주셔서 오늘 내가 있는 것이 아닙니까. 나를 참아주신 그를 생각하십시오. 사랑이 무엇입니까. 사랑이란 곧 믿음입니다. 나를 믿어주셨습니다. 사랑은 참는 것입니다. 나의 모든 불의를 참아주셨습니다. 사랑은 기다려주는 것입니다. 너무나 오래오래, 내가 하나님 앞에 바로 돌아오기를 그렇게 애타게 기다려주셨습니다. 사랑은 자기희생입니다. 나 대신, 내가 죽어야 할 대신 그가 죽으시고, 내가 고난당해야 될 것을 그가 당하시고, 내가 저주받아야 할 것을 그가 받으시고 대신 십자가를 지셨습니다. 그분을 생각하십시오. 그리고 나를 소중히 여기셔서 내게 일을 맡기셨습니다. 많은 은사를 주셔서 오늘도 나를 통하여 하나님의 일을 하시고자 하십니다. 그분을 생각하십시오. 그분을 바라보십시오.

　골로새서 3장 1-3절에 보면 "그러므로… 위엣것을 찾으라 거기는 그리스도께서 하나님 우편에 앉아계시느니라 위엣것을 생각하고 땅엣것을 생각지 말라 이는 너희가 죽었고 너희 생명이 그리스도와 함께 하나님 안에 감추었음이니라" 하였습니다. 오묘한 말씀입니다. 어떤 사람이 길을 지나가는데 한편으로는 눈물을 흘리면서 한편으로는 하나님을 원망합니다. 직장을 구하러 다니는 중이거든요. 지금 한시가 급합니다. 처자식들이 굶고 있습니다. 그래 '하나님, 이러실 수가 있습니까?' 원망하면서 직장을 구하여 헤매고 있습니다. 이 사람은 원래 수퍼마켓을 경영했는데 누군가에게 사기를 당해서 수퍼마켓이고뭐고 다 날아가고 빚더미에 올라앉은 것입니다. 식구들이 길에 나앉게 되었습니다. 이제는 한끼의 식사도 어렵습니다. 그래서 이렇듯 하나님을 원망하는 것입니다. 이렇게 길을 가다가 한 사람을 만났습니다. 그 사람을 만나는 순간 이 사람은 10초만에, 본인 말대로는 10초만에 생각이 확 돌아가면서 환한 미래를 보게 되었다고 합니다. 그가 본 사람은 휠체어에 앉아 있는, 두 다리가 없는 사람이었습니다. 이런 사람이 이 사람을 보자 "굿모닝! 오늘 날씨 참 좋지요?" 하고 밝게 인사를 하는 것입니다. 아니, 두 다리도 없는, 휠체어에 앉은 사람이 '날씨 좋지요?'라니, 저 사람에게도 날씨좋은 날이 있는 건가— 이 사람은 깜짝놀랐습니다. 그는 반사적으로 몸을 돌려 집으로 돌아왔습니다. 화장실에 들어가 거울에다 이렇게 써놓았습니다. '구두가 없어서 걱정이거든 구두신을 필요가 없는 사람을 생각히리.' 구두가 문제 아닙니다. 구두신을 필요가 없는 사람이 있다는 것을 생각하라는 것입니다. 그는 생각이 영 달라졌습니다. '나는 행복하다. 나는 넉넉하다.' 그래서 새로운 일을 개척하게 되었다고 합니다. '캐리어의 법칙'이라고 하는 유명한 말이 있습니다. 윌리스 H. 캐리어라고 하는 사람이 많은 고난을 겪으면서 성공을 하고, 그가 성공한 비결을 요약해서 많은 사람에게 가르쳤습니다. 그 내용이 바로 '캐리어의 법칙'이라고 하는 것입니다. 고난을 이기는 법칙입니다. 그 법칙 첫째는 '무엇을 위해서 내가 걱정을 하는가. 내가 무엇을 위해 사는가'를 생각하는 것입니다. 목적의식이 분명해야 한다는 것입니다. 나는 지금 무엇을 생각하고 있는가, 무엇을 염려하고 있는가를 깊이 생각하는 것입니다. 둘째는 '피할 수 없는 것이라면 하나님의 뜻인 줄 알고 수용하라'하는 것입니다. 이 현실 속에 하나님의 뜻이 있다, 수용하라, 받아들이라, 하는 것입니다. 셋째는 '깊이, 철저하게 생각을 하고 침착하게 현실에서 열린 문을 찾으라, 하는 것입니다. 무엇인가 길이 있습니다. 그런 개선방법을 생각하라, 합니다.

　여러분, 행동하고 생각했습니까? 아니면 생각 없이 살았습니까? 생각이라고는 후회와 절망과 낙담뿐입니까? 다시 생각합시다. 이제라도 생각하고 행동하는 사람이 됩시다. 그리스도를 생각하고 그리스도와 함께한 나를 생각하고 앞으로 그리스도와 함께할 나를 생각합시다. 나는 결코 혼자가 아닙니다. 이제는 그리스도와 함께하고 있습니다. 그가 나를 위해서 죽으실 뿐더러 내 운명을 책임지고 나와 함께하고 계십니다. 그런고로 그리스도와 함께하는 저 미래를 바라보면서 종말을 전망합시다. 그리스도를 생각하고 그리스도 안에 있는 나를 생각하고, 그리하는 동안에 모든 문제에 해결이 올 것입니다. 생각이 중생하고야 새로운 운명이 열리는 것입니다. △

눈을 새롭게

눈은 몸의 등불이니 그러므로 네 눈이 성하면 온 몸이 밝을 것이요 눈이 나쁘면 온몸이 어두울 것이니 그러므로 네게 있는 빛이 어두우면 그 어두움이 얼마나 하겠느뇨 한 사람이 두 주인을 섬기지 못할 것이니 혹 이를 미워하며 저를 사랑하거나 혹 이를 중히 여기며 저를 경히 여김이라 너희가 하나님과 재물을 겸하여 섬기지 못하느니라 그러므로 내가 너희에게 이르노니 목숨을 위하여 무엇을 먹을까 무엇을 마실까 몸을 위하여 무엇을 입을까 염려하지 말라 목숨이 음식보다 중하지 아니하며 몸이 의복보다 중하지 아니하냐…… 오늘 있다가 내일 아궁이에 던지우는 들풀도 하나님이 이렇게 입히시거늘 하물며 너희일까보냐 믿음이 적은 자들아 그러므로 염려하여 이르기를 무엇을 먹을까 무엇을 마실까 무엇을 입을까 하지 말라 이는 다 이방인들이 구하는 것이라 너희 천부께서 이 모든 것이 너희에게 있어야 할 줄을 아시느니라

(마태복음 6 : 22 - 32)

눈을 새롭게

역사적으로 축구황제라고 불리는 펠레라고 하는 사람이 있습니다. 그는 무려 1300골 가까운 득점을 올린, 명실공히 '축구왕'이었습니다. 「펠레, 나의 인생과 아름다운 경기」라고 하는 책이 있습니다. 그 원작명은 「펠레」입니다. 이 책에 보면 그는 열다섯 살에 프로축구팀에 스카웃되어가지고 축구와 함께 한평생을 삽니다. 양말로 둥글게 말아서 만든 공을 맨발로 차야 했던 가난한 시절을 지낸 사람입니다. 그런 어린 시절을 겪고 축구의 황제가 되었습니다. 그러나 그에게는 비밀이 있었습니다. 눈이 좋지 않았습니다. 치료할 수 없는 근시였습니다. '이 나쁜 눈을 가진 축구선수가 어찌 통산 1300골을 넣을 수 있는 축구왕이 될 수 있었을까?'라고 하는 질문에 대하여 그는 이렇게 대답하고 있습니다. "근시 때문에 지장받은 적은 한 번도 없습니다. 내게는 말초적 감각, 즉 감각적 시력이 발달되어 있기 때문입니다." 자신감에 넘칠 때 공이 크게 보였다는 것입니다. 가끔 우리는 이런 얘기를 듣습니다. 골프치는 사람들, 어느날은 성적이 좋고 어느날은 나쁘고 한데 그 이유는 간단합니다. 골프공이 크게 보이는 날이 있고 작게 보이는 날이 있습니다. 활을 쏘는 사람에게도 과녁이 크게 보이는 날이 있고 과녁이 작게 보이는 날이 있습니다. 그것은 내 심리적 상태에 연유하는 것입니다. 근시라고 하는 핸디캡을 펠레는 말 그대로 정신력으로 극복할 수 있었던 것입니다. 이 정신적 시각, 정신력이 말해주는 감각적 시력이라는 것이 얼마나 중요하다는 것을 우리는 종종 잊을 때가 있습니다. 중국의 정치가였던 손문(孫文)의 「삼민주의(三民主義)」라고 하는 책이 있습니다. 여기에 보면 인생을 세 종류로 구분해서 말하고 있습니다. 하나는 선지선각자(先知先覺者)입니다. 언제나 먼저 생각하고 먼저 알고 먼저 깨닫는, 그리고 행동하는 그런 사람입니다. 또하나는 후지후각자(後知後覺者)입니다. 꼭 경험을 한 다음에야 생각하고 깨닫는 사람입니다. 또하나는 부지불각자(不知不覺者)입니다. 경험하기 전에도 모르고, 경험한 다음에도 모르는, 어차피 모르는 사람입니다. 이렇게 세 종류의 인간이 있다고 합니다. 여러분, 본다는 것이 뭡니까? 역시 보는 것도 경험은 경험입니다. 그러나 중요한 것은 감촉이라고 하는, 만진다는 경험보다 먼저 오는 것이 본다고 하는 경험이라는 것입니다. 우리는 물체를 손에 닿기 전에 먼저 봅니다. 사고가 나기 전에 먼저 앞에 있는 것을 봅니다. 본다고 하는 것은 우리가 가지고 있는 모든 경험 가운데 가장 앞서 있는 경험입니다. 어쩌면 육체적 경험보다 앞서 있는 것이 '시력'이요 본다고 하는 경험입니다. 그래서 히브리 사람들은 눈을 '아인'이라고 합니다. 이 '아인'이라고 하는 말에는 또다른 뜻이 있습니다. 그것은 '샘'이라는 말이요 '원천'이라고 하는 뜻도 됩니다. 아주 중요한 의미를 가집니다. 본다고 하는 것이 우리의 생각과 모든 경험의, 또 지혜의 샘이요 원천이 된다는 것입니다. 얼마나 보느냐, 어떻게 보느냐가 우리의 운명을 결정합니다. 그런고로 원천이라고 합니다.

    오늘본문에 보면 예수님께서 말씀하십니다. "눈은 몸의 등불이니…" 눈이 밝아야 한다는 것입니다. 눈이 어두우면 그 생활 전부가 얼마나 어둡겠느냐, 눈이 밝아야 한다, 밝히 보고 밝게 깨닫고 밝게 생각할 수 있이야 한다는 것입니다. 그런데 흐린 눈이 있습니다. 혹은 나쁜 눈도 있습니다. 그럼 왜 어두워졌느냐? 무엇엔가 썩었지요.

무엇엔가 씌고 가리어져서 코앞에 있는 것을 못보게 된 것입니다. 여러분 잘 아시는대로 너무나 유감스러운 얘기입니다만 성경에 나오는 가룟 유다라는 사람, 3년 동안 예수님과 함께하며 그 많은 이적을 보았고 그 많은 능력을 함께하고 그 많은 귀한 말씀을 다 들은 이 사람이 어찌 예수님을 은 30에 팔아넘긴다는말입니까. 돈에 대한 욕심, 무엇인가 또다른 욕심이 있었기에 그 많은 말씀을 듣고도 깨달음이 없고 그 많은 이적을 보고도 무지무각이었습니다. 본 것도 깨달은 것도 없습니다. 눈에는 돈밖에 보이지 않았습니다. 그래서 예수님을 '은 30짜리'로 보았다, 이 말씀입니다. 이렇게 눈이 어두웠다는 말씀입니다. 자고로 돈에 눈먼 사람, 그에게는 보이는 것이 없습니다. 마태복음 14장 22절로 보면 이런 말씀이 있습니다. 예수님께서 제자들과 함께하실 때, 제자들이 먼저 배를 타고 게네사렛 호수를 건너가는 도중에 풍랑을 만났습니다. 예수님께서 그들이 풍랑 때문에 시달리는 것을 아시고 물위로 걸어서 그들에게 오십니다. 저들은 풍랑 속에서 죽겠다고 아우성을 치면서 멀리 오시는 예수님을 보고 '유령이다'합니다. 저는 이 말에 몹시 마음이 아픕니다. '사랑하는 예수님을 유령으로 보다니, 이 사람들이 정신이 나갔나?' 하지만 도대체 물위로 걸어온 사람을 본 일이 없으니까, 또 그럴 수도 없으니까, 또 스스로들 너무도 두려우니까, 지금 죽을 지경이니까, 혼비백산이니까 예수님을 유령으로 본 것입니다. 그렇게밖에는 볼 수 없었다는 것입니다. 어쨌든 욕심에 눈이 어두운 사람, 질투에 눈이 어두운 사람, 잘못된 경험에 집착하는 사람은 바른 시각을 가지지 못합니다. 특별히 걱정과 근심에 매여 있는 사람들, 바르게 보지를 못합니다. 밝은 세상을 바르게 보지 못합니다. 곧은 것을 곧게 보지 못합니다. 환하게 열린 길을 전혀 볼 수가 없는, 그런 기막힌, 처절한 형편에 살아가는 것을 볼 수 있습니다. 아이리스 컬리(Iris V. Cully)라고 하는 심리학자가 「Education for Spiritual Growth」라고 하는 책에서 현대인의 특징을 '평안이 없는 사람들이다'라고 말합니다. 그럼 왜 평안이 없을까? 먼저는 불안합니다. 앞이 보이지 않으니까 불안합니다. 불확실한 미래 때문에 불안합니다. 그런데 이 불안을 어떻게 하면 해소할 수 있을까, 하는 방법도 또 빗나가고 있습니다. 그것이 뭐냐하면 '소유'를 가지고 해결하려고 하는 것입니다. 돈을 많이 가지고, 은행에 돈을 많이 가지고, 땅을 많이 가지고, 집을 많이 가지고, 부동산을 많이 가지고… 이 많은 것을 가지면, 이 소유에 의해서 불안이 해소될 것이라고 착각을 하고 있습니다. 명백한 착각입니다. 많이 가질수록 점점 더 불안한 법입니다. 그런가하면 알게모르게 적개심의 노예가 되었습니다. 누군가를 미워하고 있습니다. 그동안은 마음이 어두워집니다. 눈이 흐려집니다. 도대체가 사람들이 나를 공평하게 나대로 평가해주지 않는다고 하는 불만이 있습니다. 그래서는 뭔지모르게 누군가에 대한 적개심을 가지고 있습니다. 혹은 피해의식을 가지고 있습니다. 이런 마음으로 있는 한 절대로 밝은 세상을 볼 수가 없습니다. 여러분, 미워하면서 상대방의 장점을 볼 수 있는 사람 보았습니까? 문제는 사랑밖에 길이 없다는 것입니다. 사랑하고야만 세상을 밝게 볼 수 있는데 어느 사이에 우리는 누군가를 미워하며 살고 있습니다. 혹은 섭섭한 마음으로 살고 있습니다. 이때문에 눈이 어두워졌습니다. 또 한 가지는 힘에 의존하는 것입니다. 불안과 적개심을 해결할 수 있는 길은 힘밖에 없다, 권력이다, 합니다. 글쎄요. 결국은 힘이 우리의 마음을 또한번 어둡게 하고 있습니다. 오직 겸손만이 밝은 시각을 가지게 하는 것인데 어느 사이에 힘에 의존하면서 교만해집니다. 점점 더 마음눈이 어두워지고 앞을 볼 수 없을 만큼 참으로 어리석어집니다. 너무 어리석을 정도로 눈이 어두워지고 만 것을 봅니다. 오늘본문에 예수님께서 어두워진 눈을 언급하십니다. 나쁜 눈─그것은 또한 편시(偏視)입니다. 균형을 잃고 한쪽만 봅니다. 나무는 보고 숲은 보지 못합니다. 새는 보는데 새를 먹이시는 하나님은 못봅니다. 넓은 세계를 보면서 하나님의 거룩한 창조의 솜씨를 보지 못합니다. 참으로 미련합니다. 역사는 보는데 역사를 주관하시는 하나님은 보지 못하는 것, 이 편시가 마음과 눈을, 세상을 다 어둡게 만들고마는 것입니다. 또하나는 'diplopia'입니다. 복시(複視)입니다. overlap, 겹치고 포개서 봅니다. 두 마음으로 봅니다. 둘이 하나로 보이고, 하나가 둘로 보입니다. "한 사람이 두 주인을 섬기지 못할 것이니"하고 예수님 말씀하십니다. 재물과 하나님을 겸하여 섬기지 못합니다. 그렇게 오버랩할 수는 없습니다. 그럼에도 불구하고 두 가지를 한꺼번에 보려고 하니까 다 못보고 마는 것입니다. 최인호씨의 베스트셀러 소설「상도」는 연속극으로도 나온 줄 알고 있습니다. 주인공 임상옥이라는 사람은 비천한 신분의 참으로 어렵고 고달픈 생을 시작합니다. 그러나 그는 장사를 배웁니다. 마침내 거부가 됩니다. 이 소설 전체를 통해서 말하고 있는 메시지가 있습니다. '비록 돈을 벌러 다니는 장사꾼이지만 이익보다는 사람을 중요하게 여겨야 한다'라는 것입니다. 그는 사람보는 눈을 가지고 있습니다. 돈은 잃을 수도 있고 얻을 수도 있습니다. 모름지기 사람을 얻어야 한다는 것입니다. 현자는 모든것으로부터 배운다고 말합니다. 강자는 자신을 이기는 사람이라고 말합니다. 부자는 스스로 만족하는 사람이라고 말합니다. 그는 장사꾼입니다. 어디까지나 돈을 따라다니는 사람입니다. 이익을 추구하는 사람입니다. 그러나 그는 그것보다 더 중요한 사람과 인간을 볼 줄 아는 시각을 가지고 세상을 보고, 그렇게 살았습니다.

예수님께서 "눈이 성하면"이라고 말씀하십니다. '눈이 성하다'—헬라말원문 '아플루스'는 싱글 홀드(single hold)를 이릅니다. 잘 조정된, 초점이 맞추어진 눈을 말하는 것입니다. 깨끗한 시력일 뿐만 아니라 단순해서, 순수해서 초점이 맞추어져야 합니다. 초점이 흐려지면 소용없습니다. 사람들이 해외에 나가서 사진을 찍어옵니다. 카메라를 들고 다니는데 카메라에 특별한 기술이 없으므로 그냥 오토매틱, 자동으로 찍는 걸 가지고 가서 열심히 찍어왔습니다. 찍어다 뽑아 보고는 "이거 왜 경치가 안나왔나?"하는 것을 볼 수 있습니다. 카메라를 손에 들려면 카메라공부 좀 해야지요. 이 공부 없이 카메라를 들고 나갔는데, 자동카메라라고 하는 것은 초점을 가운데다 맞추게 되어 있거든요. 초점이 하나입니다. 한 사람을 앞에 세워놓고 딱 맞추면 그것은 틀림없이 깨끗하게 나옵니다. 그런데 두 사람을 세워놓고 가운데다 찍으면 초점이 가운데로 지나가버립니다. 그러면 사람도 희미하게 나올 뿐만 아니라 사람을 세워놓고 사람에다 맞추니 뒤의 경치가 나오겠습니까. 그렇기 때문에 카메라를 제대로 쓰는 사람은 자동카메라를 안씁니다. 초점이 맞아야 되는 것입니다. 초점이 맞지 않으면 아무리 좋은 카메라도 소용없고 아무런 경치도 담을 수가 없습니다. 초점이 중요합니다. 나면서부터 소경된 사람이 있어 이 사람이 예수님을 만나 큰 능력을 입어 눈을 뜹니다. 눈을 뜨고나니 시비가 많아졌습니다. 너를 눈뜨게 한 사람이 누구냐, 네가 눈뜬 날이 안식일이 아니냐, 안식일을 범하는 사람이 네 눈을 어떻게 뜨게 했겠느냐, 안식일을 범한 것 보니 너 눈뜨게 한 사람은 죄인이다… 시비가 복잡합니다. 그때 이 사람은 아주 명답을 합니다. '거 복잡하게 묻지 마라. 내가 아는 것은 장님으로 눈떴다고 하는 사실이다. 그것뿐이다.' 내가 아는 것은 눈떴다는 것이다, 예수로 말미암아 눈뜬 것이다, 이것뿐이다―이러고 담대하게 그 모든 입방아를 물리치는 것을 볼 수 있습니다(요 9:25). 초점을 맞춥시다. double focus는 불가능합니다. single focus, 초점을 분명히 맞춰야 됩니다. 난시라고 하는 게 있습니다. astigmatism이라고 하는 이 난시에 대하여 캠블 모건(Cambell Morgan)이라는 사람이 '광선이 눈의 안막 초점에 집중하지 못하도록 되어진 눈의 구조적 결함'이라고 정의했습니다. 눈이 잘못됐습니다. 구조적으로 잘못됐습니다. 그래서 빛이 안막에 똑바로 들어오지를 못하는 것입니다. 무엇인가가 내가 주님을 똑바로 보지 못하도록 가로막고 있습니다. 그리고 더 중요한 문제가 하나 있습니다. 내 눈이 아무리 깨끗하고 밝아도 빛이 없으면 못봅니다. 그래서 카메라에서는 초점문제와 빛조리개 문제가 있을 뿐입니다. 빛이 문제입니다. 빛이 없으면 아무것도 보이지 않습니다. 아무리 좋은 눈으로도 결코 볼 수가 없습니다. 그런고로 말씀으로 말미암아 말씀을 향하여 눈을 뜨고 성령이 우리의 마음을 비춰야 됩니다. 말씀이 눈을 뜨게 하고 그리고 말씀에 초점을 맞추고 성령이 감화감동할 때 사물을 밝게 볼 수가 있습니다. 여러분, 세상이 달라지길 원하십니까? 그도 중요하겠지요. 그보다 더 중요한 것은 내 눈이, 내 시각이 바로되어야 한다는 것입니다. 세상이 달라지기 전에 바르게 보는 눈을 가져야 됩니다. 그래야 밝은 세상을 볼 수 있습니다. 우리교인 가운데 이런 여집사님이 있어 제가 어디가나 그분자랑을 합니다. 예수믿은 지 참 오래됐고 집사님인데 언젠가 은혜를 받았다고 합니다. 은혜를 받고보니 한순간에 눈이 확 달라지더라고 합니다. 눈이 바뀌면서 20년이나 같이 산 남편이 이제따라 더없이 예뻐지기 시작하는데 정신을 못차리겠다는 것입니다. 눈을 봐도 예쁘고 코를 봐도 예쁘고 앉는 것을 봐도 예쁘고 걷는 것을 봐도 예쁘고… 하도하도 예뻐서 잠자리기도 할 때 하나님 앞에 불평을 했다는 것입니다. '하나님, 저렇게 예쁜 얼굴 제가 눈뜨고 보면서 자게 만드시지 왜 눈을 감고 자게 만드셨습니까?' 그래서 제가 그 집사님 보고 이렇게 말했습니다. "집사님은 소망교회 1등교인이오." 여러분은 스스로 얼마나 잘믿는다고 생각하십니까? 남편의 얼굴이 견딜수없이 예뻐보이거든 잘믿는 줄 아십시오. 아내의 얼굴이 천사의 얼굴로 보이거든 내 신앙의 수준이 높은 줄 아십시오. 자녀를 보나 세상을 보나 이렇게 아름다울 수가 없구나 싶거든 내 신앙의 수준이 높은 줄 아십시오. '에이 망할놈의 세상!'하고 느껴지거든 신앙이 땅에 떨어진 줄 아십시오. 그걸 알아야 합니다. 눈이 밝아지면 이 세상이 이렇게 아름다울 수가 없습니다. 예수님 보십시오. "공중의 새를 보라." "들의 백합화가 어떻게 자라는가 생각하여보라." 그리스도를 보고 나를 보고 구원받은 시선으로 십자가를 바라보고, 그리고 나 자신을 보고 세상을 볼 때 새 하늘과 새 땅을 볼 수 있는 것입니다. △

귀를 새롭게

그러나 너희 눈은 봄으로, 너희 귀는 들음으로 복이 있도다 내가 진실로 너희에게 이르노니 많은 선지자와 의인이 너희 보는 것들을 보고자 하여도 보지 못하였고 너희 듣는 것들을 듣고자 하여도 듣지 못하였느니라 그런즉 씨 뿌리는 비유를 들으라 아무나 천국 말씀을 듣고 깨닫지 못할 때에 악한 자가 와서 그 마음에 뿌리운 것을 빼앗나니 이는 곧 길가에 뿌리운 자요 돌밭에 뿌리웠다는 것은 말씀을 듣고 즉시 기쁨으로 받되 그 속에 뿌리가 없어 잠시 견디다가 말씀을 인하여 환난이나 핍박이 일어나는 때에는 곧 넘어지는 자요 가시떨기에 뿌리웠다는 것은 말씀을 들으나 세상의 염려와 재리의 유혹에 말씀이 막혀 결실치 못하는 자요 좋은 땅에 뿌리웠다는 것은 말씀을 듣고 깨닫는 자니 결실하여 혹 백 배, 혹 육십 배, 혹 삼십 배가 되느니라 하시더라

(마태복음 13 : 16 - 23)

귀를 새롭게

어느날 아메리칸인디언 청년이 뉴욕시내에 살고 있는 백인친구를 방문하였습니다. 둘은 오랫동안 친한 사이였습니다. 자동차와 사람들로 붐비는 시가지를 둘이서 걷고 있는데 인디언친구가 느닷없이 발을 멈추더니 "이 시내에서 귀뚜라미소리가 들리누만"이라고 말했습니다. 이 소음 속에서 귀뚜라미소리를 들은 것입니다. 백인친구가 "아니, 이 뉴욕 한복판에 무슨놈의 귀뚜라미소리란말인가"했더니 "이리 와 보라"해서 걸어가보니 길모퉁이의 넝쿨나무로 된 집 벽 틈에서 귀뚜라미소리가 나는 것이었습니다. "자네는 시골에 살아서 그런지 청각이 아주 뛰어나게 좋은가보구만"하고 백인친구는 말했습니다. 그랬더니 이 아메리칸인디언은 아무 말도 하지 않고 자기가 가지고 있던 50전짜리 동전 하나를 아스팔트 바닥에 떨어뜨렸습니다. 동전은 데구루루 굴러 저만치 가서 섰고 길 가던 사람이 모두 발을 멈추고 그걸 바라보는데 꼬마 하나가 재빨리 다가가 그 동전을 손에 집어들고는 돈 생겼다고 좋아하면서 돌아가는 것입니다. 아메리칸인디언 친구가 말했습니다. "내가 귀가 밝은 게 아니라 당신네가 귀가 어두워진 거요. 문제는 관심사지요." 귀뚜라미소리는 못들어도 돈소리는 듣지 않느냐—이렇게 비웃더라고 합니다. 여러분에게 무슨 소리가 들립니까? 아니, 무슨 소리로 들립니까? 바로 거기에 여러분의 사람된 모습이 있는 것입니다. 마틴 부버(Martin Buber)라고 하는 유명한 신학자의 「I and Thou(나와 너)」라고 하는 세계적인 명저가 있습니다. 여기서는 '인간의 존재란 나 외의 어떤 대상과의 관계에서 가능해지는 것이다'라고 말합니다. 그 관계에는 두 유형이 있는데 하나는 인격적 관계요 대화적 관계이며 또하나는 비인격적 관계라는 것입니다. 다른 말로 말하면 '나와 너'라고 하는 관계여야 하는데 잘못되면 '나와 그것'의 관계가 된다는 것입니다. I and Thou냐 I and It냐입니다. 그래서 나와 너의 인격적 관계에 있을 때는 내 존재가 인간적으로 살아납니다. 그러나 나와 그것의 관계가 되는 순간 나라는 존재도 자꾸 비인격화해버린다, 하는 이론입니다. 다시말하면 대화적 관계, 듣는 관계에 있을 때 인간존재가 성립되고, 대상을 수단으로 하여버릴 때는, 들을 필요도 없고 듣지도 않는 그런 관계가 되면 인간의 인간됨은 무너지고 만다, 하는 유명한 이론입니다.

디모데후서 4장 3-4절에 보면 이런 말씀을 읽을 수가 있습니다. "때가 이르리니 사람이 바른 교훈을 받지 아니하며 귀가 가려워서 자기의 사욕을 좇을 스승을 많이 두고 또 그 귀를 진리에서 돌이켜 허탄한 이야기를 좇으리라." 그런 때가 오겠다는 것입니다. 진리는 듣지 않고 허탄한 이야기, 참말은 듣지 않고 거짓말 듣기를 좋아하겠다, 들어서는 안될 말들을 듣는 그런 세대가 오겠다고 말씀합니다. 여러분, 듣는다고 다 듣는 것이 아니고 들려진다고 다 깨닫는 게 아니지 않습니까. 중요한 것은 듣는 일에 선택적 청각이 있다는 것입니다. 선택적 청각이 있다—가려서 듣는 것입니다. 많은 소리 중에서도 내가 들을 수 있는 것만 듣는 것입니다. 가장 큰 소리가 지구 돌아가는 소리라고 합니다. 그건 우리가 못듣습니다. 아주 높은 소리도 못듣습니다. 과학적으로도 우리는 꼭 필요한 소리만 듣습니다. 그나마도 많은 소리 중에 내가 듣는 소리가 따로 있다는 것입니다. 이것은 마치 입맛과도 같습니다. 입맛에 성향이 있습니다. 음식맛이 절대적인 것이 아닙니다. 많은 음식이 있지마는 내가 먹는, 내가 좋아하는 음식은 따로 있습니다. 그것만 내가 좋아합니다. 이거 아주 중요한 얘기입니다. 그것은 내가 먹던대로 내가 익숙해진대로 이미 형성된 입맛에서 비롯되는 것입니다. 제가 미국에서 유학생활을 할 때 기숙사에 한 5년을 살았는데 제일 큰 걱정거리가 뭐고하니 주말입니다. 토요일과 주일은 식사를 안줍니다. 방학때도 안주고. 그곳 학생들이 다 나가버리면 갈 데 없는 외국인들만 몇사람 남아서 어쨌든 먹는 문제를 해결해야 되는데 돈은 많지 않고 하니까 늘 나가 사먹을 수만도 없고, 그래서 뭘 좀 사다가, 불법이지만, 양해를 구하면서 방안에서 좀 해먹었습니다. 인도학생들은 양고기를 사다가 카레라이스를 방안에서 만들어 먹습니다. 우리는 양고기를 먹어도 가능하면 냄새 덜 나는 걸 좋아하지만 그 사람들은 그렇지 않습니다. 그 냄새 때문에 먹는 것입니다. 냄새 지독한 걸 좋아합니다. 그래서 그 카레라이스 끓이는 냄새가 좌우간 온기숙사에 진동을 합니다. 그렇지 않아도 이 냄새가 싫은데, 그렇다고 문화관계이니 남보고 나무랄 수도 없는 노릇입니다. 지나가다 보면 문을 열어놓고 먹으면서 들어와 같이 먹자, 합니다. 카레라이스를 손가락으로, 쪽쪽 빨아먹는데, 아주 맛있게 먹는데, 같이 앉아서 먹어보니 도저히 저는 목으로 넘길 수가 없습니다. 웬만하면 제가 가리지 않는데 도저히 못먹겠습디다. 그러나 그들은 그렇듯 맛있게 먹는 것이었습니다. 이것이 입맛이라는 것입니다. 먹던 음식 좋아하는 것입니다. 사람은 누구나 40세가 넘으면 네 살 때 먹던 음식을 좋아한다고 인류학자는 말합니다. 옛날로 돌아갑니다. 제가 어느 재벌 댁에 가서 무슨 얘기를 좀 하다가 점심시간이 되어 점심을 같이 해봤는데 보니 그 재벌이 누룽

밥을 만들어서 된장찌개 해서 먹더라고요. 도대체 그렇게 돈 많이 벌면서 그게 뭐냐, 했더니, 나는 이거밖에 좋은 게 없는데 어떡하냐, 합니다. 입맛이지요. 이렇게 입맛에 성향이 있듯이 귀에도 듣는 성향이 있습니다. 그래서 길들여진대로 듣는 것입니다. 악한 습관에 빠지고보면 듣는 귀가 이상해집니다. 욕을 많이 듣고 쓰는 사람은 욕이 아니면 말이 아닙니다. 그것도 알아야 됩니다. 욕으로 해야만 듣지 조용하게 하는 말은 안듣습니다. 욕 아닌 소리는 들리지도 않습니다. 아주 슬픈 이야기를 들은 적이 있습니다. 오래전 대한수도원에 갔을 때의 일입니다. 무슨 강연이 좀 있어서 강사로 갔었다가 거기서 들은 이야기입니다. 창녀생활 십여 년 하고 회개하고 예수믿어 전도사가 된 분의 간증이었습니다. 그는 전도할 때 길에 다니면 창녀에게 전도한다고 합니다. 창녀라고 써붙이지도 않았는데 어떻게 아느냐 물었더니 "내 눈은 못속입니다. 요조숙녀처럼 차리고 지나가더라도 딱 보면 너는 창녀다, 접대부다, 알아요." 그러면 그를 따라가서 어떻게 전도하느냐고요? 어깨를 탁 친답니다. 놀라 얼굴을 홱 돌리면 "야, 예수믿어. 지옥간다"하고 소리친다는 것입니다. 그래서 전도를 뭐 그렇게 하냐, 친절한 말로 전도해야지, 했더니 아, 가슴아픈 이야기를 합니다. "우리네 세계에서 친절한 말은 다 거짓말입니다." 남자들이 다가와 예쁘다, 상냥하다, 늘씬하다, 하는 소리 다 거짓말이라는 것입니다. 그러니까 "야, 너!" 고것만 진짜라는 것입니다. "너 죽어!" 고것만 진짜로 들린다는 것입니다. 이 얼마나 기막힌 이야기입니까. 어떤 아주머니가 부부간에 너무 싸움이 심해서 만날 때마다 싸우니 이거 이럴 수 없다, 무슨 방법이 없을까 하다가 어느 날 방송을 들으니 하는 말이 그저 하루에 몇번씩이라도 사랑한다는 말을 하라고, 그래야 그 가정이 행복해질 거라고 하는 것입니다. 마음으로만 그러지 말고 말로 사랑한다고 표현하라, 그래야 좋다, 합니다. 그래 저녁에 술취해 들어온 남편을 놓고 사랑한다고 한마디 했답니다. "여보, 당신을 사랑해요"했더니 남편은 "미쳤냐"하고 한 대 때리더랍니다. 여러분, 사랑한다는 말이라는 것도 늘 듣던 말이라야지 생전처음 들으면 조롱으로 들리는 것입니다. 누구 칭찬해보십시오. 칭찬들을 수 있는 사람 있고 안들을 사람이 있습니다. 칭찬하면 비웃는다, 사람 무시한다, 가지고 노느냐, 하고 꽝 터지는 사람이 있습니다. 칭찬도 아무한테나 하는 게 아닙니다. 여러분 자신도 그렇지요? 마음이 뒤틀려 있고 괴로울 때 누가 나를 칭찬한다고 하면 그게 바로 들려집니까, 오히려 화가 나지. '이거, 누구를 조롱하는 거야, 이거?' 듣는 귀가 문제입니다. 바로 듣지를 못합니다. 액면대로 듣지를 못합니다. 순진하게 받아들이지를 못합니다. 너무 오랫동안 굳어졌고 비틀려졌고 병들고 오염되었기 때문입니다. 그래서 그 소중한 친절한 말도 칭찬하는 말도 바로 받아들일 수가 없습니다. 오히려 역겨워합니다. 이렇게 반작용을 일으키는 것입니다.

파커 J. 팔머라고 하는 분이 「The Courage to Teach」라고 하는 저서에서 현대문화를 단절된 문화라고 규정하고 있습니다. 사람들이 민저는 다른 사람과 만나는 걸 싫어한다는 것입니다. 다른 사람에게 마음문 열기를 싫어합니다. 도대체가 만나는 걸 싫어하는 그런 세상이 된 것입니다. 또하나는, 다양성을 싫어한다는 것입니다. 나는 이것이 제일 좋은 줄 아는데 이거 외에 또 있다는 것을 용납할 수가 없습니다. 내가 제일 살난 줄 알았는데 또다시 잘나 사람이 있다는 건 듣기도 싫고 보기도 싫습니다. 바로 그런 마음입니다. 그래서 거부하는 것입니다. 다양성을 전적으로 거부하는 것입니다. 자기집착에 빠져서 자기 외의 세계를 전혀 용납할 수가 없는 것입니다. 또하나는, 정체성의 상실이라는 것입니다. 자기자신이 빈곤해지고보니 피해의식에 매여서 누가 나를 해칠까봐, 누가 나를 업신여길까봐, 누가 나를 형편없다고 할까봐 겁이 나서 만사를 도전적으로 대하고 투쟁적으로 대하고 경쟁적으로 대하고 그리고 피상적으로 대하게 됩니다. 말을 하지도 않지만 듣지도 않습니다. 받아들이지 못하는 슬픔이 있습니다. 모처럼 듣는 중요한 복음까지도 받아들일 수가 없습니다. 누가 나를 사랑한다니 사랑할 이유가 없다는 것입니다. 사랑을 받아들이지 않는다면 어떻게 되겠습니까. 오늘본문에 보면 예수님께서 비유로 말씀하십니다. 길가와 같은 마음—아주 닳고닳아서 거기 어떤 종자가 떨어져도 깃들 수가 없습니다. 그 씨앗이 그냥 길가 그 길 위에 맴도니까 뭐가 와서 주워먹고 말았다, 이것입니다. 돌밭과 같은 마음—그 틈새로 씨앗이 들어가기는 해서 자라기는 자라는 거 같으나 깊이가 없어서 피상적으로 받고 건성으로 듣기 때문에 복음의 역사가 이루어질 수 없다는 것입니다. 가시떨기와 같은 마음—세상염려와 재리(財利)같은 그 많은 복잡한 근심걱정에 함께 있으니까 이 복음이 복음성을 바랄 수가 없고 말씀의 역사가 나타나질 못하고 시들고 만다는 것입니다. 그러면 오직 옥토와 같은 마음—모든 잡초를 다 제거하고 모든 돌도 다 제거하고 깨끗하고 부드러운 옥토 같은 그런 마음귀를 가져야 복음을 바로 받아들일 수 있고 전적으로 받아들일 수 있는 것입니다. 그렇게 받을 때만이 구원의 역사가 이루어집니다.

제가 맨처음으로 중국을 방문했을 때 그때만 해도 지하교회에서

만 예배를 드릴 수 있었는데, 법인즉 서서 말하면 설교이고 앉아서 말하면 좌담이거든요. 그래서 설교를 앉아서 하면 괜찮고 서서 하면 안되는 것입니다. 그런 때에 좌담식으로 앉아서 설교를 했는데 다 하고나니 좀더 하라 합니다. 또 했지요. 또 좀더 하라 해서 설교를 잇달아 몇편 했습니다. 그랬더니 거기 집사님 한 분이 벌떡 일어서서는 하는 말이 "오늘의 교양 전적으로 받아들입니다" 하는 것입니다. 설교라는 말은 모르는 것입니다. 그렇게 하는 말을 듣고 제 마음이 퍽 흐뭇했습니다. 전폭적으로 지지한 것입니다. 전적으로, total acceptance, 그 마음만이 구원을 얻을 수가 있습니다. 예수님께서 '너희 귀는 들음으로 복이 있다' 하십니다. 예수님께서는 설교 때마다 끝에 가서는 '들을 귀 있는 자는 들을지어다' 하신 것같습니다. 들을 귀 있는 자는 들을지어다—나는 그에게 말을 했습니다. 씨를 뿌렸습니다. 그러나 옥토같은 마음이 있는 자, 옥토같은 들을 귀가 있는 자는 받아들입니다. 그에게만 말씀의 역사는 이루어집니다. 악으로 찌들고 불의로 찌들고 강퍅함으로 찌들고 의심으로 병든 그 귀로써는 하나님의 말씀을 들어도 소용없고 그 많은 날 들어도 은혜를 받을 수가 없습니다. 사도행전 7장 51절에 보면 "귀에 할례받지 못한 사람들아" 하는 말씀이 있습니다. 귀가 할례를 받아야 합니다. 귀가 중생을 해야 됩니다. 귀가 치료되어야 합니다. 그리고야 복음의 역사는 이루어지는 것입니다. "믿음은 들음에서 나며 들음은 그리스도의 말씀으로 말미암았느니라." 로마서 10장 17절에서 말씀합니다. 듣는 자세가 중요하고 듣는 마음이 중요하고 전적으로 받아들이는 인격이 중요합니다. 말씀의 능력이 들음이라는 통로를 통해서 인격 속에 역사하고 구원의 역사를, 중생의 역사를 온전케 하는 역사를 이루는 것입니다. 어떤 날 예수님께서 마르다의 집에 초대를 받아 가셨습니다. 마르다는 음식을 만들고 마리아는 예수님 앞에 앉아 말씀을 듣고 있습니다. 마르다는 화가 났습니다. '이 바쁜데 예수님께서는 어째서 마리아를 불러 이야기만 하시는가, 마리아가 나를 도와서 이 일을 좀 같이 하게 하시지 않는가.' 불평을 합니다. 그때 예수님 말씀이 '마리아는 좋은 편을 택했으니 빼앗기지 아니하리라' 하십니다. 정말 이것은 목회하면서 늘 느끼는 것입니다. 어떤 때 교인가정에 심방을 가보면 부엌에서 음식을 장만하고 있습니다. 우리는 지금 예배를 드려야겠고, 모두들 죽 둘러앉아야 예배를 드리지 않겠습니까. 그런데 부엌에서 분주합니다. 그래 "어서 들어오세요, 예배드립시다" 하면 하는 소리가 "먼저 드리세요. 음식 가지고 갈께요" 합니다. 도대체가… 이럴 때마다 마리아를 생각합니다. 여러분, 무엇이 대접입니까. 정말로 귀한 대접은 듣는 것입니다. 듣는 마음입니다. 잘 들어드리는 것입니다. 그것이 최고의 효도요 최고의 충성이요 최고의 접대라고 생각합니다.

구약성경 열왕기상 3장에 보면 유명한 말씀이 있습니다. 지혜의 왕 솔로몬이 스물한 살에 왕이 되었는데 이 많은 백성을 어떻게 다 살필 수 있을까 하고 답답해서 하나님 앞에 일천 번제를 드리고 밤을 지내는데 하나님께서 밤중에 솔로몬에게 나타나십니다. '너는 내게 구하라. 나는 네게 무엇을 줄까?' 그때 솔로몬이 이렇게 기도합니다(왕상 3:9). '내게 지혜로운 마음을 주시옵소서.' 히브리말로 '레브 쉬메아'입니다. '레브'라는 말은 마음이라는 말이고 '쉬메아'라는 것은 듣는다는 말입니다. 그래서 영어로 번역할 때는 '레브 쉬메아'를 understanding mind라고 번역합니다. 옛날에는 hearing heart라고 직역을 했습니다. 듣는 마음입니다. '하나님이여 듣는 마음을 주시옵소서.' 역사의 소리를 듣고 양심의 소리를 듣고 하나님의 음성을 듣는, 듣는 마음이 있습니다. 듣는 마음만 있으면 언제나 들을 수 있습니다. 언제나 들려옵니다. 가깝게 들려옵니다. 여러분, 마음을 비우고 믿음으로 말씀을 들어야 하겠습니다. 마태복음 8장에 보면 예수님께서 극구 칭찬하신 백부장 로마군인이 있습니다. 그가 예수님 앞에 와서 자기집 종의 병을 고쳐달라고 할 때 예수님께서 "내가 가서 고쳐주리라"하시니까 그는 '아뇨, 오시지 마세요'하고는 '말씀으로만 하세요. 제가 순종하겠습니다. 가라시면 가고 오라시면 오고 데려오라시면 데려오겠습니다. 말씀으로만 하소서'합니다. 이렇게 말할 때 예수님 말씀하시기를 "이스라엘 중 아무에게서도 이만한 믿음을 만나보지 못하였노라"하십니다. 최고의 믿음으로 칭찬을 하신 것입니다. 어떤 믿음? 듣는 믿음. 듣고 순종하는 게 아니라 순종하고 듣는 것입니다. 순종을 맹세하고 듣는 것입니다. '말씀만 하소서. 순종하겠나이다.' 이 믿음이 구원을 이루었습니다. 마음을 비우고 믿음으로 들을 뿐만 아니라 경청하고 집중하고 청종하고 순종할 때 말씀의 위대한 역사가 바로 그 심령 속에서 그 인격 안에 나타나게 되는 것입니다. "귀 있는 자는 들을지어다." △

입을 새롭게

웃시야 왕의 죽던 해에 내가 본즉 주께서 높이 들린 보좌에 앉으셨는데 그 옷자락은 성전에 가득하였고 스랍들은 모셔 섰는데 각기 여섯 날개가 있어 그 둘로는 그 얼굴을 가리었고 그 둘로는 그 발을 가리었고 그 둘로는 날며 서로 창화하여 가로되 거룩하다 거룩하다 거룩하다 만군의 여호와여 그 영광이 온 땅에 충만하도다 이같이 창화하는 자의 소리로 인하여 문지방의 터가 요동하며 집에 연기가 충만한지라 그 때에 내가 말하되 화로다 나여 망하게 되었도다 나는 입술이 부정한 사람이요 입술이 부정한 백성 중에 거하면서 만군의 여호와이신 왕을 뵈었음이로다 때에 그 스랍의 하나가 화저로 단에서 취한 바 핀 숯을 손에 가지고 내게로 날아와서 그것을 내 입에 대며 가로되 보라 이것이 네 입에 닿았으니 네 악이 제하여졌고 네 죄가 사하여졌느니라 하더라 내가 또 주의 목소리를 들은즉 이르시되 내가 누구를 보내며 누가 우리를 위하여 갈꼬 그 때에 내가 가로되 내가 여기 있나이다 나를 보내소서

(이사야 6 : 1 - 8)

입을 새롭게

　이스라엘사람들의 지혜를 모았다고 하는 「탈무드」에 나오는 이야기입니다. 어느날 어떤 남편이 자기아내에게 시장에 가서 맛있는 것을 사오라고 했습니다. 그 아내는 바구니를 준비해가지고 나가서 소의 혀를 사왔습니다. 그 혀를 가지고 요리를 해서 먹었습니다. 며칠 후에 남편이 또 말하기를 오늘은 가장 싼 것을, 모든 음식재료 중에서 가장 싼 것을 사가지고 오라 했습니다. 그 아내는 나가서 또 소의 혀를 사왔습니다. 남편이 "어째서 가장 맛있는 것을 사오라고 했는데 혀를 사오고, 가장 싼 것을 사오라고 했는데 또 혀를 사왔소?" 하고 물었는데 그 아내는 대답하기를 "가장 맛있는 것이 혀입니다. 친절한 말, 사랑스러운 말, 그 아름다운 말을 듣는다는 것, 이보다 더 맛있는 게 없습니다. 좋은 소리를 듣는 것이 가장 맛있는 것이기 때문에 이것을 사왔습니다. 가장 싼 것, 가장 쉬운 것, 그저 아무 생각 없이 쉽게 할 수 있는 싸구려행동이 바로 말입니다, 너무 쉽게 할 수 있는. 그래서 혀를 사왔습니다. 혀가 아주 좋으면 이보다 좋은 게 없고 나쁘면 이만큼 나쁜 것도 없는 것입니다." 이렇게 지혜를 담아서 대답했다는 이야기입니다. 많은 것을 생각하게 합니다. 가장 귀한 것도 말이요 가장 잘못되기 쉬운 것도 말입니다. 그래서 말에 허물이 없으면 온전한 사람이라고 했습니다. 말로 사람을 죽이기도 하고 살리기도 합니다. 말로 불행해지기도 하고 망하기도 합니다.

　오늘본문말씀은 유대나라 웃시야 왕이 죽던 해에 있은 선지자 이사야의 영적 경험이 나타나 있는 말씀입니다. 웃시야 왕은 유대나라를 52년 동안 잘 다스렸습니다. 특별히 우상을 멸하고 하나님을 공경하며 하나님 앞에 성실히 행해서 왕과 백성은 태평세월을 52년 동안 누렸습니다. 그러한 좋은 세월이 이제 갔습니다. 그 왕이 죽었습니다. 이사야라고 하는 선지자는 모든 선지자 중에서 유독 정치가로 알려져 있습니다. 그는 방백의 하나요 웃시야 왕의 친척입니다. 그래서 웃시야 왕을 의지하고 그 왕궁에서 일하는 관료의 한 사람이었는데 그가 의지하던 웃시야 왕이 죽었습니다. '이 나라는 어떻게 될까. 그리고 나의 장래운명은 어떻게 되는가?' 이런 걱정이 있는 바로 그런 순간에 하나님의 성전에 들어갔다가 소명을 받게 됩니다. 하나님의 성전에 들어가서 그는 오늘본문에 나타난 세 가지의 체험을 합니다. 요약해 말하면 첫째, 하나님의 영광을 봅니다. 하나님의 영광으로 충만한 하늘과 그 영광으로 충만한 땅을 봅니다. 하나님의 성전 안에서 하나님의 영광을 보는 큰 감격을 얻는 동시에 그는 자기자신을 봅니다. 나는 부정한 사람이다, 나는 살아남을 수 없는 죄인이다, 라는 것을 봅니다. 그리고 세 번째로는 그가 사명을 봅니다. 나는 앞으로 무엇을 위해서 살아야 하는가, 하나님을 만나고보니 내가 이제 앞으로 무엇을 해야 할 것인가—내게 주어진 운명을, 혹은 사명을 받게 됩니다. 소명을 받게 되었다, 라고 이렇게 정리해서 흔히들 말합니다.

여기서, 이제 생각해야 합니다. 하나님을 보고 나를 보았습니다. 하나님께 대한 지식이 없이는 나 자신에 대한 지식이 있을 수 없습니다. 이는 칼뱅의 유명한 명제이기도 합니다. 하나님께 대한 지식이 먼저입니다. 하나님을 알고야 나를 압니다. 부모를 알고야 나를 압니다. 스승을 알고야 나를 압니다. 이것을 잊지 말아야 합니다. 나 자신을 본다고 나를 아는 게 아닙니다. 나를 아무리 보아도 나만 가지고 나를 알 수가 없습니다. 하나님과의 바른 관계에서만 내가 누구인지를 알게 됩니다. 어떤 어머니가 그 어린 아들이 마당에서 개하고 노는 것을 보았습니다. 개가 그 아이를 따르고 또 아이가 개를 좋아해서 이렇게 같이 노는 것을 멀리서 바라보는데, 어느 순간 깜짝놀랐습니다. 아이가 개더러 이리 오라고 그러는데 개가 안오는 것입니다. 자꾸 오라 하는데도 안오니까 마지막에 이 아이가 하는 말이 "너 정말 안오면 죽여버린다"하는 것입니다. 어머니는 깜짝놀랐습니다. 어떻게 저 어린 아이의 입에서 저런 소리가 나올 수 있는가? "너 내 말 안들으면 죽어!" 어머니는 부리나케 아이를 붙잡고 하나님 앞에 깊은 회개를 했습니다. '내 잘못이다.' 언젠가라도 내가 아이에게 이런 말을 입에 넣어주었거든요. 이것은 어린아이의 잘못이 아닌 것입니다. 그 어린아이에게서 어머니는 자기모습을 보았습니다. 내가 어쩌다 이렇게 되었던가, 내가 이런 사람이구나―이대로 간다면 운명이 어떻게 되겠습니까. 그래서 아이와 함께 깊이 회개했다, 하는 이야기입니다.

하나님의 영광을 보고 그 앞에서 자기의 추한 모습, 부끄러운 모습, 나아가 저주스러운 모습을 보게 됩니다. 확실한 정체와 그 정체에서 이어지는 미래의 운명까지도 아사야는 볼 수 있게 되었던 것입니다. 그런데 오늘본문에 나타난 특징은 죄가 많다는 것입니다. 여러 가지 죄 가운데서도 오늘본문에는 '입술이 부정하다'하였습니다. 입술이 부정하다, 입이 부정하다, 라는 것으로 집약되어 있습니다. '부정한 백성 중에 거하면서 입술이 부정한 내가 하나님을 보았다. 아, 나는 저주받았다. 나는 살아남을 수 없다'하고 두려워합니다. 입술이 부정합니다. 동시에 저 부정한 백성 중에 살기 때문에 입술의 부정이 문화화하였습니다. 다같이 부정하니까 무엇이 부정인지 무엇이 의인지 모릅니다. 그렇게 살아왔기 때문에 그런 줄로만 압니다. 우리주변을 보아도 그렇습니다. 가만히 보면 부정한 말들을 하는 분들, 그게 습관화하여서 부정인 줄도 모르더라고요. 아주 깜짝놀랄만한 더러운 말을 나오는대로 하고도 태연합니다. 왜요? 그렇게 들어왔고 그렇게 해 버릇하기 때문입니다. 그런 가운데서 살아왔으니까 이상할 게 하나도 없는 것입니다. 여기서 하나님의 영광을 봄으로 그 부정한 입술을 깨닫게 됩니다. 흔히들, 이 언어와 자기자신을 분리하려 하고, 분리해서 이해하려 하고, 분리해서 이해해주기를 바랍니다. 바로 여기에 거짓과 또다른 불의가 있는 것입니다. 내 입에서 나쁜 말이 쑥 나갔습니다. 그러고 하는 말이 본래 그런 마음이 아니었는데 잠깐 내가 실수해서 그랬노라, 합니다. 나는 본래 당신을 사랑했는데 취중이라 그만 실언해서 당신마음을 아프게 했노라, 합니다. 과연 그렇습니까? 이제 묻습니다. 술취해서 한 말과 정신차리고 한 말, 어느 쪽이 진짜입니까. 저는 6·25전쟁 때, 휴전되기 바로 직전에 신학대학에 입학해 다니면서 보조군목을 해보았습니다. 부상병들은 많이 오고 의사나 치료할 병원은 모자라고 할 때에 군목도 많이 모자랐습니다. 그래 신학교 1학년 때 보조군목으로 대구에 있는 제27육군병원에 근무했습니다. 낮에는 학교 가서 공부하고 저녁과 밤에는 환자들을 돌보는 그런 경험을 했습니다. 그때 보니 의사도 진짜의사는 몇 안됐습니다. 다 그저그저 거들어서 일했습니다. 간호원도 훈련받은 간호원은 하나도 없었습니다. 아무나 불러다가 간호원 일을 시켰습니다. 그렇게 할 때입니다. 수술을 위해서 전신마취를 합니다. 마취했다 깨어날 때는 조심을 해야 되는데 내버려두니까

환자들이 투덜거립니다. 간호원들이 지나다니면서 뭐라고 한마디 하면 또 대답도 하는데 그때 좋은 말 하는 사람이 드물었습니다. 다들 못된 편이었습니다. 마구 욕설을 쏟아내고 더러운 말들을 합니다. 그 얼굴을 보고 그 사람이 말하는 것을 보면 깜짝깜짝 놀랍니다. 저런 멀쩡한 얼굴에서 어떻게 저리 더러운 소리가 나오는고? 그러나 분명한 것은 마취상태에서 하는 저 말이 진짜라는 것입니다. 그게 자기자신이거든요. 나는 몰랐노라, 할 수 있습니까. 사람이 이 세상을 떠날 때, 정신이 오락가락할 때, 그때 무슨 말이 나올는지 봅시다. 그게 중요한 것입니다. 거기서도 감사와 찬송이 나올 만큼 예수를 믿어야 됩니다. 교회에서는 찬송부르고 거룩하다가 어느 순간에 가서는 형편없이 저속한 사람이 돼버립니다. 왜요? 그 속에 있던 것이 나오니까요. 그래서 말은 마음의 창이라고 하지 않습니까. 무의식중에도 주를 찬송할 만큼 그 입술이 깨끗하고 정결해야 한다는 것을 잊지 말아야 합니다. 가끔 아이들이 가출을 하면 어머니는 정신이 없습니다. 애가 나가서 어떻게 될 것인지, 앞으로 돌아올 것인지 안돌아올 것인지, 너무 답답해서 저를 찾아오는 어머니들이 있습니다. 그래 "어떻게 돼서 나가게 됐습니까?" 물으면 다 이야기를 합니다. 다 듣고나서 저는 꼭 물어보는 게 한마디 있습니다. 혹시라도 아이가 공부도 안하고 말썽부리고 할 때 "야! 그럴 바엔 집을 나가라" 해본 일이 있느냐없느냐, 꼭 물어봅니다. 그러면 대답은 언제나 똑같습니다. "그렇게만 말하지 않았죠." 나가서 죽어라, 했다는 것입니다. 너같은 거 우리 가문에 필요없다, 너 낳은 걸 나는 후회한다, 이랬다는 것입니다. 그래서 제가 웃습니다. "그 아들은 효자입니다. 나가 죽으라고 했는데도 아직 살아 있으니까요." 말이 씨가 된다고 하지 않습니까. 오늘 깊이 생각하여야 합니다.

　오늘말씀은 말은 그의 인격이요, 그의 믿음이요, 그의 운명이라고 가르칩니다. 말로 인해서 그는 저주를 받습니다. 나는 저주받았다, 부정한 입술을 가져 저주받은 운명이다—이렇게 이사야는 고백하고 있습니다. 그런데 본문말씀은 나의 말과 나 자신을 동일시합니다. 여러분, 거울을 보고 나를 보지 말고 내 입에서 튀어나오는 말을 종합해서 자신을 보아야 됩니다. 내가 누구냐, 이것입니다. 부정한 입술이 부정한 운명으로 지향합니다. 험담은 삼자를 죽인다고「탈무드」에서는 말합니다. 첫째, 말을 듣는 사람을 죽입니다. 내가 험담을 하면 그 사람 마음이 상하고 무너지거든요. 둘째, 험담의 대상이 죽습니다. 그 내용, 내가 지금 험담하고 있는 바로 그 사람을 죽입니다. 셋째, 더 중요한 것은 험담하고 있는 나 자신이 죽는다는 것입니다. 이걸 잊지 맙시다. 어두운 말, 부정적인 말, 더러운 말을 하지 말 것은 이것이 바로 나 자신을 죽이기 때문입니다. 험담을 하면 내 심령이 황폐해지고 맙니다. 그리고 운명이 삐뚤어져나갑니다. 그걸 잊지 말아야 합니다. 이스라엘의 지도자 모세는 어쩌면 처음부터 이스라엘을 구원하기 위해서 태어난 사람입니다. 그리고 한평생 이스라엘을 구원하려고 수고 많이 했습니다마는 그 마지막 장면이 너무나 유감스럽습니다. 가데스 바네아에 왔을 때 이스라엘백성이 신앙을 저버리고 하나님을 원망하고 모세를 원망하고 애굽으로 돌아가자고 소리치고 모세를 때려죽이겠다고까지 하며 소동할 때 모세는 이를 감당하기가 힘이 들었는지 그 순간 큰 실수를 합니다. 반석 앞에 서서 반석을 두 번 치면서 '이 패역한 놈들아, 내가 너희를 위하여 물을 내랴'하고 호통쳤습니다. 바로 이 죄 때문에 그는 몽매에도 잊지 못하는 가나안땅에 못들어가고 비스가 산 언덕에서 그쪽을 바라보기만 하고 죽습니다. 그런데 성경은 이 죄목을 낱낱이 말씀하고 있습니다. 하나님께서 해석까지 하십니다. 너는 나를 믿지 아니하고—불신앙입니다. 이스라엘을 인도하는 것은 나지 네가 아니지 않느냐, 네가 왜 절망하느냐, 너는 나를 믿지 아니하고 나의 거룩함을 나타내지 아니하였다, 하십니다. 하나님의 일은 하나님의 일 답게 할 것이지 왜 네 감정에 사로잡히느냐, 이 말씀입니다. 그리고 망령되이 말하였음이니라, 하십니다. 시편 106편 33절에서 분명히 지적하고 계십니다. "모세가 그 입술로 망령되이 말하였음이로다." 말로 죄를 지었습니다. 그는 심판을 받게 됩니다. 이 얼마나얼마나 무서운 이야기입니까. 여러분이 쏟아버린 그 말들이 그대로 현실로 나타나고 여러분의 운명으로 치닫는다면 어떤 결과가 올 것같습니까. 이제 오늘본문에서 해답을 얻습니다. 이사야가 너무도 끔찍하고 답답해서 '나는 망했다. 다같이 망했다'하고 슬퍼하고 회개할 때, 탄식할 때 스랍 중의 하나가 제단숯불을 손으로 집어다가 이사야의 입에 댔다, 하였습니다. 원문대로 좀더 깊이 생각해보면 제단에는 숯불이란 없습니다. 자꾸만 제물을 태우기 때문에 거기 있는 돌들이 뻘겋게 달아 있습니다. '제단숯불'이란 불처럼 달아오른 그 돌덩이를 말하는 것입니다. 그게 숯불이라고 표현됐습니다. 그것을 갖다가 입에 대고 지져버렸습니다. 성경에는 없지마는 타버렸습니다. 지지직 지져버렸다고 합니다. 그리고 말씀하십니다. "이것이 네 입에 닿았으니 네 악이 제하여졌고 네 죄가 사하여졌느니라." 무슨 뜻입니까. 제단은 죽음을 말하는 것입니다. 제물이 기기서 타 주지 않습니까, 네 입술도 죽었다, 그것입니다. 네 입술이 이젠 죽어버렸다, 지져졌다, 이것입니다. 다시 살아 꿈틀거릴 것이 아닙니다. 속죄의 징표를 보여주고, 그런고로 너는 정하게 되었다, 라는 선언입니다.

12세기의 영성가로 '끌레르보의 베르나르'라고 하는 분이 있습니다. 그의 유명한 저서 「Treatise on Humility and Pride」에 보면 진리로 나가는 길 세 단계를 말합니다. 우리가 깨끗하게 되고 의롭게 되고 정결하게 되는 길은 먼저 결정적으로 겸손입니다. 겸손하고야만 유순한 말을 할 수가 있습니다. 유순한 대답은 노를 쉬게 한다고 하였습니다. 교만한 자의 말은 언젠가는 터지게 마련입니다. 언젠가는 불의로 치닫게 마련입니다. 아주 낮추고 낮추어서 겸손하게 되면 말이 부드럽고 온유하고 화평스럽게 되는 것입니다. 무디라고 하는 유명한 부흥사가 있었습니다. 그는 온천하를 다니면서 많은 사람들에게 복음을 전했습니다. 그러나 그의 과거는 구두깁는 사람이었습니다. 무식합니다. 공부한 바가 없습니다. 그러나 정열적으로 다니며 부흥회를 인도하고 있었습니다. 한번은 어느 마을에 부흥회를 인도하러 갔더니 아, 그 마을 신문에 무디에 대해서, 무식하다는 것이랑 그의 허물들을 줄줄이 나열해가지고 험담을 늘어놓았습니다. 그 기사를 보자니 그 지방의 목사님들, 또 무디를 사랑하는 분들이 얼마나 마음이 아팠겠습니까. "이 나쁜 놈들! 이런, 이런…" 그럴 때에 무디는 그 신문을 보고 빙그레 웃으며 이렇게 말합니다. "내버려두라고. 신문에 나지 않은 허물이 훨씬 더 많으니까 그럴 것 없네." '저들이 들추고 있는 그것보다 나는 훨씬 더 부족한 사람이다. 그들이 지적하는 것보다 나는 더 큰 죄인이다.' 그 겸손이 부드러운 대답을 할 수 있게 만든 것입니다. 그가 누구를 용서함으로 도인이 되고 높아지겠다는 게 아닙니다. 겸손하고, 보다 더 겸손했기에 그는 부드러운 말을 할 수가 있었습니다. 또한 자비로운 마음입니다. 모두 이해하는 마음, 자비로운 마음, 믿어주는 마음입니다. 내 편에서가 아니라 저 편에서 생각합니다. 불쌍히 여기는 마음으로 가득차면 우리의 말은 전혀 다릅니다. 그런가하면 자기순결을 지켜야 됩니다. 항상 내 마음을 내가 다스리고 깨끗이 순결해야 합니다. 입술이 깨끗해져야 합니다. 다시 초대교회로 돌아가봅시다. 오순절 성령 충만한 교회의 특징이 뭡니까. 성경은 '방언'이라고 말씀합니다. 방언은 언어입니다. 언어의 변화가 먼저 오는 것입니다. 성령받은 사람의 말이 달라진 것입니다. 소통하는 말로, 그리스도적인 말로, 복음전하는 말로 언어가 변화하는 것입니다. 골로새서 4장 6절에 보면 "너희 말을 항상 은혜 가운데서 소금으로 고루게 함같이 하라"하였습니다. 배추나 무를 소금에 절여 잠깐만 놔두면 풀이 죽습니다. 부드러워집니다. 소금으로 고루게 함같이—맛없는 것도 맛있게 합니다. 그러나 자기 자신은 녹아 없어집니다. 자기정체는 녹아 없어지면서도 자기본질은 변화하지 않습니다. 그게 소금입니다. 소금으로 고루게 함같이—부드럽게, 화목하게, 맛있게… 그러한 말을 하라, 함입니다.

이제 이사야는 사명의식을 가지게 됩니다. "누가 우리를 위하여 갈꼬?" 이사야는 대답합니다. "내가 여기 있나이다 나를 보내소서." 여기서 선지자가 됩니다. 우리는 바야흐로 폭력시대에 삽니다. 언어 폭력시대입니다. 언어폭력이 실제폭력으로 나타나고 있습니다. 그것이 바로 우리의 운명입니다. 말초신경적이요 극단적이요, 속된 말을 하고 잔인한 말을 합니다. 요새 어쩌다 영화를 봐도 대사들이 어찌나 잔인하고 더러운지 이 운명이 어디로 가니, 걱정이 됩니다. 죄송하지만 북한에 가서 보면 북한사람들 참 거친 말을 합니다. 잔인한 말을 합니다. 한마디 고대로 말해볼까요? "대가리를 까부시겠다" 합니다. 까부시다니, 이런! "살값을 한다"라니… 아, 무서운 말, 섬뜩섬뜩한 말을 거침없이 합니다. 이것이 남을 죽이는 게 아닙니다. 자기자신을 죽이고 자기운명을 망가뜨리는 것입니다. 언어는 그 마음에 있고 그 인격에 있고 그 신앙에 있고 그 운명으로 치닫는다는 것을 잊지 맙시다. 입을 새롭게—제단숯불을 입에다 대어 지져버립니다. 다시는 살아나지 못하게. 그리고 심령으로 새롭게 되고 입술이 새롭게 되고, 다시 내 심령이 새로워지면 내게 듣는 사람 모두가 새로워질 것입니다. 그에게 새로운 운명이 전개될 것입니다. △

손을 새롭게

 헛된 제물을 다시 가져 오지 말라 분향은 나의 가증히 여기는 바요 월삭과 안식일과 대회로 모이는 것도 그러하니 성회와 아울러 악을 행하는 것을 내가 견디지 못하겠노라 내 마음이 너희의 월삭과 정한 절기를 싫어하나니 그것이 내게 무거운 짐이라 내가 지기에 곤비하였느니라 너희가 손을 펼 때에 내가 눈을 가리우고 너희가 많이 기도할지라도 내가 듣지 아니하리니 이는 너희의 손에 피가 가득함이니라 너희는 스스로 씻으며 스스로 깨끗케 하여 내 목전에서 너희 악업을 버리며 악행에 그치고 선행을 배우며 공의를 구하며 학대받는 자를 도와주며 고아를 위하여 신원하며 과부를 위하여 변호하라 하셨느니라 여호와께서 말씀하시되 오라 우리가 서로 변론하자 너희 죄가 주홍 같을지라도 눈과 같이 희어질 것이요 진홍같이 붉을지라도 양털같이 되리라 너희가 즐겨 순종하면 땅의 아름다운 소산을 먹을 것이요 너희가 거절하며 배반하면 칼에 삼키우리라 여호와의 입의 말씀이니라

(이사야 1 : 13 - 20)

손을 새롭게

안소니 드 멜로라고 하는 분이 쓴 「1분 지혜」라고 하는 아주 작은 책이 있는데, 그 속에 나오는 짤막한 이야기입니다. 많은 것을 생각하게 하는 일화입니다. 한 도박사가 오랫동안 영성수련을 쌓은 노수도사를 찾아가서 자기사정을 얘기했습니다. "어제 카드놀이를 하는데 속임수를 쓰다가 그것이 발각되어서 상대방이 저를 무참하게 때리고 이층 창밖으로 내던졌습니다. 그래서 무릎이 부러지고 깨지고, 이렇게 온통 부상을 입었습니다. 제게 무슨 충고를 해주시겠습니까?" 노 수도사는 이 사람의 얼굴을 가만히 쳐다보다가 "내가 만일에 자네라면 이제부터는 일층에서만 카드놀이를 하겠네"라고 대답했습니다. 이 말을 듣고 도박사는 어리둥절했습니다. 분명하게 '다시는 도박질을 하지 마라'라고 충고할 것같았는데 어째서 이렇게 말씀할까? 제자들도 이 말을 듣고 황당해서 "선생님, 다시는 그런 짓을 하지 마라, 하셔야지 어째서 '앞으로는 1층에서만 하라'하셨습니까?" 노 수도사는 말합니다. "그 사람을 좀 봐라. 그 짓 그만두지 못할 사람이야. 도박을 끊지 못할 사람이야. 그러니 또다시 이층에서 내던져지느니 내던져져도 덜 다칠 1층에서만 하라고 했느니라." 손을 씻는다—참 어려운 일입니다. 손씻는다고 흔히들 말하지만 오랫동안 길들여진 습관에서 벗어나기란 참 어려운 일입니다. 저는 정말로 어렸을 때 그런 것 보았습니다. 도박을 너무 많이 해서 그것 때문에 패가망신 하니까 마지막에 결심하고 다신 안한다, 하고 오른손 손가락을 작두로 잘랐습니다. 그 다음에 보니 남은 손가락으로 하더라고요. 손씻는 것, 참 어렵습니다. 별것도 아닌 것같지만 담배 못끊는 사람들 보십시오. 요새 담배피우는 사람들 구박이 자심합니다. 담배피우는 것, 그 누구도 달가워하지 않습니다. 국제비행장에 가서 보면 아무데서도 못피우게 하고 한쪽구석 유리로 둘러싼 골방에 들어가 앉아서 피우게 했는데, 거기 웅크리고 앉아 피우고 있는 사람들 보면 꼭 원숭이같더라고요. 이거 하나를 끊지 못해서 사람들에게 그 구박을 받는가하면 자신도 끊어야 되겠다고 맹세, 맹세… 손을 씻지 못하는 불쌍한 모습을 봅니다.

    오늘본문에 하나님 말씀하십니다. "너희가 손을 펼 때에 내가 눈을 가리우고 너희가 많이 기도할지라도 내가 듣지 아니하리니 이는 너희의 손에 피가 가득함이니라." 지금도 그렇지만, 옛날 그 당시의 기도하는 풍습을 좀 생각할 필요가 있습니다. 여러분 아시는대로 가톨릭교회에서는 기도할 때면 주로 경건한 모습으로 합장을 합니다. 불교에서도 합장을 합니다. 개혁교인 루터교에서는 열 손가락 깍지끼는 모습을 합니다. 가톨릭이 저렇게 하니까 그게 싫어서 그러는 것입니다. 요만큼 차이가 있는 것입니다. 이게 디시뮬레이션 (dissimulation)이라는 것입니다. 유대사람들에게는 하늘을 쳐다보면서 손바닥을 위로하고 기도하는 것이 가장 경건한 기도입니다. 하늘을 보면서 손바닥을 위로 향하고 기도합니다. 이것은 하나님 앞에의 전적인 헌신을 뜻합니다. '니의 모든것을 바칩니다, 내 운명도 다 주께 바칩니다'하는 뜻입니다. 동시에 '주님께서 주시는 것을 전적으로 다 받겠습니다. 말씀이든, 물질이든, 현실이든, 운명이든, 다 그대로 받아들이겠습니다'하는 마음입니다. 그런데 오늘본문에 하나님 께서는 '너희가 내 앞에서 손을 펼지라도 응답하지 않겠다. 손에 피가 있기 때문이다'하고 말씀하십니다. 도적질한 손이요, 갈취한 손이요, 남을 아프게 한 손이요, 남의 흠집을 향하여 손가락질한 손이요, 남의 물건을 빼앗은 손이요, 더러운 손이요, 남을 억울하게 한 손이기 때문입니다. 이 피묻은 손을 하나님 앞에 내놓을 때 하나님께서는 듣지 아니하시겠다고 하십니다. 야고보서 5장 4절에서 보면 추수한 품군에게 주지 아니한 삯이 소리를 질러 추수하는 자의 우는 소리가 만군의 여호와께 들렸다고 말씀합니다. 남을 억울하게 한 사람의 기도는 하나님께서 듣지 않으십니다. 가인이 동생 아벨을 죽을 때 하나님께서 말씀하십니다. "네 아우의 핏소리가 땅에서부터 내게 호소하느니라(창 4:10)." 내가 억울하게 하고 내가 죽인 아벨의 피가 하나님 앞에 호소합니다. 이제 가인의 기도를 하나님께서 들으시겠습니까. 그런고로 말씀하십니다. '스스로 씻어라. 스스로 깨끗하게 하라.' 그 다음에야 너희의 기도가 응답될 것이다, 하십니다. 우리는 수도없이 '개혁'이라는 말을 들어왔습니다. 그러나 '개혁' 그 자체에 문제가 있습니다. 먼저는 외적인 상황에 치중하고 내적 문제를 등한히 한다는 것입니다. 물질적인, 경제적인, 정치적인 개혁, 이러한 외적 개혁에 초점을 두는데 그런 것 아무리 바꾸어봐도 도리가 없습니다. 또하나는 제도와 구조적 개혁이라는 것입니다. 제도를 바꾸고, 구조를 바꾸고, 그런다고 개혁이 됩니까. 문제는 인간입니다. 사람의 문제, 속사람의 문제이지 그런 형식의 문제가 아닌 것입니다. 구조조정이 개혁을 이루지 못하는 것을 우리는 보아왔습니다. 또하나는 타인지향적이라는 것입니다. 남이 변화하기만을 바라지 자신이 변화할 생각은 안합니다. 남 개혁이나 외치고 집안단속을 못하더라고요. 남을 향해서 개혁, 개혁, 목이 터져라 외치지만, 감옥에 집어넣는다 어쩐다, 별짓 다 하지만, 내 속에, 내 안에, 내 가정에 개혁을 이루지 못합니다. 다른 사람 향해서나 비판하고 바꿔라 하고 어쩌라 하고 깨끗하라 하고… 그러기에 개혁에 결실이 없습니다. 또 하나는 문제제기뿐이라는 것입니다. 결과에 대해서 무책임합니다. 무책임하게 비판을 합니다. 무엇이 어떻고, 어디가 어떻고, 네가 어떻고… 그렇게 다 폭로하고 고발하고 청문회 하고 들쑤시고… 여기서 남는 게 뭡니까. 우리마음은 황폐해지고, 젊은사람들은 전부 실망하고… 도대체 이 사회가 어디로 가는 것입니까. '개혁' 외치는데 점점 더 어두워만 가는 것을 봅니다. 젊은사람들 설문조사에서 '남이 안보면 불의한 일을 하겠느냐?' 물었더니 70%가 하겠다고 답합니다. 왜요? 그렇게 보아왔으니까요. 이것이 오늘의 현실입니다. 그래서 오늘 말씀하십니다. '손을 씻으라.' 끊으라는 것입니다. '깨끗이 하라.' 그리고 '악업을 버리라.' 악한 행위를 스스로, 나부터, 나부터 먼저 깨끗이 버리라, 하십니다. 그러고 다시 시작하라는 것입니다. 여호수아 7장 13절에 보면, 아이 성 점령에 실패한 이스라엘이 낙심하고 있을 때, 하나님께서 여호수아를 통하여 이렇게 말씀하십니다. "스스로 성결케 하여 내일을 기다리라." 내일이 어떠냐고요? 미래가 어떠냐고요? 그것은 우리의 알 바가 아닙니다. 스스로 성결케 하여 내일을 기다릴 것입니다. 성결함만 있으면 하나님께서 밝은 미래를 허락해주실 것이기 때문입니다.

　　오늘본문은 더욱더 적극적인 대책을 말씀하십니다. 스스로 성결케 하고, 손을 씻고, 그리고 선행을 배우라, 하십니다. 악 가운데서도 문화화하는 악이 특별히 문제입니다. 악이 체질화하고 성품화하고나면 내가 뭘 잘못하는지 모르게 됩니다. 전혀 잘못을 느끼지 못합니다. 잘못을 못느끼면 회개도 없습니다. 남에게 피해를 주면서도 그게 당연한 줄 압니다. 뭐 이 정도가 어떠냐, 하는 것입니다. 참으로 이건 답답한 일입니다. 도대체 상식 이하의 짓을 하면서도 이것이 죄인 줄 모릅니다. 뻔뻔합니다. 태연합니다. 물론 뉘우침도 회개도 없습니다. 잘못배웠습니다. 잘못배워왔습니다. 잘못길들여왔습니다. 그런고로 원점으로 돌아가서 다시 개혁하고 다시 회개해야 바른 길을 찾을 수가 있다는 말씀입니다. 그러기 위해서는 먼저 바른 모델을 찾아야 합니다. modeling이 중요합니다. 바른 생활태도의 모델을 찾아야, 바른 패러다임을 찾아야 합니다. 그리고 깊이 깨달음이 있어야 합니다. 무엇이 잘못되었는지, 어디서부터 잘못되었는지를 깊이 깨달아야 합니다. 또한 우리 앞에 있는 저 미래를 전망할 수 있는 시각이 있어야 됩니다. 옛생활을 버리고 새생활의 양식을 몸에 익혀야 됩니다. 선의 유익을 배워야 됩니다. 선행의 기쁨을 배워야 됩니다. 무릇 얻는 기쁨보다 주는 기쁨이 큽니다. 내가 가지는 것보다 남이 가지게 하고, 내가 가는 것보다 남이 가게 하고, 남이 얻게 하는 것이 더 큰 기쁨임을 차곡차곡 배워나가야 하겠습니다. 넬러 (B. F. Kneller)라고 하는 분의 「Introduction to the Philosophy of Education」이라는 책에 이런 내용이 있습니다. 지식에 몇가지가 있는데 먼저는 계시적 지식이 있습니다. 하나님께서 우리에게 영감을 주시고 하나님의 말씀을 통해 주시는 지식입니다. 가장 근본적인 지식입니다. 두 번째는 이성적 지식입니다. 하나님께서 주시는 밝은 이성으로 비판하고 종합하고 추리해서 깨닫는 지식입니다. 다시말해서 철학적 지식입니다. 우리가 깊이 생각해서 얻는 그런 지식입니다. 또하나는 경험적 지식입니다. 이도저도 없이도 우리가 살아가면서 실패하기도 하고 병들기도 하고 얻기도 하고 잃기도 하는 여러

가지 경험에서 배웁니다. 경험적 지식입니다. 또하나는 감각적 지식입니다. 여러분, 운전을 하십니까? 운전 처음 할 때는 생각을 많이 합니다. 이렇게 운전하면 어떻게 되나, 저 사람은 어떻게 하나, 여기 무엇이 있나, 여기 신호등은 어떻게 되나… 계속 생각하면서 하지만 어느 정도 익숙해지면 감각으로 합니다. 이제는 생각 없이도 붉은 신호가 나오면 으레 서고 푸른 신호가 나오면 갑니다. 감각적인 것입니다. 운동선수가 운동하는 것, 그것 일일이 생각하고 하는 게 아닙니다. 생각하고 행동하는 것은 먼옛날 일입니다. 오랫동안 반복하는 가운데 몸에 익을 때, 이제는 감각적으로 하는 것입니다. 거기까지 나가야 합니다. 선행을 감각적으로 합니다. 때마다 보상이 뭘까, 체면이 어찌될까, 여론은 어떨까… 생각하는 동안은 선행이 아닙니다. 그저 척 보아 자동적으로 선한 손길이 나가야 되는 것입니다. 이 감각적 지식이 필요합니다. 그런가하면, 권위적 지식이 있습니다. 이것은 하나님의 말씀과 내가 존경하고 사랑하는 분에게, 나로서는 이치에 맞지 않는다고 느껴지고 납득이 안가더라도 그분을 존경하기 때문에 순종하는 것입니다. 하나님을 사랑하기 때문에 순종하는 것입니다. 순종해나가면서 배웁니다. 그 책은 이런 지식들을 들고 있습니다. 여러분은 어디까지 왔습니까? 시간이 많이 걸립니다. 모든 공부에는 시간이 필요합니다. 하루아침에 되는 것이 아닙니다. 생각만 가지고 되는 것이 아닙니다. 체질이 되고 성품이 되고 몸에 익어야 되고, 감각적 행동이 되어야 합니다. 시간이 걸립니다. 훈련이 필요합니다.

역대 뉴욕시장으로 유명하게 알려진 라과디아라고 하는 분이 시장되기 전 즉결심판부의 판사로 있을 때, 어떤 노인이 너무 배가 고파서 길을 가다가 가게에서 빵 하나를 훔쳐먹은 게 들켜가지고 순경에게 끌려왔습니다. 이제 재판을 하는데, 라과디아 재판장은 가차없이 "벌금 10불!" 하고 판결을 내렸습니다. 방청석이 깜짝들 놀랐습니다. '아니, 돈 한푼이 없어서 빵을 훔쳐먹은 사람에게 10불벌금을 내라고 하다니 어떻게 저리도 가혹할 수 있는가.' 그러나 라과디아 판사는 태연하게 10불벌금을 선고했습니다. 그런 다음에 자기주머니에서 10불을 척 내놓고 말합니다. "나만 배부르게 한 죄에 대한 벌금이오. 이 벌금은 내가 냅니다." 나만 배부르게 산 데 대한 벌금이다— 이것은 자동적인 행위입니다. 아주 익숙해진 생활입니다. 그가 뒤에 뉴욕시장이 되어 많은 사람에게 존경을 받았습니다. 그렇습니다. 선행은 아예 체질이 되어야 합니다. 거기까지 나가야 합니다. 제가 미국에서 공부하고 있을 때, 언젠가 한번 'Pasadena Free Way'라고 하는 좁은 고속도로를 1차로로 달리다가 펑크가 났습니다. 바로 앞에 깨어진 병이 있는 걸 알면서도 차가 워낙 많이 밀리고 있기 때문에 옆으로 비킬 수가 없었습니다. 그냥 몰고 나갔더니 '펑'하고 차가 주저앉습니다. 난감합니다. 1차선 노상에서 펑크가 난 것입니다. 그런데 잠깐사이에 세 사람이 차를 멈추더니 나와서 한 사람은 오는 차를 다 멈춰놓고 제 차를 앞에 서서 갓길에다 세워놓게 해주고 그리고 셋이 달라붙어 트렁크를 열고 타이어를 꺼내 갈아주는 것이었습니다. 저는 그때까지 타이어교환을 해본 적이 없었습니다. 어디에 뭐가 들어 있는지도 몰랐습니다. 이 분들은 타이어를 바꿔 끼워주고 나서 자기들 이름은 커녕 아무것도 말하지 않고 그냥 "Good bye" 하더니 가버리는 것입니다. 너무너무 고마웠습니다. 그것은 그분들의 체질이었습니다. 감각적인 행동이었습니다. 거기다 대고 뭘 생각하는 게 아닙니다. 선행이 몸에 젖어 있습니다. 우리네는 평범한 때는 뭐 선을 이야기하고 생각도 하다가 조금만 어려운 일 당하면 다 도망가버립니다. 아직 멀었습니다. 선행의 기쁨을 모릅니다. 특별히 정신나간 짓같은 선행, 앞뒤를 가릴것없이 행하는 선이 진정한 나의 기쁨이라는 것을 알아야 합니다. 이런 선행을 할 때 그날 하루종일 내 마음이 기쁜 것입니다. 이런 기쁨을 모르고 사는 것이 안타깝습니다. 디모데전서 2장 10절에 보면 선행으로 단장하라, 하는 말씀이 있습니다. 목걸이다 귀걸이다 코걸이다, 하고 보석으로 단장할 게 아닙니다. 선행으로 단장하는 것이 가장 아름다운 단장입니다. 선을 행하는 손이 아름답습니다. 다이아반지 낀 손이 아름다운 게 아닙니다. 선한 자의 손이 아름다운 것입니다. 깨끗한 손의 선을 배워야 하겠습니다. 깨끗하고 선을 배우고 선을 익히고 열심히 일해야 하겠습니다. 그래야 손을 씻을 수 있습니다. 에베소서에 보면 구제할 것이 있기 위하여 일하라, 하였습니다. 도적질하던 사람은 도적질을 멈출 뿐만 아니라 이제는 구제할 것이 있기 위하여 일하라—손이 새로워져야 되겠습니다. 그러고야 우리가 하나님 앞에 기도할 때 응답받을 수가 있습니다. 정한 손을 가져야 합니다. 깨끗한 손으로 하는 일만 형통할 수 있기 때문입니다. 1972년, 영국이 아주 어려운 형편에 있을 때, 경제적으로 아주 불황을 맞고 있을 때에 여러분 잘 아시는 '철의 여인' 대처 수상이 나타나 경제위기를 극복하고 오늘과 같이 영국을 일으켜놓았습니다. 그는 생각했습니다. 왜 영국이 이 모양이 되었느냐? 이유는 간단하게도 게으르기 때문이었습니다. 게으른 가난, 게으른 부자… 게으른 사람이 부하게 살면 안됩니다. 게으른 사람이 부하게 살고, 게으른 사람이… 이것이 문제라고 그는 생각했습니다. 그래서 그는 세 가지를 주장합니다. 근면, 자립, 의무 —diligence, self-reliance, duty. 부지런하라, 자립정신을 가져라, 그리고 자기가 한 일에 대해서는 책임을 져라, 의무를 다하라—이 세 가지로 나라를 일으켰습니다. 여러분, 우리는 다시한번 생각해야 합니다. 못살아서가 아닙니다. 주변이 깨끗지 못합니다. 우리 마음이 잘못된 것 아닙니다. 손이 더러워졌습니다. 이제 손을 깨끗이하고 주님 앞에 그 손을 펼 때 하나님께서 응답하실 것입니다. 그래야 새로운 세계가 열릴 것입니다. △